本书为国家社科基金青年项目"人工智能推动中国制造业全球价值链攀升的影响机理与路径研究"（19CGL021）的阶段性成果

创新 企业研究丛书

高成长企业发展研究报告
以南京为例

Report on High-Growth Enterprises
A Nanjing Demonstration

郑琼洁　姜卫民　等　著

中国社会科学出版社

图书在版编目（CIP）数据

高成长企业发展研究报告：以南京为例／郑琼洁等著. —北京：中国社会科学出版社，2020.12
（创新企业研究丛书）
ISBN 978 - 7 - 5203 - 7416 - 3

Ⅰ.①高… Ⅱ.①郑… Ⅲ.①企业发展—研究报告—南京 Ⅳ.①F279.275.31

中国版本图书馆 CIP 数据核字（2020）第 205006 号

出 版 人	赵剑英
责任编辑	孙　萍
责任校对	王佳玉
责任印制	王　超

出　　版	中国社会科学出版社
社　　址	北京鼓楼西大街甲 158 号
邮　　编	100720
网　　址	http://www.csspw.cn
发 行 部	010 - 84083685
门 市 部	010 - 84029450
经　　销	新华书店及其他书店

印刷装订	三河弘翰印务有限公司
版　　次	2020 年 12 月第 1 版
印　　次	2020 年 12 月第 1 次印刷

开　　本	710×1000　1/16
印　　张	18.75
字　　数	283 千字
定　　价	108.00 元

凡购买中国社会科学出版社图书，如有质量问题请与本社营销中心联系调换
电话：010 - 84083683
版权所有　侵权必究

编 委 会

主　编　曹劲松

编　委（以姓氏笔画排序）

　　　　石　奎　汪建国　汪晓燕　张石平　张鸿雁

　　　　季　文　林　倩　黄　南　潘定国

课题组成员

郑琼洁（南京大学经济学院博士后、南京市社会科学院副研究员、
　　　　江苏省扬子江创新型城市研究院专家）

姜卫民（南京林业大学经济管理学院博士后）

魏　尉（南京林业大学经济管理学院博士后）

李祎雯（河海大学商学院副教授、南京农业大学博士后）

王学凯（中国社会科学院财经战略研究院博士后）

吴慧娟（南京林业大学经济管理学院博士研究生）

胡晶晶（中共南京市委党校副教授）

余　杨（宁波大学商学院副教授）

张新生（南京市社会科学院社会发展研究所副研究员）

龚维进（首都经济贸易大学城市经济与公共管理学院讲师、
　　　　中国社会科学院财经战略研究院博士后）

宋胜帮（九江学院江西长江带经济研究院博士、中国科学院南京地理
　　　　与湖泊研究所博士后）

戴　靓（南京财经大学公共管理学院副教授）

王高凤（南京大学商学院博士）
刘晓曦（金陵科技学院商学院讲师、南京大学理论经济学博士）
成　凯（西安建筑科技大学硕士研究生）
于　晓（河海大学硕士研究生）
苏　健（河海大学硕士研究生）
黄贤达（美国范德堡大学本科生）

序一 一本展现区域发展新阶段企业高成长的优秀著作

在新的改革路线图下，地方政府主导的区域经济体制的改革是否到位和成功，在于区域内能否成长出具有核心竞争力的强企业。企业发展的好坏、强企业能否诞生是地方政府转型是否成功的一个重要标志。在经济建设型地方政府阶段，GDP是我们工作的重要抓手，那么，在全面深化改革的现阶段，地方政府必须向"经济服务型"政府转型，区域内企业发展状况良好，培育出具有核心竞争力的强企业应该是地方政府工作的一个重要抓手。本书以南京为例，详细分析了具有核心竞争力的强企业的发展规律和案例经验，是一本展现区域发展新阶段企业高成长的优秀著作。

我2014年在《新华日报》发表了一篇题为《诞生强企业是地方转型成功重要标志》的文章，对培育强企业的必要性进行了分析。

第一，培育出强企业是实现地方政府目标的政策落脚点。政府退出对微观经济的直接干预并不意味着政府无所作为。在深化改革阶段，地方政府通过培育完善的市场经济体系、维护良好的市场环境和秩序、培育市场主体、维护公平正义以及提供基础性服务来促进区域经济的发展，但是促进经济发展只是一个最基本的政策目标，因为经济发展的目的归根到底是为人服务的，因而能否满足人们日益增长的物质文化需求和提高人们的物质文化水平是更高一级的目标，也就是说，新阶段地方政府的根本目标不是GDP的高低，而是当地的居民能否安居乐业。居民能否安居乐业显然与区域内企业的发展状况是密切相关的，强企业能够提供就业，提高居民生活水平，并且通过品牌价值影响人们的生活乃至思维习惯。因此，我们说，实现新阶段地方政府目标的政策落脚点就是促进区域内企业的发展来培育强企业。

第二，区域内诞生出强企业是对地方政府职能转型成功的肯定。纵观中外，强企业大都是产生在市场经济发展良好的国家和地区，这些国家和地区的人均收入也高。这是因为只有在市场经济发展完善的国家，竞争的作用才能得以充分体现，资源才能进行有效配置。竞争的程度是市场经济完善程度的一个重要指标，市场经济制度越完善，竞争就越合理越激烈。激烈的竞争不是资源的内耗，而是优中选优，这就形成了培育具有核心竞争力的强企业的土壤。这也是为什么大型的跨国公司会率先出现在欧美等发达的资本主义国家，企业的国际竞争力不过就是国内竞争力在国际上的延伸，正如波特所说其本质上也体现了国内竞争的激烈程度。因此我们说，强企业正是完善的市场经济必然长出的参天大树，反过来说企业的发展状况也能衡量市场经济的完善程度。

第三，区域内企业的竞争优势是区域竞争力的体现。进一步而言，也只有企业发展得好，培育出了强企业，地方经济发展和人民的安居乐业才能实现。地方政府要实现居民的安居乐业，就要提高区域的竞争力，提高区域内支柱产业的竞争力。波特通过《竞争战略》《竞争优势》和《国家竞争优势》三本著作系统地阐述了竞争战略理论，他的竞争理论论述了一个企业，一个行业到一个国家通过怎样的竞争战略才能保持已有的竞争优势。一个区域的竞争优势也体现为该区域内的企业的竞争优势，如果一个区域能够有足够数量的具有核心竞争力的强企业，那么区域竞争力也将得到极大的提高。

第四，企业是创新的主要主体，只有企业发展了，诞生出强企业，创新驱动型经济才具有基础。无论是提高区域经济的持续增长能力还是提高区域的竞争力，技术创新都是最重要的推动力量，从经济发展的历史来看，技术进步的重要源泉就是企业的创新。熊彼特的创新理论告诉我们，创新有5种情况，分别是产品的创新，生产技术的创新，新市场的开辟，新资源的开发以及组织管理的创新。作为创新的主体，企业家应该有眼光，有胆略，有经营能力。熊彼特所论述的创新形式和创新主体所具备的能力只有强企业才能做到，无论是产品的创新，技术的创新还是新市场的开辟都需要庞大的资本支持，需要极强的抗风险能力。组织管理的创新也只能在具有核心竞争力的强企业内部出现和发展。企业是创新的主体，只有企业发展了，创新驱动型经济才具有基础。

我的博士后郑琼洁副研究员带领她的团队完成的书稿《高成长企业发展研究报告——以南京为例》从企业理论、国际、国内和南京的统计数据以及南京的高成长性企业案例的角度深入剖析了区域内高成长企业的发展规律和经验。该书从理论视角探讨了高成长企业的内涵以及发展规律，同时结合时代背景分析了高成长企业所面临的风险、机遇和挑战，提出了高成长企业发展的路径和对策思路。丰富的数据和案例、深刻的总结与建议，都能为区域的高质量发展提供可靠支持。

郑琼洁于2020年9月进入南京大学经济学院博士后流动站，先后主持国家社科基金青年项目、江苏省社科基金项目、江苏省重点智库研究课题等，曾获"孙冶方青年菁英奖学金"、"江苏省社科应用研究精品工程"一等奖、"江苏省智库研究与决策咨询优秀成果"二等奖、"江苏省哲学社会科学优秀成果"三等奖等多项奖励。我相信郑琼洁团队能取得更多佳绩，预祝郑琼洁在未来的学术研究中能出更多精品力作。

2020年10月10日

序二 好风凭借力 成长在金陵

独角兽、瞪羚等高成长企业竞相驰骋的地方，往往就是新经济蓬勃发展的地方。南京，就是这样一座创新之城。

我是五星电器的创始人，也是一名连环创业的"商业老兵"。2009年，我把五星电器卖给美国百思买后开始第二次创业，创办了五星控股。十年来，我在不同的商业领域、不同的细分市场进行了不同商业模式的探索。目前培育孵化了孩子王、汇通达、好享家三只国家级独角兽企业，一家培育独角兽企业村鸟，还有两家瞪羚企业，是除阿里、腾讯等头部互联网企业之外培育出独角兽和瞪羚企业数量最多的实体企业。"凝聚智慧和力量，让更多有志者成就事业梦想"是五星控股所追求的终身使命。

创新是企业家的基本职能，也是最重要的企业家精神。在追逐创新的探索中，我越来越深刻感受到南京浓厚的创新氛围和活跃的创新环境。近年来，产业政策持续加码、金融服务有力支持、专家智库把脉支招……在政府、企业、学者等多方共同努力下，南京为独角兽、瞪羚企业营造了"水草丰茂"的创新牧场，为高成长企业提供了高质量发展的持续动能，使他们具备能够"跃"出区域发展的创新活力。

2020年4月，郑琼洁博士曾带队到五星控股进行高成长企业专题调研。在调研过程中，其敏锐的洞察力、严谨的治学态度以及对南京高成长企业的独到理解，都给我留下了非常深刻的印象。

郑琼洁博士和其课题组的《高成长企业发展研究报告——以南京为例》一书，是全面了解区域高成长企业培育、发展的重要窗口，作者从全球、中国以及区域经济的视角分别探讨了高成长企业的发展脉

序二　好风凭借力　成长在金陵

络，并给予政策建议。书中精选南京高成长企业的生动案例和创新故事，让每一位想了解南京本土高成长企业发展的读者都能有所收获，并从中感受到这份不断奔跑向前的南京活力。前人的实践，我们的阶梯，也许读完这本书，可以帮助更多南京创业者快速成长。

期待郑琼洁博士未来能有更多关于企业发展的精品力作面世，亦愿南京"科创森林"枝繁叶茂。

好风凭借力，成长在金陵。

2020 年 11 月 01 日

摘　　要

　　高成长企业，是指在较短时期内发展速度快、生产效益高、增值能力强的企业。高成长企业能够担当引起生产领域变革的角色，并处于当代经济前沿。相较传统企业，高成长企业通常具有高新技术、智力人才等要素优势，具有极大的发展潜力。虽然高成长企业现象已经引发社会各界的讨论热潮，但是结合案例分析，以及系统性探讨高成长企业发展规律的研究报告鲜有出现。

　　本书重点研究了国际国内高成长企业的发展规律，特别是以南京高成长企业为案例，探索不同行业的企业如何成为高成长企业，总结其在发展过程中所面临的问题，并提出了相应的对策建议。全书包括"综合篇"与"案例篇"两个篇章。在"综合篇"中，首先分析了高成长企业的内涵与特征，讨论了高成长企业的发展路径及评价测度；其次，从国际、中国和南京三个视角分析并总结高成长企业的发展趋势和经验启示，窥探高成长企业的普遍发展路径规律；再次，从数量、行业、区域、融资等角度阐释了南京高成长企业的演变和转型过程；最后，分析了南京的高成长企业所面临的机遇、风险，提出了推动高成长企业发展的政策建议。在"案例篇"中，从工作站调研访谈的材料和结果中，选取部分具有典型代表的高成长企业案例，从先进制造、信息服务、新型消费、能源环保、大健康等行业大类进行梳理和总结，提炼出高成长企业的创新模式和发展规律。

　　本书特色：一是"顶天立地"。全书以"理论+案例"的研究框架，从理论和实践角度对高成长企业的发展规律和经验进行了解读，不仅能够从理论研究层面为专家学者提供参考和启示，而且能够从社会实践层面为相关从业人员提供经验建议。二是"时空融合"。全书不仅从国际、国内的宏观空间视角总结高成长企业的发展规律，而且结合南京区域特色对高成长企业在地方经济发展中的作用进行了探讨，从数量、行业、区域、融资等多角度分析了2018—2020年南京地区高成长企业的转型发展，由点到面展开，从时空角度全方位分析了高成长企业的演变历程和发展规律。三是"分门别类"。研究报告从先进制造产业、信息服务产业、新型消费产业、能源环保产业、大健康产业等行业门类，遴选出南京地区具有代表性的高成长企业的案例进行分析，读者既可以从本书中找到高成长企业发展的共性特征，同时亦能结合所在行业找到相关领域企业高质量发展的特性规律。

目 录

综 合 篇

第一章 高成长企业的理论与界定 …………………………… (3)
 第一节 高成长企业内涵演进 ………………………… (3)
 第二节 高成长企业发展路径 ………………………… (8)
 第三节 高成长企业评价体系 ………………………… (17)

第二章 高成长企业发展的多层视角 ………………………… (28)
 第一节 高成长企业发展：国际视角 ………………… (28)
 第二节 高成长企业发展：中国视角 ………………… (39)
 第三节 高成长企业发展：南京视角 ………………… (53)

第三章 高成长企业发展的演变与转型 ……………………… (69)
 第一节 高成长企业发展的数量变化 ………………… (69)
 第二节 高成长企业发展的行业变化 ………………… (71)
 第三节 高成长企业发展的区域变化 ………………… (74)
 第四节 高成长企业发展的融资变化 ………………… (76)
 第五节 高成长企业发展的转型 ……………………… (79)

第四章 推动高成长企业发展的政策建议 …………………… (87)
 第一节 高成长企业发展的机遇与挑战 ……………… (87)
 第二节 防范高成长企业面临的风险 ………………… (92)

第三节　推动高成长企业在疫情下的转型 …………………… (95)
第四节　发挥高成长企业在"双循环"下的积极作用 …… (103)
第五节　实现高成长企业高质量发展的政策保障………… (108)

案 例 篇

第五章　先进制造类高成长企业……………………………… (117)
　第一节　合信智能：赋能重工业智能制造 ………………… (117)
　第二节　康尼新能源：新能源汽车高压零部件供应典范…… (122)
　第三节　开沃汽车：新能源整车及解决方案提供者………… (127)
　第四节　罗兰克斯：汽车专用轴承行业领军者……………… (132)
　第五节　拓攻机器人：产业无人机数字天空技术基础平台…… (138)

第六章　信息服务类高成长企业 ……………………………… (145)
　第一节　福佑卡车：为中国公路运输装上科技引擎 ……… (145)
　第二节　汇通达：农村商业数字化服务平台 ……………… (151)
　第三节　车300：汽车定价与金融风控先行者……………… (161)
　第四节　电老虎：都市工业互联网示范平台………………… (169)
　第五节　云问科技：智慧服务的语义引擎 ………………… (176)

第七章　新型消费类高成长企业 ……………………………… (183)
　第一节　艾佳生活：打造中国互联网大家居平台 ………… (183)
　第二节　孩子王：中国母婴童数智零售综合服务平台 …… (189)
　第三节　蓝色天际：演艺高能级的城市名片………………… (195)
　第四节　亿猫：领先的线下零售数字营销平台……………… (199)
　第五节　猫玩互娱：中国互联网文娱品牌…………………… (205)

第八章　能源环保与大健康类高成长企业 …………………… (212)
　第一节　贝登医疗：重构全球医疗器械流通新生态 ……… (212)
　第二节　万德斯：智慧型环境治理及资源化专家…………… (218)
　第三节　南京天诗：蜡助剂精准应用的拓路者……………… (224)

第四节　坤泽科技：淤泥固化土新材料行业引领者 …………（229）

参考文献 ……………………………………………………（235）

附　录 ………………………………………………………（243）

后　记 ………………………………………………………（281）

综合篇

第一章 高成长企业的理论与界定

企业是经济发展的重要载体，高成长企业更是为经济发展安上"发动机"。本书重点研究国际国内高成长企业的发展规律，特别是以南京的高成长企业为案例，探索不同行业的企业如何成为高成长企业，发现其在发展过程中所面临的问题，并提出相应的对策建议。本章主要介绍高成长企业的内涵与特征、发展路径及评价测度三个方面，为后续研究打下理论基础。

第一节 高成长企业内涵演进[①]

与一般企业相比，高成长企业有其典型的特征。并且，高成长企业对城市赋能的价值也较一般企业更为突出。

一 高成长企业内涵与特征

随着经济发展达到一定阶段，人们逐步意识到发展应当是科学的发展，既要注重速度，更要注重质量。在高质量发展的要求下，创新应成为第一发展动力，在创新的实践中，高成长企业接过了重要的一棒。从各国的发展经验来看，高成长企业已然成为经济高质量发展的生力军，既为经济增长注入了活力，也为高质量的发展提供了创新保障。世界发展结果表明，发达国家40%—70%的工业经济增长是由高成长企业带来的。[②]

[①] 部分成果刊发于：郑琼洁：《推动南京市独角兽企业生态系统建设研究》，《南京社会科学》专刊，2019年。

[②] 黄振中、侯国清、李思一：《跨世纪科技竞争之秘》，科学技术文献出版社1995年版。

"成长"这一概念的英文是Growth，中文可以翻译为生长、发育、增长、增加等。在管理学界，多用"成长"一词，如成长战略（growth strategies）、成长曲线（growth curve）。"成长"一词本身就寓意变化，表明一种趋势和过程。高成长企业是"企业成长性"这一基本概念派生出来的，位于"企业成长性"概念的较高层次。[1] 由于高成长企业是一个动态的、相对的概念，对于高成长企业的界定，各国学者有着不同的定义和划分标准。在过去的研究中往往要综合企业的年增长率、市场份额、行业地位、竞争能力、盈利能力和财务状况等多维度进行判定，然而目前越来越多的学者更倾向于将这些维度进行简化，例如欧洲统计局对于高成长企业统计指标的描述：[2]

高成长企业（增长20%以上）是指在三年的时间内，年平均增长率超过20%的企业。增长可以通过员工数量或流动率来衡量。

高增长企业（增长10%或以上）是指在三年（t-3至t）期间员工人数年平均增长率超过10%，并且在增长初期（t-3）拥有至少10名员工的企业。

目前，独角兽、瞪羚、牛羚等特有名词成为高成长企业的代名词并得到国际社会的认可：

牛羚企业：具有自主知识产权，连续两年销售收入年均增长30%以上，且最近一个会计年度达500万元人民币以上的企业。这类企业像牛羚一样有强大的生命力，克服重重困难，顽强成长向前狂奔。

瞪羚企业（Gazelle Company）[3]：具备核心自主知识产权、原创性

---

[1] 参见陈春花、赵曙明《高成长企业组织与文化创新》，机械工业出版社2016年版。
[2] https：//ec. europa. eu/eurostat/statistics-explained/index. php/Glossary：High-growth_enterprise.
[3] 作家兼经济学家大卫·伯奇（David Birch）在他早期的一些就业研究中提出了瞪羚公司的概念，并在1987年出版的《美国创造就业机会：最小的公司如何让最多的人工作》一书中向更广泛的读者介绍了这一概念。伯奇认为，小公司是美国经济中创造新工作岗位的最大创造者，他估计，瞪羚只占美国所有企业的4%，却占所有新增就业岗位的70%。根据最初的技术定义，瞪羚公司是指在过去四年或更长的时间里，以每年至少20%的速度增长，并以至少100万美元的净利润增长的高增长公司。

技术，连续三年销售收入增长40%以上；最近一个会计年度销售收入达3000万元人民币以上或净利润达400万元人民币以上或估值达1亿美元以上的企业。这类企业像瞪羚一样，成长性好，具有跳跃发展态势。

独角兽企业（Unicorn Company）：估值在10亿美元以上，创办时间较短，在行业中有颠覆式创新，发挥着引领作用的企业。

此外还包含培育独角兽企业。所以在本书的研究中，将以独角兽、培育独角兽和瞪羚企业这三大分类来重点研究南京的高成长企业。国际上，通常将"独角兽"这个词用来定义市值超过10亿美元的公司。截至2020年7月17日CB Insights数据显示[①]，"独角兽"公司的数量已经达到479个，这其中出现了不少远超10亿美元市值的企业，于是"十角兽""百角兽"应运而生，用来指市值超过百亿美元的公司。

独角兽公司（Unicorn）：市值超过10亿美元。

十角兽公司（Decicorn）：市值超过100亿美元。

百角兽公司（Centicorn）：市值超过1000亿美元。

高成长企业具有三大特征：一是高技术性。高成长企业是处于当代科学、技术最前沿的企业，具有知识管理的性质，横向交叉和垂直纵深地向前发展。[②] 从技术发展的历程看，高成长企业从较为分散、影响较小，逐渐到以关键技术引领产生变革而带来巨大影响。目前，越来越多的高成长企业在人工智能、通信技术、5G、新材料技术、生物技术、航天航空技术、新能源技术、海洋开发技术等领域出现，掌握和拥有当前和未来的关键技术。二是高爆发性。高成长企业掌握核心技术，能够在短短数年内成长为在某一领域或行业的领头羊。无论技术创新、

[①] 根据不同的统计渠道所统计的全球独角兽企业数据有较大差异，例如《2019胡润全球独角兽榜》统计的全球2019年独角兽企业总数为494家，其中中国206家；《2019年中国独角兽企业研究报告》统计的2019年全球独角兽企业总数为536家，分布在26个国家和地区，其中中国218；胡润研究院发布《苏州高新区·2020胡润全球独角兽榜》发现全球有586家独角兽企业，比去年增加92家。独角兽企业本身都在动态演变，例如《2019胡润全球独角兽榜》中的第一名蚂蚁金服已在今年确认IPO，按照独角兽企业的界定，蚂蚁金服当不属于独角兽企业，在CB Insights 2020年7月的独角兽企业列表中第一名已不是蚂蚁金服而是字节跳动，本书为更全面地展示高成长企业的发展情况，同时再次列出CB Insights和《2019胡润全球独角兽榜》的数据统计，完整列表见附表，https://www.cbinsights.com/research-unicorn-companies。

[②] 参见陈春花、赵曙明《高成长企业组织与文化创新》，机械工业出版社2016年版。

服务增值，还是在品牌、市场布局等方面，都具有较强的爆发性和引领性，能够向经济和社会全球各个领域广泛渗透，能够引领市场、创新市场，具有战略制高点的作用。三是高风险性。高成长企业一般是在较短时间内具有变革性的成长方式，需要大量资金、人才、技术的投入。然而由于新技术和新产品的开发过程中受到社会经济运行、科学技术进步等因素影响，技术不成熟以及人们对它的认识和掌握有一个过程，因此在这一阶段，企业存在着R&D投入较大、技术人员缺乏经验、产品性能不稳定、市场前景不明朗等种种风险。企业在进入创业期后的成长发展过程中，在技术、管理、财务、环境等方面面临着较大的不确定性和具有较高的风险性。因此需要政策环境、市场环境、技术发展环境共同作用，推动和促进高成长企业的发展。

二 高成长企业赋能城市的重要价值内涵

高成长企业给产业、城市带来巨大变革，为经济发展注入新生动力，其赋能城市的重要价值具体可以从如下四个方面来阐释：

一是集聚创新资源，加速人才培育。高成长企业能优化就业结构和提升人力资本。随着技术因素在高成长企业中的注入，资源等粗放型要素在经济发展中的贡献逐渐下降，而知识和人力资本在经济发展中的贡献越来越大，高成长企业既能从人才需求的角度加速高校和科研院所对于高层次人才的培养，又能成为高层次人才培育的摇篮。

二是引领产业新变革，催生发展新动能。前沿科技型高成长企业正在引领新一轮科技创新。其一，高成长企业大多布局新兴行业，冲入新的尚未形成政策门槛的领域，独树一帜。其二，高成长企业闯入金融、教育、医疗、公共交通等依赖"牌照"作为门槛的行业。其三，高成长企业跨界融合、重塑行业格局、引领产业变革。大量高成长企业在结构调整的大前提下，引领新经济的发展，形成新的经济增长点。其中，人工智能高成长企业着力于关键技术研发突破，在技术与场景应用等方面进行大量探索；生物医药高成长企业聚焦创新药、基因及影像设备，在智能医疗、精准医疗领域技术创新取得进展；智能网联汽车高成长企业加快产业跨界融合与技术创新；智慧物流高成长企业重构传统物流生态，驱动了产业升级；新文娱高成长企业推动文娱科技融合，以短视频等形式引爆风口。因此，一方面，在人工智能、5G等技术的推动下，全球经济进一步从工业经济向信息经济转变，新业态高成长企业在重塑行业格局、引领产业变革方面表现突出。另一方面，高成长企业普遍具有高附加值、低能耗的特征，可以促进经济增长由粗放型向集约型转变。从经济转型升级层面看，独角兽企业不断推动着新旧动能转化，促进新经济崛起；传统企业不断融合生态圈资源孵化高成长企业，发展新动能；同时，跨界高成长企业开拓传统产业新市场，催生新动能。

三是联通网络新空间，融入全球大发展。高成长企业的出现背景是新经济，而新兴经济的发展动力源于中国经济转型升级过程中产生的对新兴技术的需求，其最核心的本质变化是信息社会的形成。过去工业经济时代，市场是区域的，不是全球性的。而在智能经济和数字经济蓬勃发展的今天，基于物联网技术和互联网技术的融合，网络空间更多地融入全球产业链，在全世界范围内实现跨空间、多中心地生产产品，从以往的纵线向横向的扁平分布，直接链接全球的消费者和生产者，实现跨国生产和定制。其中，独角兽企业往往做到了创新平台的搭建，以数据、云计算为代表的服务要素投入其中。一方面，将网络化和在线化的服务要素进行充分整合，另一方面，通过网络空间与物理空间的融合将生产制造等服务整合并赋能给被孵化企业和开发者。网络空间提供的服务通过云技术服务、设计众创等方式，可以减少甚至冲破物理距离的限制，更好地拓展功能和延伸服务，继而实现远程提供，带来经济结构的重塑和资源配置方式的改变。

四是满足日益增长新需求，促进效率大提升。独角兽企业的爆发显示了一个城市整体科技创新实力的提升，而这些企业也往往成为引领产业新形态发展的牵头者，自身快速发展的同时也促进了上下游产业甚至跨界产业的融合发展。通过对传统的盈利形态、业务形态模式层面的改造，带来效率及用户体验的革命性提升，极大地改变甚至颠覆行业或大众的日常行为方式，既具备不可替代性，又符合未来发展趋势。同时，产品的定制化、个性化生产时代的到来，预示着社会供应链的重新建立。独角兽企业从各个方面满足个性化需求、改变人们的生活。在当前的南京，商品房供给侧低质量发展已成为人民对美好生活向往的突出短板，无论是1.0毛坯还是2.0全装修，资源浪费、建筑安全、维权投诉、装修乱象、环境污染等问题频发。高成长企业"艾佳生活"提出了基于互联网的成品住宅3.0模式，致力于对地产、家装、家居、家电、智能化、设计、物流进行价值链重构，已为全国23个省、80多个城市、超过10万个家庭提供"不用拎包即可入住"的高品质服务。高成长企业"运满满"作为国内首家基于移动互联网技术，其服务的对象几乎涵盖所有类型的货物和车辆，全面满足中小企业的公路长途整车运输需求。同时可以提高车主配货效率，降低空返率，提升物流公司找车效率，改善整体物流行业的配货效率，是节能减排、智能物流的样本项目。高成长企业"汇通达"准确把握农村家电消费特点，创新高效的互联网供应链模式，打破城乡商品流通障碍，解决农村最后一公里的物流和售后难题，让优质、低价的商品和服务快速到达农村消费者手中，促进亿万农民生活质量的提高，带动了30万人创业和就业。

第二节　高成长企业发展路径

高成长企业发展涉及的理论较多，如企业成长理论、竞争理论和生命周期理论等，本书在系统梳理相关理论的基础上，重点对经典理论中企业的成长动因、初创企业的发展路径进行了总结和提炼。同时，随着学者对高成长企业发展认识的逐渐加深和更加多维，高成长企业成长的培育路径和成长机制也被详细勾勒出来，为我们研究高成长企业发展提供了重要的思想源泉和启示。

一　经典理论中企业的成长动因

（一）分工

亚当·斯密从他的分工理论中可以解释国民经济中企业数量增加和单个企业规模扩大这两个范围的企业成长，并且，随着分工的自我繁殖，形成了更多新的企业，而一国经济中产业和企业的数量也与分工的程度正相关。斯蒂格勒认为专业化分工和规模决定企业成长。斯蒂格勒以企业的功能划分为基础，根据产业寿命周期分析了企业成长的一般规律，重新解释了基于规模经济利益的企业成长与稳定的竞争均衡条件相容的原因。在一个产业的形成初期，市场规模较小，这个阶段的企业成长主要通过企业内部的分工来实现，企业大多是"全能"企业。一方面，随着产业和市场的扩大，原有企业通过专业化程度的提高实现规模的扩大，另一方面，产业的社会分工扩大导致企业数量的增加。因此，这个阶段两个范围的企业成长同时出现。从目前国际国内的高成长企业的性质来看，基本都具有分工越来越精细的特征，这些高成长企业各自在其十分细分的领域成为开拓者和受益者。

（二）规模调整

新古典经济学的企业成长论就是企业规模调整理论，企业成长的动力和原因就在于对规模经济（以及范围经济）的追求。企业在新古典经济学中只是作为一个生产函数，作为一般均衡理论的一个组件，企业内部的复杂安排均被抽象掉，"代表性企业"概念排除了实际企业之间存在的各种差别，因此该理论中不存在独立的企业成长理论。仅有的关于企业成长思想是作为成本分析的一个附带内容，即静态的最优企业规模，在这种最优企业规模的分析中，企业成长部分地与调整机制松散联系。新古典理论中的企业成长就是企业调整产量达到最优规模水平的过程，或者说是从非最优规模走向最优规模的过程。而且这个过程是在利润最大化目标既定，所有约束条件已知的情况下，根据最优化规则进行的被动选择，没有企业任何主动性的余地[1]。如果在新古典企业成长理论中引入时间因素，能够建立一种动态均衡模型，这时企业解决的是跨时约束最大化问题，企业目标相应的是实现未来利润流现值的最大化，这种情况下，即使目前企业处于最优规模，如果未来预期的最优规模大于目前的最优规模，企业也会扩大产量，促进企业成长。企业规模调整对于高成长企业来说也是格外重要的，高成长企业多为初创企业，在其孕育、初创、成长和发展的过程中其企业规模和经营范围的选择和调整直接关系到其是否能保持高成长。

（三）内部组织

古典经济学和新古典经济学的主要观点是企业成长取决于分工的发展和对规模经济的追求，但忽视了管理、技术和市场等因素对企业成长

---

[1] 纳尔逊、温特：《经济变迁的演化理论》，商务印书馆1997年版。

的影响。彭罗斯的企业成长理论突破了规模经济的认识局限，广泛地涉及企业行为、成长组织结构及管理问题等规模经济理论未曾涉及的内容。彭罗斯（Penrose）企业成长理论的一个核心概念是"成长经济"。所谓"成长经济"，指的是有利于企业向特定方向扩张的、各个企业所享受到的内部经济性，是从企业内可能利用的生产性使用价值的独特集合中挖掘出来的经济，是可以使该企业在投入新产品或增产原有产品时，比其他企业处于更具有优势地位的东西。彭罗斯认为，"企业成长理论的内核可以非常简单地加以表述"，其功能是"获取和组织人力与非人力资源以赢利性向市场提供产品或服务"，"企业的成长则主要取决于能否更为有效的利用现有资源"[1]。谈到资源，最基本的当然是人、财、物三种资源。然而，除此之外，还有人们易于忽视的技术、经营诀窍、商标、信誉、企业的营销网络、企业与用户建立起来的良好关系等现在称为"无形资产"的非物质资源。

（四）内外环境

马歇尔则认为外部经济与内部经济决定企业成长。他在《经济学原理》中将成长中的企业比作森林中的树，指出企业成长的因素受外部经济与内部经济共同作用。其中，外部经济主要是指企业成长的足够的市场空间，内部经济主要是指企业良好的管理所带来的超出行业平均水平的效益。企业由于实现了良好的外部经济和内部经济的发展，因而得以快速成长。从理论上看，如果一切顺利，企业甚至可以成长到在某一行业占据垄断地位的地步。但马歇尔也指出，现实中企业在成长过程中会遇到各种困难，尤其随着企业的规模逐渐变大，新企业和年轻企业家不断加入，在管理等各方面带来一定挑战，同时企业家的精神和寿命均会对企业成长形成一定的制约。在新古典理论中企业成长的基本因素均是外生的，如果企业面临的成本或需求曲线变动了，企业就会扩大规模。成本变化的原因通常来自技术变革或要素价格变化；需求变化则是由于收入变化或偏好变化所致。需要指出的是，在长期均衡条件下，企业成长与利润之间没有预期的关系，只是在短期会出现资源向利润率高的企业或产业移动，这时形成企业成长

---

[1] Penrose, E. T., *The Theory of the Growth of the Firm*, Oxford University Press, 1995.

与利润之间的正向关系。

二 初创企业的发展路径

企业就是把一个想法付诸行动的过程。一个好的创业公司总是知道他们要解决什么问题和为什么要解决。当他们解决了这个问题,就意味着很大程度上离成功不远了。也就是说,企业通常是从一个想法开始的,但这个想法并不能完全保证成功。创业的目的是快速成长,一家成长性企业的生命周期大致可以分为六个阶段,每一个阶段都会面对一定的门槛,跨越过去才能进入下一阶段,否则即面临退出市场的挑战(见图1-1)。

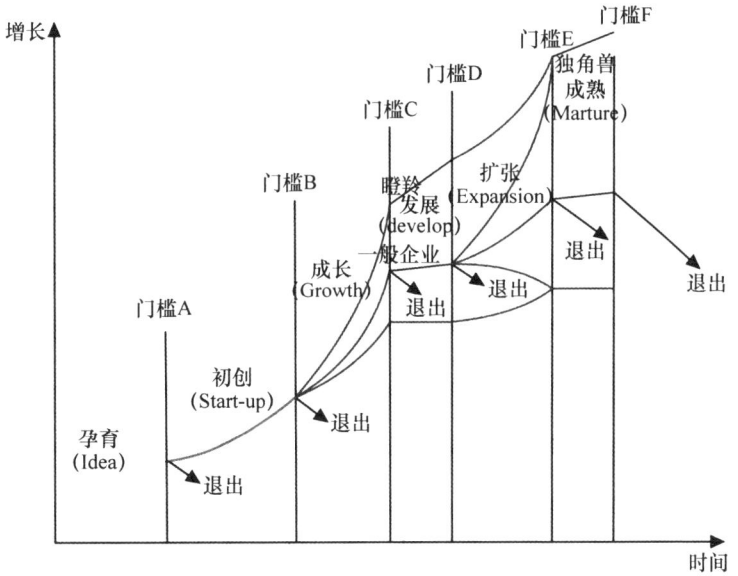

图1-1 初创企业的发展路径

在目前的高成长企业中,许多都为初创企业,一方面,是由于初创企业的市场价值还不高,在实现更高增长率方面有较大空间;另一方面,这些初创的高成长企业许多都与传统行业不同,开创了新领域、发现了新业态,这也为初创期的高增长率提供一定有利条件。然而企业的发展有其自身的规律,在发展达到一定规模后,高成长的保持可能并不作为其最为重要的工作，总体来看，一个初创企业都会经历孕育期（Idea）、初创期（Start-up）、成长期（Growth）、发展期（Development）、扩张期（Expansion）、成熟期（Mature）等阶段，在每一个阶段都会面临一定的门槛，跨越相应的门槛能决定企业是进入下一阶段的发展还是退出市场，在跨越门槛的企业中也有跳跃得更高成为瞪羚企业，最后达到一定市值成为独角兽企业。

A. 孕育阶段（Idea）：创业生命周期的初始阶段是创业只是一个想法。这正是一家新公司的构想或诞生。

门槛 A：大多数初创企业将不得不克服市场接受度的挑战，寻求一个利基机会。在这一阶段不要把钱、时间和资源分散得太薄，重点是将商业机会与企业家的技能、经验和激情相匹配。在这一阶段需要注意决定创业公司的所有权结构，寻找专业顾问，并制订创业计划。在初创企业生命周期的早期，没有成熟的市场或客户，初创企业将依赖于来自所有者、朋友、家人、供应商、客户、政府拨款和银行的现金。

B. 初创阶段（Start-up）：创业公司诞生并合法存在。服务或产品开始生产。

门槛 B：在初创阶段，很可能企业所需的资金和发展所需的时间估计不足。主要的挑战是不要花光并不充分的现金。必须注意建立客户群和市场占有率，同时跟踪和保证现金流。

C. 增长阶段（Growth）：公司已经度过了蹒跚学步的岁月，随着许多新机会和新问题的出现，客户和收入都在增加。

门槛 C：在这一阶段面临的最大挑战是如何应对不断变化的问题，以争取更多的时间和金钱。需要有效的管理和新的商业计划。应当更加专注于以更正式的方式经营业务，以应对不断增长的销售额和客户，必须建立更好的会计和管理制度。

D. 发展阶段（Develop）：成长为一家在市场上占有一席之地和拥有忠实客户的蓬勃发展的公司。企业家的创业生活变得越来越例行公事。

门槛 D：在这一阶段企业家努力工作并可以有一定的闲暇，但市场无情且竞争激烈。竞争对手、经济状况或客户口味的变化等问题都可能让企业前功尽弃。在这一阶段应当专注于更广阔的视野,为了在一个成熟的市场上竞争,必须专注于改进和提高生产力。

E. 扩张阶段（Expansion）：这一阶段的特点是进入新市场和销售渠道的新时期。这一阶段往往是创业者的选择,以获得更大的市场份额,并找到新的收入和利润渠道。

门槛 E：进入新市场需要对初创或处于初创阶段的企业进行规划和研究。重点应该放在补充你现有经验和能力的业务上。为现有市场增加新产品或服务,或将现有初创企业扩展到新的市场和客户类型。

F. 成熟阶段（Mature）：同比销售和利润必须稳定,但竞争依然激烈。最终销售额开始下降,需要决定是退出还是扩大公司。

门槛 F：处于生命周期成熟阶段的初创企业将面临销售额、利润和负现金流下降的挑战。最大的问题是创业公司能支撑多久的负现金流。寻找新的机会和创业投资,削减成本和找到维持现金流的方法是成熟阶段要解决的问题。

三 高成长企业的发展路径

（一）高成长企业培育路径

高成长企业最终都会体现在市值上,也就是成为独角兽企业、十角兽企业甚至百角兽企业。但独角兽企业仍然是以初创企业为起点,纵观我国独角兽企业的发展和培育路径可以发现,都是"初创企业—瞪羚企业—独角兽企业"的培育路径（见图1-2）。从各地区对独角兽企业的认定可以知道,初创企业到达独角兽企业的过程中企业资本进行了快速的增长。瞪羚企业是初创企业成功突破成长门槛和死亡威胁之后达到快速成长阶段的企业。瞪羚企业能够反映地区的经济发展状况,许多权威组织都密切关注瞪羚企业的成长情况。我国多省市都大力提倡其地区内对瞪羚企业的培育工作,并根据瞪羚企业发展的特征和需求制定相应的政策,以促进区域内初创企业向瞪羚企业的成长。在2018年后,我国各地区井喷地产生了新经济时代下的新兴企业,其中,瞪羚企业最为突出,加强各地区内瞪羚企业的培育,是走好独角兽企业培育的第一步,能够极大地推动区域经济的发展。协助瞪羚企业成长为独角兽企业则是培育高成长企业的第二步，瞪羚企业多位于具有丰富创新基础的高新区内，具有较好的发展基础和成长环境，更易获得取所需的相关政策、设备、人才等资源，瞪羚企业集聚的高新区内企业通过创新能够拥有具有竞争力的产品或者运营模式，进而获得需要的资金支持，在资本方面快速增长，以便企业在短期内成长为独角兽企业。近年来，苏州、武汉、西安等地区均重点关注独角兽企业的发展培育，甚至将独角兽企业的成长培育升级到省级层面。可能最初出现的独角兽企业是通过不同方式成长起来的，但是后续各区域内独角兽企业的培育则会呈现出较为统一的发展路径。

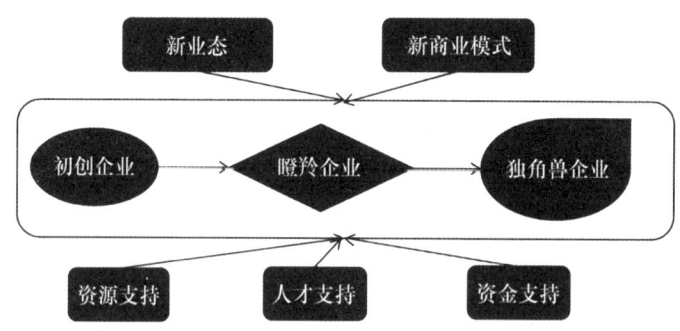

图1-2　高成长企业发展路径

（二）高成长企业成长机制

高成长企业的成长机制包括支持机制、集聚机制和创新机制。

首先是支持机制，高成长企业的发展过程中需要不断的人力资本、科技资源和资金的支持。在人才支持方面，政府和高校层面的作用十分重要，其为人才提供具有吸引力的福利留住高素质人才，开设新兴产业相关的专业，弥补相关人才资源的缺失，鼓励高校与企业的研究合作，促进产学研结合；在资金支持方面，充分发挥市场经济的优势，为优质的投资进入优质的初创企业创造有利条件，并做到防范资金风险，杜绝资本游戏，为初创企业成为高成长企业创造坚实的支持机制。

其次是集聚机制，高成长企业既需要在其面对消费者的产品端形成优质的生态圈，也需要生产端融入各种规模的产业链，这就要求贯通和掌握产业价值链的各个环节，注重价值链各环节的协同和聚合效应，注重对外部合作或伙伴的合作与协同。现在形成的各种经济技术开发区、高新技术产业开发区、工业园区、现代服务业园区、科技创新园区、加工贸易园区、高效农业园区等各类开发区和园区是融合产业链的一种有效形式。产业集聚区是相互关联的产业或企业根据自身发展要求，结合区位选择集聚在城市空间特定区位的产业组织实体。同时还有"四集一转"的作用，即企业集中布局、产业集群发展、资源集约利用、功能集合构建、促进农村人口向城镇转移。

最后是创新机制，高成长企业是发展新经济的先锋，是创新型科技企业中的"皇冠"和"明星"。同时，创新也是高成长企业的核心竞争力，一家高成长型企业需要把创新和发展结合起来、把创新和规范结合起来、把创新的故事和创造的故事结合起来，以提高运营质量和创新质量。大量独角兽企业出现在互联网金融、电子商务、汽车交通、医疗健康及物流等领域。不难看出，独角兽企业的真正优势是具备更强的创造性，能更好地与其他产品、服务有机融合，开发出价值远高于传统类型的新产品和新业务。更为突出的一个词是颠覆性的技术创新，其实颠覆性技术是成就独角兽企业的一个重要机制，颠覆性技术在引领经济社会发展的过程中，其价值日益凸显。随着大数据应用、虚拟现实、智能硬件、智能汽车、人工智能等领域的重大技术突破，全球将孵化出一大批新的独角兽企业。

（三）新经济背景下高成长企业面临的新挑战

习近平总书记在2014年国际工程科技大会上的主旨演讲中表示，世界正在进入以信息产业为主导的新经济发展时期。并在2015年12月的中央经济工作会议中指出："目前，新一轮科技革命和产业变革正在创造历史性机遇，催生智能制造、互联网＋、分享经济等新科技、新经济、新业态，蕴含着巨大商机。"2016年，"新经济"一词被首次写入《政府工作报告》。中央政治局第十八次集体学习，就是对"新经济"发展的一次新的部署安排。目前，理论界和政策界对什么是"新经济",其内涵和外延是什么等问题,并没有形成统一的理解和认识。一般理论研究认为,"新经济"相对于"旧经济"而言,这里的"旧经济"是指传统的产业和产品形态,而"新经济"则是以互联网、知识经济、高新技术为代表,以满足消费者的需求为核心的新产业、新技术、新产品和新商业模式。从根本上讲,"新经济"的出现主要得益于信息技术革命的推进,是人类经济发展史中前所未有的科技型、创新型经济。不过在新经济的背景下,企业的确面临着以下几点巨大冲击[①]:第一,创富速度更快。2009 年全球出现第一家独角兽企业,在 10 年左右的时间里,全球独角兽企业数量以前所未有的速度增长着,至 2020 年已达到 586 家(《2020 胡润全球独角兽榜》)。第二,市场洗牌速度更快。2000 年的时候财富 500 强名单的前 50 位,2010 年有一半掉出。到了 2015 年,三分之二的企业掉出前 50 名,40% 的企业掉出前 100 名。很多耳熟能详的企业要么倒下了,要么即将倒下。第三,博弈规则改变。一流的企业卖标准,二流的企业卖技术,三流的企业卖产品。在新经济时代,即便是卖产品的企业,也有可能因为行业规则被颠覆,也有可能导致血本无归。以通信行业为例,5G 和 4G 没有直接的关系,一个企业在 4G 领域落后,但在 5G 领域有可能领先,因为它的技术是颠覆性的。第四,商业模式发生巨变。世界上领先的运输服务提供公司没有一辆车(Uber),世界上领先的媒体公司不自己生产内容(Facebook),世界上领先的零售商没有一分钱自己的库存(Alibaba),世界上领先的住宿服务公司自身连一栋房子都没有(Airbnb),世界上领先的视频会议服务提供商也不建自己的硬件设施(Skype);这些都是数字化时代技术赋能使商业模式发生巨大变化的真实案例。第五,不确定性增强。黑天鹅事件不断出现,例如恐怖主义、金融危机、欧债危机,世界进入一个不完全契约的时代。第六,全球紧密互动。有人说世界是平的,过去只是讲讲,现在全球企业都深度融入一个分工网络中,每一个人很难独善其身。比如台湾地震,结果芯片价格涨了好几倍。

---

① 参见聂辉华《新经济时代,传统经济学理论或已不再适用企业》,https://xueqiu.com/5215025851/129492544。

第三节 高成长企业评价体系

本节重点从学术评价体系和应用评价体系对高成长企业评价体系进行了梳理和界定。一方面，理论界对企业成长性评估主要来源于对中小企业风险投资项目的研究，因为对企业成长性的评价主要是为风险投资公司进行风险投资提供依据。因此，有必要对国内外流传较广的一些风险投资项目评价指标体系进行分析，以便对高成长企业的成长性评价提供思路。另一方面，随着各地对高成长企业发展的重视程度不断提升，不同的城市对高成长企业包括瞪羚企业、培育独角兽企业和独角兽企业给予了界定，为高成长企业的评价提供了依据。

一 理论评价体系

（一）国外学者关于企业成长性的评价

美国学者 Welle 在 1974 年从管理层承诺、营销技能、工程技能等方面建立了风险投资项目评价指标体系。在 Welle 的评价指标体系中，企业管理水平用管理层的承诺、营销技能、财务技能等指标反映，归入一级指标管理因素中；市场风险因素包括市场、营销计划、其他交易参与者；企业发展潜力指标主要包括技术及产品因素。在这个指标体系中，它包括三个二级因素：产品、工程技能、行业技术。制造技能和实现方法分别属于生产要素和企业变现能力。可以看到，在 Welle 的风险投资项目评价指标体系中，管理因素居于最重要的位置，权重为 24.6。

20 世纪 80 年代，美国学者普雷穆斯（Premus）提出了一套风险投资机构项目评价指标体系。其中，管理队伍分值为 9.7，为该风险投资评估指标体系中最重要的指标，这项指标是对企业管理水平的描述。高增长潜力的市场定位和市场类型都是衡量企业所处的市场状况的指标，高增长潜力的市场定位在该指标体系中的重要性居于第二位，分值为 8.2。高科技企业产品的技术特性对创业者的开发和营销技能提出了很高的要求，既要有技术的独创性，同时又要保证产品的方便实用，由于国外的很多风险投资资本家本身就对技术非常了解，在评估一个投资项目的时候往往较重视技术因素在该指标体系中的作用，产品的技术评估的重要性位居第三，分值为 7.5。预计现金流序列、权益参与的价格、权益比例构成的投资回报，投资回报直接决定了风险投资者的收益，由于投资的对象是高风险的高科技创业企业，因此投资回报的多少也是投资者考虑的重要因素之一。

西格尔和麦克米伦（Siegel & Macmillan）的研究结果表明，被调查者提及频率最高的因素是敬业精神和洞悉目标市场，这两项指标都是对企业家个人才干的描述。风险的管理水平在很大程度上受创业者个人素质和能力的影响，企业的管理水平往往是投资者最关注的因素之一。此外，风险反应能力、市场吸引力、产品长期发展战略、目标市场增长率等市场风险因素也在该指标体系中有较重要的影响力。

表 1-1　　　　　　　　不同学者的评价指标体系

因素	Welle（权重）	Premus（权重）	西格尔和麦克米伦
管理水平	管理层的承诺（10）	管理队伍（9.7）	敬业精神
	营销技能（8.2）		企业家领导才能
	财务技能（6.4）		洞悉目标市场
市场风险	市场（8.3）	市场类型（6.2）	风险反应能力
	营销计划（7.2）	预测现金流序列（6.2）	市场吸引力
	其他交易参与者（5）	权益参与的价格（7.2）	产品长期发展战略
		权益比例（5.5）	目标市场增长率
企业发展潜力（产品与技术）	产品（8.8）	高增长潜力的市场定位（8.2）	专利保护能力
	工程技能（7.4)	产品的技术评估（7.5）	
	行业技术（4.2）		
生产要素和变现能力（投资回报）	制造技能（6.2）	专利和其他法律考虑（3.9）	投资易于退出
	参考（5.9）		5—10 年回报率
	实现方法（2.3）		

（二）国内学者关于企业成长性的评价

20 世纪 90 年代中期以来，企业成长性评估体系的研究开始引起我国部分学者的兴趣,先后提出了一些关于企业成长性评估体系的研究。

我国学者丛佩华(1997)[1]提出了企业成长性评价指标体系,其包括五个指标:净资产收益增长率(反映企业收益增长)、主营利润比例(反映主营业务收益稳定性)、主营收入与主营利润增长同步率(反映企业成本控制水平)、资本保值增值率(反映资本完整性和保全性)、资本周转加速率(反映运营效率)。该研究着重强调了内部因素,如行业性质、企业经营规模、企业财务和营销及企业管理能力,对于影响企业的外部因素,如宏观经济、政治环境没有很好的表现。

2000年4月,中国企业评价协会会同国家经贸委中小企业司、国家统计局工业交通统计司,共同设立了《中小企业发展问题研究》课题组,提出了一种专门评估成长型中小企业的方法——GEP评价法,该评价方法克服了其他评价方法只研究企业时点状态,没有对企业成长趋势进行研究的弊端,采用二维判断评估法对成长型企业进行综合评价,兼顾企业在行业中所处的位置和一段时间内中小企业发展的态势,使定性评价与定量评价相结合,从发展状况、盈利水平、经济效率、偿债能力、管理能力、人力资源状况、成长环境、融资能力、创新能力九个方面的指标对企业成长性进行综合评价。

范柏乃等(2001)[2]在归纳其他关于风险成长性评价研究的基础上,得出管理能力、产品、服务或技术的独特性以及产品市场大小是组成风险企业成长性评估指标体系的三大基本指标的结论,并应用问卷调查和统计分析等手段进行判断,构造出风险企业成长性评价体系。尽管该指标体系具有实践检验的一定正确性,但指标体系的建立没有考虑指标权重的计量,这会造成权重确定时的混乱而影响指标体系建立的科学性。尤其是该指标体系在指标设计时选择的多是定性指标,无法量化,会影响对成长性的正确估计。

---

[1] 丛佩华:《企业的成长性及其财务评价方法》,《财会研究》1997年第9期。
[2] 范柏乃、沈荣芳、陈德棉:《中国风险企业成长性评价指标体系研究》,《科研管理》2001年第1期。

表1-2 中国风险企业成长性分层递阶评价指标体系

评价目标	第一子层评价因素	第二子层评价因素	操作层具体评价指标
风险企业成长性	人力资本	管理层素质	受过良好专业训练
			有远见和个人魅力
			有奉献和敬业精神
			专业技术相互匹配
			不断学习提高自己
		员工素质	员工有足够的经验和资历
			员工的参与管理能力
			员工有足够的发展空间
			员工技能符合岗位要求
			员工相互支持，凝聚力强
	产品与市场	产品技术特性	市场进入壁垒高
			主导技术有实质性突破
			产品技术不断升级换代
			关注相关行业技术变化
			高度重视工业产权保护
		市场销售能力	目标市场有较高的增长率
			训练有素的营销队伍
			广泛的分销和代理商网络
			灵活的促销手段
			了解竞争对手市场占有率

资料来源：范柏乃、沈荣芳、陈德棉：《中国风险企业成长性评价指标体系研究》，《科研管理》2001年第1期。

我国学者史春喜等（2001）[①] 在比较充分讨论了各种关于中小企业成长性的研究后认为，中小企业成长性不仅由其自身的潜在发展能力决定，还要取决于其外部环境特征，其中外部环境特征突出表现为企业所属的行业成长性。基于此建立了中小企业成长性评价指标体系。该指标从行业成长性（包括行业所处的产品寿命周期、政策因素）和内在成长性（包括企业技术创新能力、企业经营者素质、产品市场

[①] 史春喜、张国梁、陈俊杰：《环境分析在中小企业成长评估中的应用》，《中小企业》2001年第11期。

表 1-3　　　　　中小型高科技企业成长性评价指标体系

评价目标	一级指标	二级指标
中小型高科技企业成长性综合评价指标体系	成长潜力	近三年利润平均增长率
		近三年股东权益平均增长率
		近三年年均研发经费比重
		技术储备数量
		科研人员比例
		员工平均受教育程度
		企业聚合力
		专利和专有技术数量
	竞争力	技术先进性
		R&D 投入效率比
		利润总额
		净资产利润率
		总资产周转率
		总销售收入
		近三年销售收入平均增长率
		人均营销效率
		市场占有率
	环境支持力	区域内人均 GDP
		区域人均工资水平
		区域科技人员比重
		区域人均教育投入
		区域单位企业科学家与工程师数量
		区域人均专利数量
		单位高科技企业内部融资额
		区域人均专利数量
		单位高科技企业内部融资额
		区域中小型高科技企业比重
		单位高科技企业外部融资额

资料来源：根据学者的研究汇总整理。

潜力、企业经营效率及企业文化）来评价企业成长力。该研究的不足之处是，并没有明确描述这些成长性企业的特征具体用哪些指标来表达，这些指标的数据又如何获取。李柏洲等（2006）[①]从中小型高科技企业成长潜力、企业竞争力、成长环境支持力三个方面构建了高科技企业成长性评价指标体系。

二 应用评价体系

当前，新经济、新模式不断涌现，以瞪羚、独角兽企业为代表的高成长企业越来越成为区域高质量发展的典型代表和城市创新发展的有力抓手。近年来，不同城市纷纷启动了高成长企业的认定和培育工作，如温州市早在2015年就制定了领军型、高成长型工业企业倍优三年计划，选取增速、产业前景、创新能力等多项指标作为"标尺"，筛选出成长潜力大、创新能力强、科技含量高、商业模式新、产业特色鲜明的优质"种子"。凡是入库的企业，可以享受在技改、品牌建设、人才引留、融资渠道方面给予相应的政策支持。深圳市制定了《深圳市工业和信息化局创新型高成长企业培育库实施办法》，对各类创新型高成长企业经审核入库后进行重点培育，并逐步建立与市统计、税务、市场监管及相关产业部门的数据共享机制，及时掌握创新型高成长企业的发展动态，围绕入库企业建立有效的帮扶服务模式，力争培育出一批上市企业、领军骨干企业和单项制造冠军企业。合肥市围绕硬科技创业和前沿技术创新，建立了企业、瞪羚培育企业、瞪羚企业、潜在度较强企业、独角兽企业、平台型龙头企业全生命周期的梯度培育体系。2019年，合肥高新区六梯度共培育502家企业，其中94%是通过园区内涵培养而来，诞生全省首个独角兽企业，3家潜在独角兽企业。

综上各城市在高成长企业培育方面的做法，他们在产业领域的选择大多符合各地战略新兴产业发展方向，涵盖新一代信息技术（含物联网与云计算、高端软件、移动互联网）、生物与健康、智能制造、新材料、节能环保、现代服务业等领域，以模式新颖、成长快速的企

[①] 李柏洲、孙立梅：《基于β调和系数法的中小型高科技企业成长性评价研究》，《哈尔滨工程大学学报》2006年第6期。

业为重点，兼顾产业发展均衡，旨在形成一批新兴产业的领跑者、转型升级的示范者和大企业大集团的后备军。

从各城市对高成长企业的评价指标看，其筛选标准不尽一致，如杭州对"瞪羚企业"的要求只看收入的复合增长率是否达标，武汉、济南则是收入复合增长率或者利润符合增长率之一达标即可。青岛市"重点高企"（平均成立年限较短、创新能力强、专业领域和区域集中度较高）需具备代表性、带动性的要求，在确定遴选标准时，在收入起点和增长率两项指标上都进行了提标：主营业务收入起点由1000万元调高至2000万元，满足规模以上企业的要求；增长率要求同时满足收入增长率和利润增长率两项指标，确保其高成长。南京高成长企业主要由符合南京市"4+4+1"主导产业方向的企业中产生，其中：

独角兽企业：自成立起十年内获得过私募投资，且最新一轮市场融资估值超过10亿美元的企业。

培育独角兽企业：成立时间不超过十年，获得过私募投资，最新一轮市场融资估值超过1亿美元的企业（制造业企业估值超过5000万美元）。

瞪羚企业：成功跨越创业死亡谷后，商业模式得到市场认可，进入高速成长阶段的创新型企业。起始年收入不低于500万元人民币（制造业企业不低于300万元人民币），且连续3年增长率不低于50%（制造业企业不低于20%）。

表1-4　　　　　　不同地区高成长企业评价标准

城市	产业方向或培育目标	评价体系
温州	加快推进工业强市建设，不断优化企业发展环境，针对企业不同发展阶段，强化需求导向，优化资源配置，突出培育重点，实施精准服务，建立"措施量身定做、政策集中倾斜"的扶持机制，着力培育一批成长潜力大、创新能力强、科技含量高、商业模式新、产业特色鲜明的高成长型企业	领军型、高成长型工业企业标准： 1. 在温州市域范围内注册登记的规模以上工业企业，上年度缴纳税费200万元（含）以上； 2. 上年度销售产值2000万元（含）至5000万元的企业，要求近三年销售产值平均增长40%以上，税费平均增长20%以上；年销售产值在5000万元（含）至4亿元的企业，要求近三年销售产值平均增长20%以上，税费平均增长10%以上

续表

城市	产业方向或培育目标	评价体系
青岛	为激发企业创新活力，落实青岛市新旧动能转换和"双百千"工程工作部署，重点扶持一批成长性好、创新能力强、发展潜力大的高新技术企业，促进我市产业量质齐升、快速发展，市科技局制定目标：到2021年，培育和扶持高成长重点高新技术企业（简称重点高企）100家以上，持续培育千帆计划企业超过5000家，高新技术企业力争突破3500家，服务带动科技型小微企业总量突破15000家	高成长高新技术企业标准： 1. 上年度营业收入达到2000万元不到5000万元的，近三年销售收入复合增长率达到20%且利润复合增长率达到25%； 2. 上年度营业收入达到5000万元不到1亿元的，近三年销售收入复合增长率达到15%且利润复合增长率达到20%； 3. 上年度营业收入达到1亿元不到5亿元的，近三年销售收入复合增长率达到10%且利润复合增长率达到10%； 4. 上年度营业收入达到5亿元的，近三年销售收入复合增长率达到10%或利润复合增长率达到10%
深圳	在深圳市（含深汕特别合作区，下同）注册成立、符合产业发展方向、创新能力强、成长速度快、发展前景好的各类民营企业和中小企业。建立培育库的目标是对各类创新型高成长企业经审核入库后进行重点培育，并逐步建立与市统计、税务、市场监管及相关产业部门的数据共享机制，及时掌握创新型高成长企业的发展动态，围绕入库企业建立有效的帮扶服务模式，力争培育出一批上市企业、领军骨干企业和单项制造冠军企业	创新型高成长企业标准： 1. 在深圳市注册成立的民营企业或中小企业，包括中小型国有、外商投资企业； 2. 未被国家、省、市相关部门列入失信联合惩戒对象名单； 3. 上年度研发投入占主营业务收入比例3%以上或占成本费用支出比例不低于20%； 4. 至少有1项与主营产品相关的发明专利、集成电路布图设计专有权、动植物新品种等，或5项以上实用新型专利、外观设计专利、软件著作权等，且相关知识产权为自主研发； 5. 主营业务符合我市产业发展导向，上年度主营业务收入占营业总收入不低于80%，且同比增长不低于20%。市委市政府确定重点培育企业、各区重点培育企业、"专精特新"企业、新三板企业、中小微基金投资企业、小升规重点企业、规模以下工业样本企业、规模以上工业企业、限额以上商贸服务企业、国家省市创新创业大赛获奖企业等不受此条件限制

续表

城市	产业方向或培育目标	评价体系
武汉	按照"科技型中小企业—科技型高成长企业（科技'小巨人''瞪羚''独角兽'）—高新技术企业—创新标杆企业"的梯次培育路径，持续加强高新技术企业培育，打造一批"规模大、实力强、发展稳、后劲足"的高新技术企业集群，推动一批科技型高成长企业和高新技术企业进入资本市场，着力培育一批在国内外具有较强影响力和知名度的领军企业以及在行业细分领域内的"隐形冠军""单项冠军"等创新标杆企业	瞪羚企业，具有"专、特、精、新"特点，近几年成长性好，且满足以下标准之一： （1）上年度总收入在 1000 万元—5000 万元之间的企业，收入增长率达到 20% 或利润增长率达到 10%；上年度总收入在 5000 万元—1 亿元之间的企业，收入增长率达到 15% 或利润增长率达到 10%；上年度总收入在 1 亿元—5 亿元之间的企业，收入增长率达到 10% 或利润增长率达到 10%。 （2）新兴产业领域的科技企业，近三年内累计获得创业投资超过 1000 万元人民币（或等值外币）
合肥	大力发展人工智能、量子信息等引领性产业，加速推进集成电路、生命健康、网络安全等新兴产业成长为主导产业，推动家电、汽车、光伏等传统成熟产业数字化、智能化转型升级。同时，加快培育有爆发式成长潜力的新业态、新模式。加快培育高成长企业，延伸梯度培育链条，建立"雏鹰企业—瞪羚培育企业—瞪羚企业—潜在独角兽—独角兽—平台型龙头企业"六级梯度培育体系	（一）高成长种子企业遴选申报条件（满足条件1和2）1. 企业近三年营业收入复合增长率超过 30%。2. 同时满足以下条件之一：（1）企业获得国家专利、国家科技进步奖、主持制定国家或行业标准合计超过 1 项（含 1 项）；（2）上一会计年度，企业科技研发投入占营业收入比重超过 8%；（3）上一会计年度，企业获得风险投资超过 300 万元人民币。 （二）潜在瞪羚企业遴选申报条件（满足条件1和2，或满足条件3）1. 上一会计年度，企业营业收入在 1 亿元—5 亿元人民币（信息传输、软件和信息技术，金融，科学研究和技术服务，文化体育和娱乐等服务业企业营业收入标准下调至 1000 万元—1 亿元人民币），企业利润为正数，并满足下列条件之一：（1）企业近三年营业收入复合增长率超过 15%（服务业企业近三年营业收入复合增长率达到 25%以上），服务业企业按照第（二）条第 1 款下调营业收入标准的，近三年营业收入复合增长率达到 25%以上；（2）企业注册成立时间不超过 5 年。2. 在达到条件 1 的同时，满足以下条件之一：

续表

城市	产业方向或培育目标	评价体系
		（1）上一会计年度，累计新增固定资产投资额超过2000万元人民币，非流动资产复合增长率超过20%；服务业企业按照第（二）条第1款下调营业收入标准的，累计新增就业人数达到20人以上，企业就业人员复合增长率达到30%以上；（2）上一会计年度，新产品销售收入占营业收入比重超过80%，近两年新产品销售收入复合增长率超过20%。3.上一会计年度，企业累计获得风险投资超过5000万元人民币，可直接申报潜在瞪羚企业。 （三）瞪羚企业遴选申报条件（满足条件1或条件2）1.上一会计年度，企业营业收入超过5亿元人民币（信息传输、软件和信息技术，金融，科学研究和技术服务，文化体育和娱乐等服务业企业营业收入标准下调至超过1亿元人民币），企业净利润为正数，并满足以下条件之一：（1）在本地注册成立年限不超过8年［服务业企业按照第（三）条第1款下调营业收入标准的，企业注册成立年限不超过5年］；（2）企业近三年营业收入复合增长率超过15%［服务业企业按照第（三）条第1款下调营业收入标准的，近三年营业收入复合增长率达超过25%］；2.上一会计年度，企业营业收入超过10亿元人民币，且净利润为正数，同时满足下列条件之一的，可直接申报瞪羚企业：（1）本地注册成立不超过10年；（2）近三年营业收入年均复合增长率超过20%。 （四）潜在独角兽企业遴选申报条件（满足条件1、2、3和4之一）1.上一会计年度，企业利润总额超过2亿元人民币，且净利润占营业收入比重超过10%；2.上一会计年度，企业利润总额超过1亿元人民币，且近三年净利润复合增长率超过20%；3.上一会计年度，企业利润总额超过5000万元人民币，且新产品销售

续表

城市	产业方向或培育目标	评价体系
		收入占营业收入比重超过80%，或近三年营业收入年均复合增长率超过20%；4.获得私募机构投资，新一轮估值超过30亿元人民币。 （五）独角兽企业遴选申报条件成立时间不超过十年（2009年及以后成立），获得过私募投资，且尚未上市，企业估值超过（含）10亿美元

第二章 高成长企业发展的多层视角

创新是引领发展的第一动力，也是建设现代化体系的战略支撑。高成长企业作为创新经济的风向标，往往代表着国家和地区的经济活力和行业发展趋势，展现出国家和地区的未来发展潜力。本章主要着眼于国际、国内和南京市的多层视角，梳理高成长企业的发展趋势和经验启示，分析出高成长企业的普遍发展路径规律，为后续理论和实证研究打下基础。

第一节 高成长企业发展：国际视角

从国际视角看，高成长企业主要指的是独角兽企业，这些企业代表着新的发展方向，有可能成为未来经济增长的"极"。

一 国际高成长企业发展的趋势分析

目前全球独角兽企业已超过479家（CB Insights 数据），准（培育）独角兽企业、瞪羚和牛羚企业数量则更多，在全球范围内对独角兽企业的统计更为全面，所以以下以独角兽企业为重心分析国际高成长企业的发展现状与趋势。

由于独角兽企业的认定是一个动态过程，企业的高速发展使得独角兽企业的队伍不断壮大，但与此同时，例如上市、被并购和成立超过10年等原因都可能使得一家独角兽企业在下一年退出独角兽队列，国家科技部火炬中心牵头发布我国第一份有关独角兽企业的综合性分析报告显示，2017年底中国估值100亿美元以上的独角兽企业共10家，新晋独角兽企业有62家，同时也有20家独角兽企业因上市、被并购和成立超过 10 年而退出独角兽企业队列。虽然目前来看独角兽的队伍越发壮大，但十年内市值超过 10 亿美金也曾经就如独角兽这个名字一样稀缺，独角兽概念的提出者美国著名 Cowboy Venture 投资人艾莉李（Aileen Lee）在 2013 年将私募和公开市场的估值超过 10 亿美元的创业公司做出分类，并将这些公司称为"独角兽"。李（Lee）发明独角兽概念的时候，描绘的是一个具体历史条件下的情形。2003—2013 年间，仅有 39 家公司从 6 万多的竞争者中脱颖而出，实现了估值达到 10 亿美元以上。再回到当前数百家独角兽的规模，其中主要的行业分布是电子商务、媒体和娱乐、物流、人工智能、软件与服务、新能源汽车、健康科技和教育科技行业等，多为具有新商业模式和高科技成分的企业，因此可以看到近年来科技和商业模式的创新造就了大批的高成长企业。

本书对比了多家机构所统计的全球独角兽企业情况，以下是胡润研究院[1]发布的《2019 胡润全球独角兽榜》《苏州高新区·2020 胡润全球独角兽榜》和 CB Insights[2] 发布的独角兽企业列表（2020 年 7 月版本）的情况。

表 2 – 1　　2020 年 7 月 28 个拥有独角兽企业国家或地区及独角兽企业分布[3]（CB Insights）

序号	国家或地区	独角兽企业数	序号	国家或地区	独角兽企业数
1	美国	228	15	瑞典	3
2	中国大陆	122	16	澳大利亚	2
3	英国	25	17	哥伦比亚	2
4	印度	21	18	南非	2

---

[1]　总部位于上海的胡润百富，是一个拥有中国高净值人群垂直类大数据，充分利用移动互联网优势为高端品牌提供调研与顾问咨询服务的新型全媒体集团。

[2]　CB Insights 总部位于美国纽约，在美国国家科学基金会（National Science Foundation）和风险资本投资者的支持下，挖掘了专利、风险资本融资、并购交易、市场规模、初创企业和投资者网站、新闻情绪、社交媒体等大数据。

[3]　表 2 – 1、图 2 – 1 和图 2 – 2 均是作者通过 CB Insights 最新数据统计得到，截至 2020 年 7 月 17 日。

续表

序号	国家或地区	独角兽企业数	序号	国家或地区	独角兽企业数
5	德国	13	19	西班牙	2
6	韩国	10	20	爱沙尼亚	1
7	巴西	7	21	爱尔兰	1
8	以色列	7	22	立陶宛	1
9	法国	5	23	卢森堡	1
10	印度尼西亚	5	24	马耳他	1
11	瑞士	4	25	荷兰	1
12	加拿大	3	26	菲律宾	1
13	中国香港	3	27	葡萄牙	1
14	日本	3	28	阿拉伯联合酋长国	1

资料来源：作者根据 CB Insights 最新数据整理。

从表 2-1 和表 2-2 中的数据对比可以发现，不同机构所统计的独角兽企业数据不尽相同，其中胡润研究院发布的数据截至 2019 年 6 月 30 日，CB Insights 发布的数据截至 2020 年 7 月 17 日，相差一年多的时间，部分国家的数据存在较大差异，例如中国 2019 年胡润研究院统计为 206 家，全球第一；而 2020 年 CB Insights 统计则为 122 家，全球第二，减少了 84 家，这其中自然有独角兽企业成长与退出的原因，但也存在不同机构统计口径的差异，例如就国内各城市而言对于独角兽企业也有自己的认定标准。不过总体分布规律依然是中国、美国、印度和英国拥有着全球近 90% 的独角兽企业。

表 2-2　2019 年全球独角兽企业分布情况（胡润研究院）

序号	国家	独角兽企业数	序号	国家	独角兽企业数
1	中国	206	13	日本	2
2	美国	203	14	瑞典	2
3	印度	21	15	卢森堡	1
4	英国	13	16	哥伦比亚	1

续表

序号	国家	独角兽企业数	序号	国家	独角兽企业数
5	以色列	7	17	澳大利亚	1
6	德国	7	18	爱尔兰	1
7	韩国	6	19	爱沙尼亚	1
8	印度尼西亚	4	20	芬兰	1
9	巴西	4	21	菲律宾	1
10	法国	4	22	西班牙	1
11	瑞士	3	23	阿根廷	1
12	新加坡	2	24	马耳他	1

资料来源：作者整理自胡润研究院发布的《2019胡润全球独角兽榜》。

表2-3　2020年全球独角兽企业分布情况（胡润研究院）

序号	国家	独角兽企业数	序号	国家	独角兽企业数
1	美国	233	16	瑞典	2
2	中国	227	17	西班牙	2
3	英国	24	18	马耳他	2
4	印度	21	19	卢森堡	1
5	韩国	11	20	哥伦比亚	1
6	德国	10	21	奥地利	1
7	以色列	8	22	尼日利亚	1
8	巴西	8	23	爱尔兰	1
9	法国	7	24	爱沙尼亚	1
10	印度尼西亚	5	25	立陶宛	1
11	瑞士	5	26	芬兰	1
12	加拿大	3	27	菲律宾	1
13	日本	3	28	阿根廷	1
14	新加坡	2	29	马来西亚	1
15	澳大利亚	2			

资料来源：作者根据胡润研究院发布《苏州高新区·2020胡润全球独角兽榜》整理。

根据2020年8月4日胡润研究院发布的《苏州高新区·2020胡

润全球独角兽榜》：

第一，从全球独角兽分布的国家来看，中国和美国占据了全球独角兽企业的绝大多数（接近80%，见表2-3）。全球有586家独角兽企业，比2019年增加了92家，其中美国以233家排名第一领先于第二名中国的227家，美中两国占全球独角兽总数的八成。英国和印度分别以24家和21家位居第三和第四。人口才900万的以色列以8家独角兽排名第七，领先于法国和巴西。

表2-4　　　　　　　　　全球城市独角兽分布排名

城市	独角兽数量	城市	独角兽数量	城市	独角兽数量
北京	93	森尼维耳市	5	华盛顿	2
旧金山	68	特拉维夫	5	卡尔弗城	2
上海	47	雅加达	5	圣克拉拉	2
纽约	33	香港	5	圣卡洛斯	2
杭州	20	亚特兰大	4	城南市	2
深圳	20	圣塔莫尼卡	4	夏洛特市	2
伦敦	16	圣马特奥	4	奥斯汀	2
帕洛阿尔托	12	成都	4	布里斯托尔	2
南京	11	洛杉矶	4	斯德哥尔摩	2
雷德伍德城	10	东京	3	新加坡	2
首尔	9	圣何塞	3	格兰岱尔市	2
广州	8	圣地亚哥	3	汉堡	2
波士顿	8	芝加哥	3	沃尔瑟姆	2
班加罗尔	8	重庆	3	罗利	2
圣保罗	7	门洛帕克	3	耶路撒冷	2
古尔冈	6	青岛	3	西雅图	2
山景城	6	丹佛	2	诺伊达	2
巴黎	6	剑桥	2	贝尔维尤	2
柏林	5	匹兹堡	2	马耳他	2

资料来源：作者根据胡润研究院发布《苏州高新区·2020胡润全球独角兽榜》整理。

第二章　高成长企业发展的多层视角 ◂ 33

第二，从独角兽分布的城市来看，全球有57个城市拥有多于1家独角兽企业（全球独角兽总部城市分布见表2-4）。北京是全球独角兽之都，有93家，洛杉矶以68家位居第二，上海以47家排名第三。独角兽数量排名前十的城市中，有9个在中国或美国，伦敦是唯一的例外。排名前12的城市中有6个在中国，北京、上海、深圳、杭州独角兽数量均超伦敦，南京多于首尔和波士顿，广州多于巴黎和柏林。

第三，从具体的独角兽企业及其所在行业来看，聚焦于科技行业且技术驱动型企业居多（行业分布情况见图2-1—图2-3）。其中，蚂蚁集团以1万亿元估值蝉联第一，抖音海外版母公司字节跳动以5600亿元估值蝉联全球第二大独角兽，其估值上升了600亿元。全球十大独角兽6个来自中国，除蚂蚁集团和字节跳动以外，还有滴滴出行、陆金所、快手和菜鸟网络。快手、菜鸟网络和加州大数据分析公司Palantir首次进入全球十大独角兽，刚刚成功将载人飞船送回地球的太空探索技术公司（SpaceX）以2500亿元估值排名第五，总部旧金山的支付平台Stripe成为最大的赢家，估值增加了900亿元，排名上升5位至第五，最大输家为美国电子烟公司JUUL Labs和共享办公空间WeWork，分别下跌2600亿元和1900亿元。五个降幅最大的也包括中国的比特大陆，估值下降500亿元，以及瑞幸咖啡联合创始人陆正耀的神州优车，估值下降200亿，美国和中国过去一年分别增加了30家和21家独角兽。中国以外有16家独角兽出华裔联合创办，金融服务业和零售业被独角兽企业颠覆最多，其次是传媒娱乐、企业管理解决方案、医疗健康、物流和汽车行业，电子商务成为独角兽企业最多的行业，有89家，其次是人工智能（如自动驾驶和人脸识别）及金融科技（如支付解决方案），分别有63家。其他还包括软件服务53家，共享经济33家，健康科技28家。33家成立不到3年，其中一半以上来自中国。最年轻的是2019年从京东拆分出来的京东健康。8家成立不到2年，其中5家来自中国：贝壳、康众汽配、度小满金融、雾芯科技和企鹅杏仁。

第四，从独角兽的投资机构来看，红杉资本成为全球最成功的独

▶ 综合篇

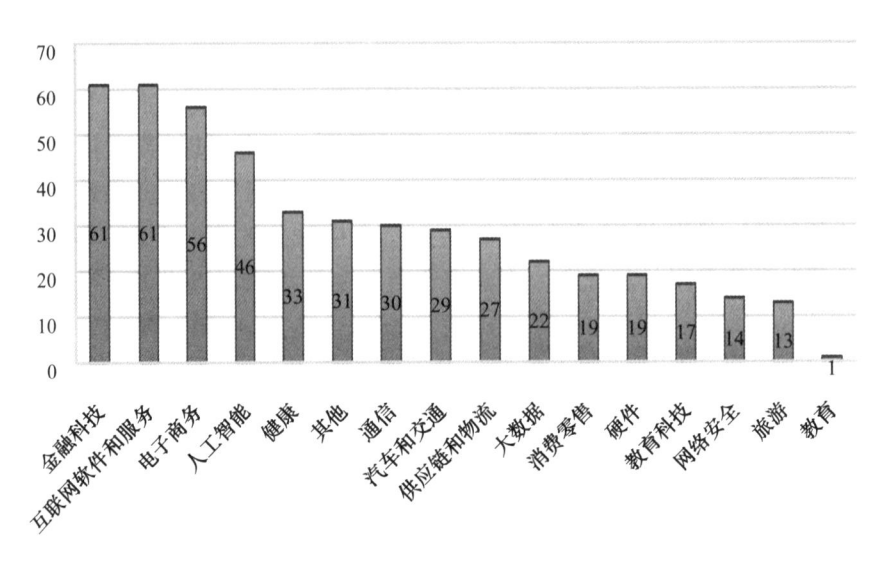

图 2-1 2020 年全球独角兽企业的行业分布情况

资料来源：作者整理自 CB Insights 数据。

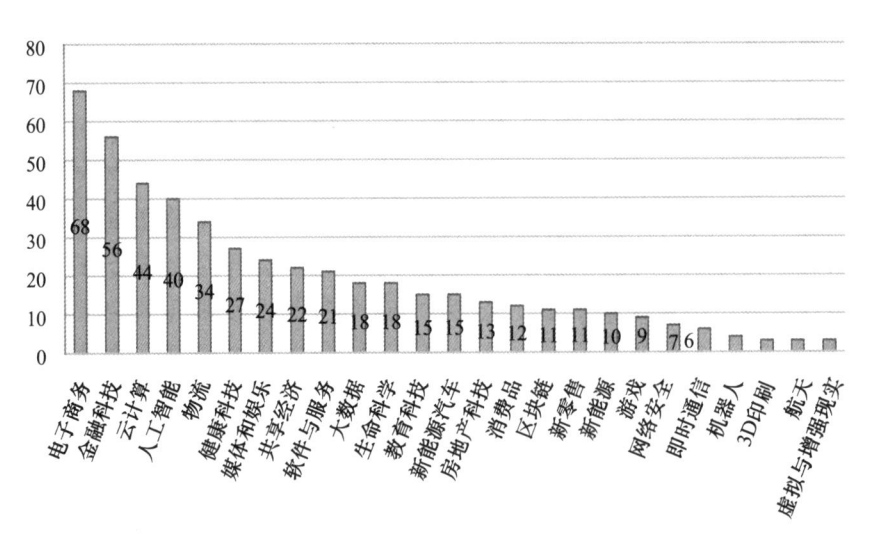

图 2-2 2019 年全球独角兽企业的行业分布情况

资料来源：作者整理自《2019 胡润全球独角兽榜》。

第二章　高成长企业发展的多层视角　35

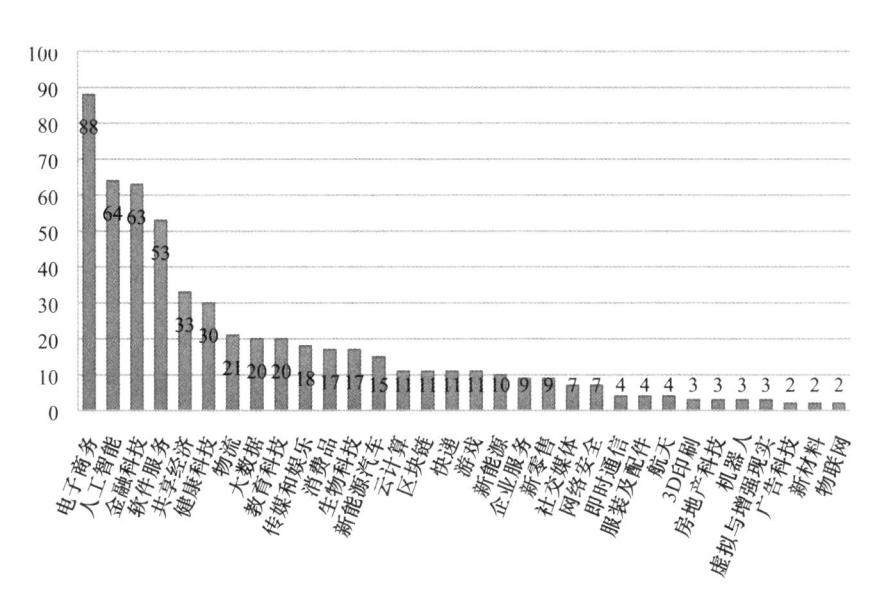

图 2-3　2020 年全球独角兽企业行业分布情况（大于 1 家的行业）

资料来源：作者根据胡润研究院发布《苏州高新区·2020 胡润全球独角兽榜》整理。

行业分布数据（从高到低）：电子商务 88，人工智能 64，金融科技 63，软件服务 53，共享经济 33，健康科技 30，物流 21，大数据 20，教育科技 20，传媒和娱乐 18，消费品 17，生物科技 17，新能源汽车 15，云计算 11，区块链 11，快递 11，游戏 11，新能源 10，企业服务 9，新零售 9，社交媒体 7，网络安全 7，即时通信 4，服装及配件 4，航天 4，3D 印刷 3，房地产科技 3，虚拟与增强现实 3，机器人 2，广告科技 2，新材料 2，物联网 2。

角兽投资机构，投资了全球五分之一的独角兽；其次是腾讯、软银和 IDG。高瓴资本和 Accel 新进入前十。30 家前独角兽公司已上市或被收购了，上市后表现最好的是加州生命科学技术公司 10X Genomics，上市以来市值飙升 265 亿美元，最差是美国纳什维尔齿形矫正公司 Smile Direct Club，上市以来市值缩水 440 亿美元。总部位于纽约的企业级管理软件公司 Infor 是 2019 年被收购的前独角兽企业中规模最大的一家，Infor 被美国科氏工业收购。80% 提供软件及服务，20% 提供实体产品，59% 面向消费者，41% B2B。

第五，从各国独角兽企业的总市值来看（见表 2-5），虽然 2020 年公布的独角兽企业数量中国逊色于美国，但是从独角兽企业的总市值比较来看，中国依然是排名第一，为 59700 亿元人民币，美国、印度、英国和韩国分别以 47610 亿元、5030 亿元、3740 亿元、2090 亿元人民币排名第二至第五位。

表2-5　　　　　　　2020年各国独角兽企业市值总和

国家	独角兽总市值	国家	独角兽总市值
中国	59700	加拿大	315
美国	47610	澳大利亚	300
印度	5030	日本	290
英国	3740	哥伦比亚	250
韩国	2090	爱尔兰	140
印度尼西亚	1845	西班牙	140
德国	1320	立陶宛	75
巴西	1210	卢森堡	70
瑞士	955	奥地利	70
马来西亚	950	尼日利亚	70
以色列	790	爱沙尼亚	70
法国	560	芬兰	70
瑞典	520	菲律宾	70
新加坡	440	阿根廷	70
马耳他	380		

资料来源：作者根据胡润研究院发布《苏州高新区·2020胡润全球独角兽榜》整理。

二　国际高成长企业发展的经验启示

一个初创公司的成功发展不仅取决于精英团队的努力，而且也与市场、资金等因素紧密相关，要在短时间内成为一家市值超过10亿美元的独角兽型高成长企业仍然是一件非常困难的事情，以美国的经验为例，美国公司五年后的失败率超过50%，十年后超过70%，而独角兽企业则更是凤毛麟角。

然而，一批精英创业公司已经能够驾驭风险世界的挑战，成为价值数十亿美元的机构。这些独角兽企业是如何做到的呢？他们要么打破了现有的市场运行机制，要么创造了全新的市场，这要归功于技术创新和高明的市场进入的结合。以下总结5家成功的高成长企业以及4家失败的高成长企业的经验与教训。[①] 五家高成长企业的经验如下：

---

① 参见 https://veteranbusinesscoalition.org/10-lessons-from-billion-dollar-unicorn-startups/。

一是打造客户真正喜爱的产品。2008 年，当爱彼迎（Airbnb）努力获得最初的发展时，备受好评的创业孵化器操纵器（Y Combinator）的创始人保罗·格雷厄姆（Paul Graham）给了爱彼迎（Airbnb）的首席执行官一些建议。格雷厄姆（Graham）告诉布莱恩·切斯基（Brian Chesky），他应该专注于创造出人们真正喜爱（love）的产品，而不仅仅是喜欢（like）的产品。正如布莱恩·切斯基（Brian Chesky）所说，最好是制造一种一百人喜爱（love）的产品或服务，而不是一种一百万人喜欢（like）的产品或服务。当人们喜爱一种产品时，他们会向朋友和同事宣传。从一小群充满激情的顾客身上传播幸福的网络效应（network effect of evangelism），足以推动更多企业达到更高的层次。

二是抓准正确的时机果断转变。Atlassian 作为商业软件的开发者为实现各种规模的团队更快更好地合作。他们是 Jira 和 Confluence 等知名产品的创造者。2017 年初，Atlassian 宣布，他们已斥资 4.25 亿美元收购了另一家商业软件公司特雷略（Trello）。特雷略创建的一个项目管理工具以帮助各种规模的团队完成工作，几乎即将在其所经营的领域打败 Atlassian。Atlassian 的领导团队意识到了这一点，并大胆地抓准时机果断收购竞争对手，并将它们集成到已有的产品套件中。

三是市场可以容纳不止一个颠覆者。来福车（Lyft）是在优步（Uber）三年后成立的（Uber 是在 2009 年，来福车是在 2012 年），尽管来福车在拼车行业并不具备先发优势，但该公司的市值仍接近 110 亿美元，且增长速度快于优步。以来福车作为一个例子，说明市场足够大，能容纳多个创造性的初创公司。仅仅因为另一家公司有先发优势并不意味着就该放弃这个领域的创业。来福车表明，如果定位正确，仍然可以成为众多消费者喜爱的品牌。

四是利基市场①是创新的一个很好的切入点。并不是每一家创业公司都需要面对消费者才能成为独角兽。Twilio 是一种 B2B 技术，旨

---

① 利基市场（niche market），就是那些高度专门化的需求市场。Niche 来源于法语。法国人信奉天主教，在建造房屋时，常常在外墙上凿出一个不大的神龛，以供放圣母玛利亚。它虽然小，但边界清晰，洞里乾坤，因而后来被用来形容大市场中的缝隙市场。在英语里，它还有一个意思，是悬崖上的石缝，人们在登山时，常常要借助这些微小的缝隙作为支点，一点点向上攀登。20 世纪 80 年代，美国商学院的学者们开始将这一词引入市场营销领域。

在帮助企业更有效地与消费者沟通。他们为 Uber、Lyft 和 Netflix 提供短信和语音技术，以便向客户自动发送信息。Twilio 证明了为利基市场开发世界级的产品可以创造出独角兽规模的初创公司。这就是为什么该公司现在估值超过 300 亿美元。

五是远见是一家公司得以发展的重要因素。谷歌的一项研究发现，千禧一代和"95 后"一代（Generation Z）都认为特斯拉是世界上"最酷"的公司之一。这是一个值得注意的成就，考虑到许多受访者的年龄还不足以拥有一辆特斯拉。说明公众愿意支持那些努力以重大方式改变世界的企业。特斯拉不仅被认为是一家"很酷"的公司，而且就在 2020 年，特斯拉的估值也大幅上升，股价上涨了接近 300%，并且已多年保持高速增长，因为投资者相信，特斯拉正在显著改变个人与城市的交通出行。

同时，几家高成长企业的教训在于：

其一，资金管理不善。资金问题一直都是初创公司面对的最重要的问题之一。企业很难决定何时从外部寻求资金，以及自己如何创造足够的收入来维持业务。因此企业在快速发展过程中对资金的管理一定要保持头脑清醒。以 Beepi 公司——一个在线二手车交易市场为例。创始人很快就筹集了大量的资金，但开始把这些钱花在不必要的高薪水和虚荣上。在投资者撤资后，Beepi 陷入了困境。Beepi 的教训是应该设定明确的资金使用期限并制订合理使用资金的计划。

其二，不重视潜在客户体验和需求可能阻碍前进的步伐。企业在业务开展之前，必须通过从潜在客户那里获得反馈来验证产品的可行性。以 2013 年成立的 Juicero 为例，它对自己的产品抱有非常乐观的预期，但作为一款不能榨汁的榨汁机，在进入市场后销量惨淡。即使在降低了价格后，该公司最终还是在上市 16 个月后关闭了。因此，在投资之前，应该专注于测试定价、产品和用户行为。

其三，过度承诺名不符实会使得企业陷入危机。大多数初创公司都想成为未来的科技独角兽，但必须面对现实。以 Theranos 为例，这家硅谷初创公司承诺了太多无法兑现的东西。从企业诞生起的目标就是颠覆传统的血液检测法，但最终被爆出 Theranos 检测结果不准确，检测数量不副实甚至连检测设备都不是来自企业自身而丑闻四起。每一家企业都希望成为下一次科技飞跃的引领者，这种信念可能带领一家企业成为高成长企业,但不能无限延伸到一个遥不可及的地步。

其四,企业的客户和员工都是企业成功不可或缺的一部分,必须同等重视。一家初创公司要想成为独角兽,首先需要拥有一支具有不同特长、创新力强的员工队伍。一个强劲的团队,可以大大提升企业的竞争力。在团队中工作必须时刻理解团队的重要性。获得客户的信任很重要,但也需要获得企业员工的信任。独角兽公司 WeWork 遭遇了一些严重的劳工问题,作为回应,该公司忽视了对员工的重视,并解雇了所有员工,对公司的形象造成了无法弥补的损害。

第二节 高成长企业发展:中国视角

高成长企业具有高爆发、高成长以及技术颠覆性等特点,其诞生和发展往往代表着未来产业发展方向,是我国新产业、新技术、新模式和新业态的开拓者。同时,高成长企业的发展也是衡量一个城市创业创新环境和未来发展潜力的重要名片。

一 主要城市高成长企业发展演进

具体到各个城市所认定的独角兽企业数目存在评价标准的不统一性,从不同机构发布的榜单也可以看出不同机构认定的独角兽企业数目也不尽相同,为了保证国内不同区域间高成长独角兽企业发展现状的可比性,这里采用影响力较大的胡润研究院 2020 年 8 月 4 日发布的《苏州高新区·2020 胡润全球独角兽榜》进行对比,其中与各城市认定的独角兽数目和市值可能存在差异,例如南京在胡润独角兽排行榜中为 11 家,而南京市发布的《南京市独角兽、瞪羚企业发展白皮书》中所认定的独角兽数目为 15 家。

第一,从独角兽企业数目来看,排名前 12 的城市中有 6 个在中国。在中国拥有独角兽企业最多的城市中,北京以较大优势排名第一为 93 家,第二名至第六名分别是上海、杭州、深圳、南京和广州,其独角兽企业数目分别是 47 家、20 家、20 家、11 家和 9 家。排名前四的北京、上海、杭州和深圳占全国独角兽企业总数的 80% 以上。图 2-4 展示了国内拥有独角兽企业的城市 2017—2020 年间独角兽企业数目变动情况。

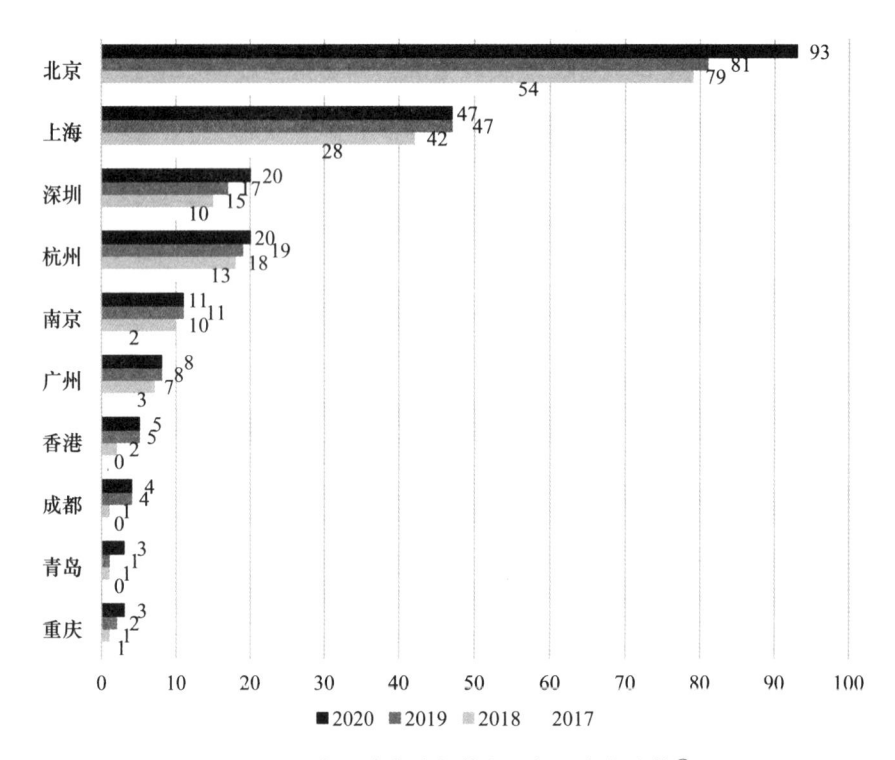

城市	2020	2019	2018	2017
北京	93	81	79	54
上海	47	47	42	28
深圳	20	17	15	10
杭州	20	19	18	13
南京	11	11	10	2
广州	8	8	7	3
香港	5	5	2	0
成都	4	4	1	0
青岛	3	1	1	0
重庆	3	2	1	1

图 2-4 中国城市独角兽企业数目变化趋势①

资料来源：根据胡润研究院独角兽数据整理。

第二，从各城市独角兽企业总市值情况来看，"北上杭深"优势明显。如表2-6所示，中国城市独角兽企业市值总额排名前五位分别是：北京、杭州、上海、深圳和南京。其中北京独角兽企业的总市值达到26490亿元人民币，近乎是排名第二的杭州的两倍。虽然南京独角兽企业在数目上（11家）并不比排名第三的杭州（20家）少太多，但是从总市值来看，南京独角兽企业的总市值只有杭州独角兽企业总市值的1/10，据艾媒咨询（iiMedia Research）发布的《2020中国独角兽榜单TOP100》显示，中国独角兽百强榜中，南京只有1家，可以看出，南京高成长企业的发展与目前国内发展较为领先的北京、杭州等城市还有一定差距。

---

① 图中所列为2020年独角兽企业数量前十城市。

第二章 高成长企业发展的多层视角

表2-6 全球城市独角兽企业市值总额排名情况（亿元人民币）

城市	国家	独角兽企业总市值	城市	国家	独角兽企业总市值	城市	国家	独角兽企业总市值
北京	中国	26490	重庆	中国	270	加迪纳	美国	90
旧金山	美国	18160	西雅图	美国	270	浦那	印度	80
杭州	中国	13980	圣布鲁诺	美国	250	魁北克	加拿大	75
上海	中国	9170	波哥大	哥伦比亚	250	维尔纽斯	立陶宛	75
深圳	中国	4740	哥伦布	美国	250	圣塔芭芭拉	美国	70
纽约	美国	4085	坎布里奇	美国	250	新德里	印度	70
帕洛阿尔托	美国	3920	罗利	德国	245	休斯顿	美国	70
洛杉矶	美国	3020	青岛	中国	240	底特律	美国	70
伦敦	英国	2650	卡尔弗城	美国	230	天津	中国	70
班加罗尔	印度	1960	剑桥	英国	220	巴塞罗那	西班牙	70
雅加达	印度尼西亚	1845	奥斯汀	美国	210	杜伦	英国	70
首尔	韩国	1670	夏洛特市	美国	210	塔林	爱沙尼亚	70
南京	中国	1530	布里斯托尔	英国	210	迈阿密	美国	70
圣马特奥	美国	1450	华盛顿	美国	210	武汉	中国	70
古尔冈	印度	1310	沃尔瑟姆	美国	210	米尔堡	美国	70
诺伊达	印度	1300	格兰岱尔市	美国	210	橙县	美国	70
波士顿	美国	1230	福斯特城	美国	200	卢森堡	卢森堡	70

42 ▶ 综合篇

续表

城市	国家	独角兽企业总市值	城市	国家	独角兽企业总市值	城市	国家	独角兽企业总市值
雷德伍德城	美国	1155	菲蒙市	美国	200	拉普莱纳·圣德尼	法国	70
圣保罗	巴西	1140	悉尼	澳大利亚	200	无锡	中国	70
门洛帕克	美国	1100	圣赫勒拿	瑞士	175	嘉兴	中国	70
广州	中国	1020	汉堡	德国	145	洛桑市	瑞士	70
Midview City	马来西亚	950	蒙特利尔	加拿大	140	维也纳	奥地利	70
圣地亚哥	美国	940	耶路撒冷	以色列	140	埃尔塞贡多	美国	70
山景城	美国	830	贝尔维尤	美国	140	台北	中国	70
圣何塞	美国	795	慕尼黑	德国	140	赫尔辛基	芬兰	70
柏林	德国	760	牛津	英国	140	克利尔沃沃特	美国	70
普拉塔寻	美国	700	艾哈迈达巴德	印度	140	明尼阿波利斯	美国	70
芝加哥	美国	630	楚格	瑞士	140	坎贝尔	美国	70
圣塔莫尼卡	美国	620	都柏林	爱尔兰	140	桐乡	中国	70
匹兹堡	美国	600	圣卡洛斯	美国	140	德克萨斯	美国	70
斯德哥尔摩	瑞典	520	斯科茨代尔	美国	140	半月湾	美国	70
森尼维耳市	美国	520	伯班克	美国	140	长沙	中国	70
特拉维夫	以色列	510	雷霍沃特	以色列	140	利伍德	美国	70
哈里斯堡	美国	500	丹佛	美国	140	杭廷顿海滩	美国	70

第二章 高成长企业发展的多层视角 43

续表

城市	国家	独角兽企业总市值	城市	国家	独角兽企业总市值	城市	国家	独角兽企业总市值
巴塞尔	瑞士	500	奥克兰	美国	140	库里提巴	巴西	70
巴黎	法国	490	奥斯丁	美国	130	阿拉米达	美国	70
香港	中国	480	埃隆	英国	100	布宜诺斯艾利斯	阿根廷	70
亚特兰大	美国	455	安大略	加拿大	100	金华	中国	70
埃默里维尔	美国	450	抚他	美国	100	马卡迪	菲律宾	70
新加坡	新加坡	440	绍兴	中国	100	拉各斯	尼日利亚	70
成都	中国	420	巴登符腾堡州	德国	100	库比蒂诺	美国	70
城南市	韩国	420	墨尔本	澳大利亚	100	波特兰	美国	70
贵阳	中国	400	张家口	中国	100	孟买	印度	70
马耳他	马耳他	380	伯灵顿	美国	100	苗必达	美国	70
普利茅斯	美国	350	法灵达巴德	印度	100	马德里	西班牙	70
曼彻斯特	英国	350	新乡	中国	100	吉尔福德	美国	70
卡平特里亚	美国	300	普者佛市	美国	100	沙夫豪森	瑞士	70
东京	日本	290				萨默维尔市	美国	70
圣克拉拉	美国	270						

资料来源：作者根据胡润研究院发布《苏州高新区·2020胡润全球独角兽榜》整理。

▶ 综合篇

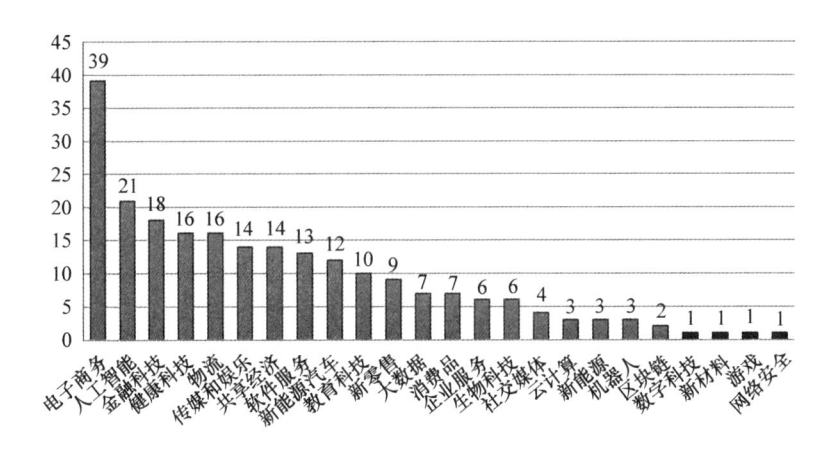

图 2-5　2020 年中国独角兽企业行业分布

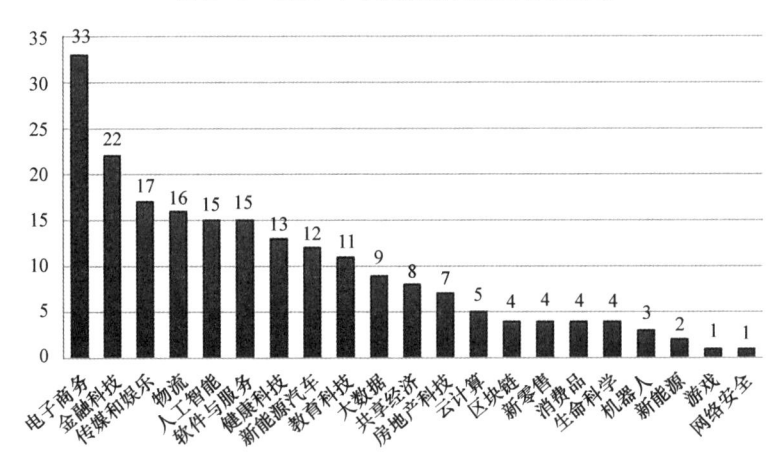

图 2-6　2019 年中国独角兽企业行业分布

第三，从国内独角兽企业行业分布看，新兴产业占比持续增加。图 2-5 和图 2-6 分别展示了中国 2019 年和 2020 年胡润研究院公布的中国独角兽企业的行业分布情况，在 2019 年的榜单中，中国独角兽企业分布最多的行业是电子商务（33 家，占比 16.02%）、金融科技（22 家，占比 10.68%）、媒体和娱乐（17 家，占比 8.25%）、物流（16 家，占比 7.77%）和人工智能（15 家，占比 7.28%）。在 2020 年的榜单中，中国独角兽企业分布最多的行业是电子商务（39

家，占比17.18%）、人工智能（21家，占比9.25%）、金融科技（18家，占比7.93%）、健康科技（16家，占比7.05%）、物流（16家，占比7.05%）。

从2019年和2020年独角兽行业的行业分布变动可以看出，在特殊历史背景下企业的发展也顺应其发展规律，在2020年初国内暴发的新冠肺炎疫情的冲击下，原本在2019年排名靠前的媒体和娱乐行业在2020年已不再位居前五行列，而健康科技行业异军突起。具体到国内独角兽集中的北京、上海、杭州和深圳几个城市来看，北京独角兽企业数量最多、行业分布领域最广，是引领全国独角兽的新模式、新业态、新技术的高地。上海独角兽企业多以平台驱动，"互联网+"引领产业转型升级的特征明显。杭州独角兽企业的地域特征明显，企业多围绕阿里生态圈进行业务布局，以阿里巴巴为代表的大企业成为杭州独角兽孵化的重要平台。深圳独角兽企业多为技术密集型，例如智能硬件领域的柔宇科技、机器人领域的优必选、人工智能领域的奥比中光等。2020年北京、上海、杭州、深圳和南京的独角兽行业分布如表2-7所示。

第四，从培育周期来看，北京独角兽企业培育周期相对较短。北京独角兽企业接近44%成立时间在3—5年，而上海、杭州、深圳独角兽企业培育周期多集中在5—7年，企业占比均在40%以上。深圳独角兽企业多以技术驱动，企业培育周期较长，因此成立3年以下的独角兽企业偏少。

表2-7　　中国主要城市独角兽企业所在行业分布情况

行业	上海	北京	南京	杭州	深圳	总计
电子商务	9	16	3	4	1	33
人工智能	3	13	0	1	1	18
共享经济	3	9	0	1	0	13
健康科技	3	8	0	2	2	15
教育科技	4	6	0	0	0	10
传媒和娱乐	5	5	1	1	1	13
软件服务	3	5	2	1	1	12

续表

行业	上海	北京	南京	杭州	深圳	总计
金融科技	3	5	1	4	3	16
物流	3	4	0	1	3	11
社交媒体	0	4	0	0	0	4
大数据	1	3	0	1	0	5
企业服务	1	2	0	1	0	4
新能源汽车	3	2	3	0	0	8
新零售	0	2	0	0	3	5
生物科技	1	2	1	0	1	5
云计算	0	1	0	2	0	3
区块链	0	1	0	0	0	1
数字科技	0	1	0	0	0	1
机器人	0	1	0	0	2	3
消费品	4	1	0	0	2	7
游戏	0	1	0	0	0	1
网络安全	0	1	0	0	0	1
新能源	1	0	0	1	0	2
总计	47	93	11	20	20	191

资料来源：作者根据胡润研究院发布《苏州高新区·2020胡润全球独角兽榜》整理。

二 国内主要城市高成长企业发展的经验启示

中国高成长企业发展有四大系地区特征，分别是：北京、上海、杭州以及以深圳为首的粤港澳大湾区，受各自地方创新环境的影响，呈现出具有地方特色的发展特点。北京作为国家科技创新中心，人才智力资源密集，政策完善，是除硅谷外全球独角兽企业最多的城市，也是我国各类创新资源广为集聚的地区之一，良好的资源生态环境使北京成为诞生新行业、新技术、新模式独角兽企业的高地。上海独角兽企业主要分布于电子商务、互联网金融、医疗健康、交通出行等10个行业领域，其中60%以上的独角兽属于"互联网+"企业,这些独角兽企业的出现见证了上海率先引领产业互联网发展的成果。杭州拥有先进的数字经济产业,"阿里系"带动效应显著,晋升新一线城市。粤港澳大湾区殷实拥有工业企业基础条件、明显的区位优势、广州科学城科研支持和国家战略性政策扶持。

针对独角兽企业跨界融合、颠覆性和自成长的独特发展规律,紧密结合分享经济、平台经济、智能经济等新经济的发展特点,把握经济新趋势,聚集地方优势资源,聚焦生态环境建设,打造独角兽企业集群,是独角兽培育的方向。四大地区在创新载体建设、产业孵化链完善、技术研发投入、投融资、工业(商业)用地、人才引进、企业上市等多方面都给予了政策上的大力支持。

一方面,从四大地区的经验可以看到,独角兽企业的出现,与良好的创业氛围、健全的创业机制、有效的政策扶持密不可分。归纳起来即是根据独角兽企业的成长过程形成种子企业遴选、孵化、加速、落地等比较顺畅的运行机制和保障政策。具体可包括:一是通过设立独角兽企业排行榜、开展寻找下一个独角兽企业活动等方式发现具有独角兽基因的企业;二是发挥专业孵化器或平台型孵化器在种子公司创业初期的创业支撑、辅导及融资等活动中的一体化作用;三是利用国内外风险投资资金推动种子企业加速发展;四是出台针对高成长企业的扶持政策。

另一方面,独角兽企业的培育应多管齐下形成发展合力。从四大城市的实践来看,独角兽企业的培育需要政府、企业、投资人、科研院所、第三方机构等共同参与,形成共同探索独角兽企业孵化培育的新机制、新举措。通过召开研讨会、"海选"、发布"排行榜"等方式,从众多高成长企业中遴选一批具有潜力的发展对象给予重点关注与支持。例如,对本土具有独角兽基因的企业,包括那些仍然处于萌芽状态的具有潜质的小微企业,由第三方机构建立一个标准化的"独角兽企业排行榜",每年更新完善,引起包括投资人在内"伯乐"的关注,或许下一个独角兽企业就会从他们中间走出来。

表2-8　北京、上海、深圳和杭州高成长企业发展优势与政策

举措		主要内容及成效
创立创业孵化基地、提供资金支持	北京	相关部门应结合各自职能，加强协作，建设多种类型的孵化基地，促进孵化基地多元化、专业化、市场化发展。市人力社保部门可根据全市孵化基地建设情况，会同相关部门适时开展市级创业孵化示范基地认定工作。截至2019年底北京市孵化器数量突破500家，孵化场地面积从30年前的不足100平方米增长到500万平方米以上，孵化企业和创业团队从最初的不足20家增长到7万余家，带动就业人数达32.5万人。累计毕业企业2.3万家以上，其中上市企业百余家，独角兽企业13家。孵化器的发展壮大，激发了创新创业的不竭动力
	上海	市级创业孵化示范基地运作经费补贴经市人力资源社会保障局认定满一年的市级创业孵化示范基地，由市人力资源社会保障部门委托第三方社会中介机构开展定期评估，对创业孵化成效进行分级评估，根据评估结果，对达到A级、B级、C级的创业孵化示范基地，分别给予50万元、30万元、10万元的运作经费补贴。2019年对2018年工作成效评估结果中达标A级的18家，B级的34家，C级的40家。对比2016年度评选出7家A级创业孵化基地，20家B级创业孵化基地，27家C级创业孵化基地有了大幅的增加。发布《上海市人民政府办公厅关于着力发挥资本市场作用促进本市科创企业高质量发展的实施意见》等文件
	深圳	截至2018年5月，深圳已有50家市级创业孵化基地。其中，高校主办的孵化基地有7家，社会投资兴建的孵化基地有43家，80%以上由民营企业投资，市场化程度非常高。市创业孵化基地是指经深圳市人力资源和社会保障部门认定通过的，为深圳市自主创业人员提供经营场所、创业指导和政策宣讲等服务的各类创业孵化载体

市创业孵化基地的主要功能：

1. 保障经营场所
   - 提供经营场地
   - 提供仓储物流
   - 提供公共会议场所
   - 提供物业管理及后勤保障等

2. 开展创业服务
   - 提供创业指导
   - 提供创业实训
   - 提供信息咨询等专业化服务

3. 代理商事业务
   - 提供财务代账、融资担保、专利申请等服务

4. 促进项目对接
   - 提供展示交流空间
     - 创业项目展示
     - 创业沙龙
     - 创业讲堂
     - 项目路演

续表

举措		主要内容及成效
创立创业孵化基地、提供资金支持	杭州	鼓励发展高新技术企业，培育各类瞪羚、准独角兽企业，完善创新创业服务平台，强化政策落实；鼓励创新成果转化，设立专项创业资助资金、无偿资助及孵化场地等。2018年6月中国（杭州）独角兽企业孵化园开园成立，首批4家拟供地独角兽企业、9家拟入园独角兽培育企业与未来科技城管委会签订协议。同时，余杭区还发布了关于加快独角兽、准独角兽企业培育的若干政策意见。杭州要紧紧围绕高质量发展要求，把加快培育独角兽企业作为构建现代化经济体系的有力抓手，进一步营造良好生态，巩固先发优势，努力形成领域广泛、技术领先、动能强劲的独角兽企业群落，打造全国乃至全球的独角兽企业成长乐园。希望广大独角兽企业强化机遇意识、树立前瞻眼光，积极投身核心技术、关键技术、前沿技术的研发突破，为杭州建设创新活力之城加油，为浙江打造创新强省助力，为中国建设世界科技强国担当。2018年4月，杭州市发布了关于培育独角兽企业的政策《杭州市独角兽企业培育工程实施意见（2018—2020）》（征求意见稿），重视平台型企业衍生孵化独角兽企业的优势作用，加大对蚂蚁金服、阿里云等独角兽企业的扶持力度，对准独角兽企业可采取"一事一议"方式给予支持
人才优势、科研院所优势	北京	截至2018年底海淀区内两院院士605人，占全国36.27%，北京市78.27%；入选北京市"海聚工程"349人，中关村"高聚工程"248人，分别占全市70%、36%、68%。中关村海淀园企业家本科及以上学历占比88.2%，外籍企业家占比3.1%。中关村科学城中"双一流"大学17所，占北京市高校51.5%；中科大北京研究院、北京协同创新研究院等各大研发机构集聚于此
	上海	深化人才制度创新，保持人才政策竞争力，加强和改进人才服务。如临港"双特政策"、购房优惠、人才落户政策；张江科技园人才引进绿色通道以及独角兽人才培育工程等。发布《浦东支持人才创新创业促进人才发展若干意见》等文件
	深圳	移民城市华侨、海归人才集聚，相较于内地更具吸引华侨海归的特质；广东经济发达，劳动力丰富，多集中于大湾区等地，粤港澳三地名校、科研院所众多，顶尖科研人才集聚。引进澳门、粤港青年创新创业孵化中心、实践基地，推进深圳市人社事业发展，促进三地政策衔接；注重内地与香港人才融合，给予外来优秀人才在住房上、生活上的经济补贴，在税收上减免个税负担，解决其后顾之忧，促使高精尖人才落户大湾区
	杭州	2017年出台人才引进计划，对海外归国华裔或非华裔高端人才回国创业给予创业启动资金、两年内最高500万元的银行贷款全额贴息及三年内最高500平方米的房租补贴；开展杭州金融产业人才发展三年行动计划。互联网人才数量集聚，截至2018年7月25日，杭州市互联网工程师人才净流入率居全国第一，尖端人才占比大

续表

举措		主要内容及成效
产业基础风险投资	北京	2018年北京市投资事件数量在全国占比23.02%，风险投资金额在全国占比28.16%，均居全国第一；风险投资机构占比24.46%（见附录表2）。红杉资本、IDG资本等全球顶尖风投机构以及众多天使投资、股权众筹也落户于此
	上海	先进制造业和战略性新兴产业是上海经济的重要支持、培育独角兽的坚实基础，促进创新与各产业深度融合以实现世界级现代化制造业集群的目标。上海市2018年投资事件数量以占比14.24%的数据居全国第二位，仅次于北京（见附录表1）；风险投资金额占比14.08%；风险投资机构占比20.48%（见附录表2）；根据万得PEVC库数据表明，截至2019年4月末，共有风险投资机构3603家
	杭州	在阿里巴巴等第一批独角兽的带动和示范下，营造创新创业氛围；吸引大量风投机构、私募基金进驻，产生溢出效应、马太效应。在2017年创新活力指数中，杭州作为新一线城市居全国第六；还连续9年入选了"魅力中国——外籍人才眼中最具吸引力的中国城市"；杭州生态自然环境舒适宜居，更是一座著名的旅游城市。民间浙商资本实力雄厚以及众多风投，给予初创企业充足资金支持。杭州在全球科技企业TOP200中市值总额位列第三，高新区（滨江）10家企业入选省国家高新技术企业创新能力百强名单并包揽前三；打造特色重创空间产业集聚区、"滨江天堂硅谷"、"互联网＋"世界科技创新高地和全球创新创业中心
	深圳	珠三角地区实体经济发达，大湾区软、硬件企业众多，产业结构以工业、先进制造业、高新技术产业为主，有着近30年的中国制造业经验积累，大规模产业集群效应显著。2017年深圳地区早期投资披露募集金额约为25.20亿元人民币，占广东省早期投资基金总募集金额的60%。风险投资机构数量占比23.61%（见附录表2），仅次于北京

表2-8总结了北京、上海、杭州和深圳四个城市在独角兽企业发展中的人才、技术、金融支持等优势以及所采取的政策措施。表2-9从中分析得到四大系独角兽企业发展的SWOT状况。

表 2-9　　　　　　　　四大系独角兽发展 SWOT 一览

地区	优势	劣势	机遇	挑战
北京中关村——全国创新创业中心	显著的首都优势；完善的企业创新体系；独角兽集聚效应显著	整体发展规模及国际化水平不足；缺少专才培养机构	世界一流科学城建设；京津冀一体化战略布局；亚投行发展提供机会	加快架构科技外交桥梁网络；打造具有全球影响力的科学城，缩小与世界科创中心的差距
上海——全球金融科技中心	发达的金融、外贸、物流发展水平；优越的地理位置占据全球经济中心；独角兽领域分布广	缺少成体系的独角兽孵化器；本地独角兽企业区域分布性明显	全球科技创新中心建设；中国进博会、"一带一路"建设契机；国家交通强国建设重点	完善跨国、跨境贸易秩序、规范；制定新兴产业法律法规
杭州——数字经济领航者	先进的数字经济产业；"阿里系"带动效应显著；晋升新一线城市	数字经济企业为主、科创企业占比少；高度依赖阿里平台，孵化模式单一	杭州数字贸易环境优良；国家新一代人工智能创新发展试验区；跨境电商综合试验区	加快杭州地区科技创新中心等的建设；加快新制造业建设
粤港澳大湾区——硬科技碰撞	殷实的工业企业基础条件、明显的区位优势；广州科学城科研支持和国家战略性政策扶持	区域及创新指标发展不均衡，经济增长主要依靠深广港等城市；工业技术改造投资力度不足	粤港澳大湾区建设、深圳建设中国特色社会主义先行示范区、新一轮对外开放前沿	粤港澳三地体制机制等各方面需相互适应，摩擦成本高；国家鼓励回乡创业，"回乡潮"造成人才流失

资料来源：付饶、李贵卿：《中国独角兽企业集聚的公共政策和区域优势分析》，《现代管理》2020 年第 1 期。

因此，从上述高成长企业发展中可以总结出如下几点经验：

第一，完善市场竞争生态，构建开放包容的创新创业生态环境。打造适合独角兽企业成长的土壤，需要依托城市拥有的各类经济资源要素，不断创新技术与商业模式，营造适合创新创业的发展环境。这就需要当地：一是遵循市场竞争生态，构建公平的市场规则，激发企业竞争动力；二是需要敞开大门，全方面引进具有强竞争力和创新能力的企业和团队；三是营造诚实守信，注重商业道德的创业环境，降低企业创新创业的交易成本；四是需要宽容失败，构建开放包容的评价体系。以上海市为例，2018年上海在杨浦国家双创示范基地推出一系列新举措，探索建立"鼓励创新+宽容失败"新机制，以符合双创特点的市场化评估体系，降低双创的成本和风险，为符合条件的成长型科技企业提供"双创保障性功能载体"。

第二，优化创新政策供给，提升全面服务的科技创新孵化水平。由于独角兽企业在发展初期具有聚焦小区域和细分市场的特点，独角兽企业之间存在着较大的行业差距，所以对政策的需求也更加趋于领域的精细化和差异化。除此之外，独角兽企业作为创新型的社会经济组织，有着自身的发展阶段和周期，在不同时期都有着独特的政策需要，因此优化政策设计和政策供给，推进微观政策多样化、精细化、阶段化，才能更好地激发创新活力。

第三，加强人才引进和培养，筑牢产业转型的前沿科技发展基础。以创新驱动为特征的大量科技型独角兽企业已占据独角兽群体的主体，这种现象的产生是以人才集聚为基础的。以杭州为例，根据杭州人才部门提供的数据，截止到2019年底，全市累计引进海外归国留学人员5.5万名、外国人才3.5万名，居全国副省级城市前列，连续9年入选"外籍人才眼中最具吸引力的十大城市"。在人才净流入率、海外人才净流入率、互联网人才净流入率上杭州均保持全国第一。近年来，杭州加大力度推动未来科技城、余杭独角兽企业园和企业孵化园的建设，支持企事业单位开展关键核心技术研究。这一系列围绕人才和平台的建设，为杭州独角兽企业数量培育位居全国第三、估值全国第一打下了坚实的基础。

第四，改善科技金融生态环境，扩展多元互补的各类企业融资渠道。金融服务是新特优中小企业和独角兽企业支持政策的重要一环，可以有效促进技术需求对接、人才交流共享、项目资本融合，助力更多的新特优中小企业成长为独角兽。在近年来资本大环境消极的环境下，需要鼓励商业银行为符合条件的企业提供主动授信，并结合风险补偿、政策性融资担保等方式，着力解决企业融资难、融资贵问题。

第五，寻求政企联合创新机制，推动深层次的企业技术转化应用。2020年疫情期间，大数据、医疗等企业与政府联合开展疫情防控和治理方式的合作，在防疫工作中贡献突出。例如复星国际凭借自身的全球网络，从全球20多个国家和地区调运物资驰援国内；声智企业利用自身人工智能的技术优势，开发AI数字人红外测温系统、AI电梯、AI外呼机器人、AI智能办公屏等产品，不仅提高了防疫效率、降低一线人员筛查工作压力，更有效降低了直接接触带来的交叉感染风险。因此在政府精细化社会治理领域中积极寻求政企联合创新机制，既可以为企业拓宽行业应用，也可以提升政府的管理水平。同时支持企业开拓场景创新，提升企业技术转化与应用能力，挖掘新基建、智慧城市、园区建设和传统产业转型升级的新技术场景需求，为企业成长发展提供了广阔空间。以杭州为例，在打造数字经济第一城、完善智慧城市建设的目标下，使5G、人工智能、物联网、大数据等新兴技术企业参与到城市建设中来，赋予了企业技术转化途径，推进了企业应用能力建设，使杭州的新兴技术快速演进，新业态不断涌现。

第三节　高成长企业发展：南京视角

作为南京高成长企业的代表，独角兽、培育独角兽和瞪羚企业是创新创业浪潮中的耀眼"明星"。他们代表着区域新经济的活力，既是科技创新的方向引领者，也是衡量地区创新发展水平的风向标，对于引领南京科技变革、产业变革、社会变革具有重大意义。南京自2018年实施"121"战略和建设具有全球影响力的创新名城以来，主导产业不断优化升级，创新经济加速崛起，创新生态持续优化，[①] 为高成长企业厚植孕育生长、发展壮大的沃土。

---

① 南京市发展和改革委员会、鲸准研究院：《2020南京市独角兽、瞪羚企业发展白皮书》，2020年。

一 南京高成长企业政策环境分析

政策环境是企业发展重要的外部因素,对于企业的各个成长阶段都有着极为重要的作用。近年来在南京政策环境的不断优化调整下,南京高成长企业的数量持续快速增长,行业分布越加广泛。

(一) 不断优化营商环境,形成创新经济"引力场"

营商环境是影响区域市场主体行为的一系列发展环境的综合,包括政治环境、经济环境、社会文化环境等因素,是市场与政府、社会相互作用的结果。① 良好的营商环境不仅是一个国家和地区经济软实力的重要体现,也是提高综合竞争力的重要内容。

随着 2020 年南京市委"一号文件"《关于进一步深化创新名城建设加快提升产业基础能力和产业链水平的若干政策措施》(宁委发〔2020〕1 号) 的发布,自 2018 年以来南京已经连续三年在"一号文件"中强调创新名城的建设。其间通过出台一系列政策 (表 2-10),持续提升基础设施、人力资源、金融服务、政务环境、普惠创新等要素。在中央广播电视总台编撰的 2019 年《中国城市营商环境年度报告》中,南京的营商环境 (83.22) 位列全国第 5,与 2018 年相比上升了 4 个名次,仅次于上海 (86.73)、北京 (84.63)、深圳 (84.48)、广州 (83.32)。

在南京城市营商环境不断优化的过程中,越来越多的中小企业做大做强。根据工信部发布的 2019 年度中小企业发展环境第三方试评估报告,在全国 27 个省会城市和 4 个直辖市的双创城市示范区,共计 31 个评估对象中,南京综合排名第 1。根据南京关于加快推进独角兽、瞪羚企业培育工作的部署要求,未来南京将会继续聚焦创新名城建设,努力构建最好最优的营商环境体系,更大力度助力中小企业发展。可以预见,南京市独角兽、培育独角兽、瞪羚等高成长企业一定会持续涌现,成为创新经济的"引力场"。

---

① 廖萌黄、茂兴:《打造适应高质量发展的营商环境》,《开放导报》2019 年第 6 期。

表2-10　　　　　　　　南京创新名城建设的政策环境

创新名城建设	创业南京	国家、省级创业创新政策
2018年《关于建设具有全球影响力创新名城的若干政策措施》	2016年《高层次创业人才引进计划实施细则》	2015年《发展众创空间推进大众创新创业带动就业工作实施方案（2015—2020）》
2018年《南京市高新区（园）创新驱动发展综合评价实施办法》	2018年《市政府关于进一步加强人才安居工作的实施意见》	2016年《关于加强技能人才队伍建设的意见》
2019年《关于深化创新名城建设提升创新首位度的若干政策措施》	2019年《创业南京高层次创业人才引进计划实施细则》	2017年《关于聚力创新深化改革 打造具有国际竞争力人才发展环境的意见》
2020年《关于进一步深化创新名城建设加快提升产业基础能力和产业链水平的若干政策措施》	2020年《2020年"创业南京"市级高层次创业人才引进计划申报公告》	2018年《关于深入推进大众创业万众创新发展的实施意见》

资料来源：作者根据创业南京·英才计划网站整理，http://njrc.gov.cn/index/。

（二）持续聚焦企业需求，"一企一策"释放企业发展活力

针对南京市高成长企业发展过程中的不同问题和需求，南京2018年开始就为企业开辟"一企一策"绿色通道，将企业的意见、建议、诉求，分别由科技部门、经信部门和金融办对接、汇总，上报市主导产业推进办公室充分调研、会商、核实，提出政策支持建议，报市委市政府审议，责任部门根据市委市政府"一事一议"结论予以政策办理和兑现，达到对企业的精准帮扶。[①] 为了进一步聚焦企业需求，2020年初，南京出台了《南京市营商环境政策新100条》（以下简称《新100条》），以服务精细化，提升政务效能为目标，以坚持用户思维、客户

---

① 查金忠：《实施"一企一策"完善创新生态》，《南京日报》2019年1月7日第A03版。

导向为方法，围绕企业注册、生产、经营、退出全过程，推出了一系列的便利化改革措施，给予了企业全程兜底服务保障，突出了"全生命周期服务"理念。

在全生命周期服务过程中，南京不断探索有利于企业发展的举措，在2020年4月18日，南京举行了2020年首场企业家服务日早餐会。此后，采用南京市委书记市长轮流请企业家吃早餐的方式，利用早餐时间，使政商交往既"清"又"亲"，但又没有常规会议形式的拘束。通过早餐会这种有仪式感的活动，企业家可以敞开心扉，提出自己的意见和建议，推进问题解决。① 政府也可以更多地与企业家面对面，接纳企业家的各种意见和建议，听取呼声与期望，帮助企业家解决问题。

（三）坚持与世界科技创新同行，实现创新创业发展新突破

坚持与世界科技创新同行，瞄准世界最高水平和全球科技前沿，是南京聚力建设"创新名城"的一个鲜明特点。放眼全球，南京以开放姿态集聚创新资源，深度融入全球创新网络，与创新大国、科技强国建立长期稳定合作关系，布局建设了一批海外协同创新中心和人才驿站。南京组建的新型研发机构中，1/3有国际化团队参与。截至2020年，南京共签约建设新型研发机构278个，累计孵化引进企业4542家，一些新产业萌芽已经显露，其中包含众多聚焦前沿领域、面向市场需求、蕴含巨大潜力的优质项目。②

同时南京始终强调，在创新名城建设中，不断对标先进城市，持续自我革新。南京市领导积极调研北京、上海、天津等地，考察新区板块规划建设、产业发展、科技创新等情况，为南京创新创业发展吸取发展经验。在《新100条》中也始终强调将政策环境对标国内外先进城市，找准发展短板，在对标找差中进一步深化理念变革、管理变革、效率变革、路径变革。立足具有世界眼光的发展视野，聚焦重点领域逐项突破，树起南京高度，展现南京风貌。

---

① 毛庆：《南京市委书记邀请新型研发机构老总"边吃边聊"》，《南京日报》2020年4月19日第A03版。

② 南京创新周组委会：《南京全方位推动创新名城建设 助力高质量发展》，《人民日报》2020年6月22日第14版。

在南京一系列的政策环境下，城市的创新创业经济在迅速发展，南京市独角兽、培育独角兽、瞪羚等高成长企业正在持续涌现、茁壮成长，成为推动新兴产业发展、区域创新的动力引擎，助力南京成为在国际上有重大影响力的创新名城。

二　南京高成长企业行业分布状况

（一）培育梯度的行业种类出现金字塔格局

根据2020年南京高成长企业的行业分布数据，越来越多的行业孕育出高成长企业。如图2-7所示，有15家独角兽企业分布在7类行业中，95家培育独角兽企业分布在10类行业中，312家瞪羚企业分布在15类行业之中，形成了"7—10—15"的行业金字塔格局。其中瞪羚企业由于准入门槛较低，拥有着庞大15类的行业分布，是金字塔格局的基础。培育独角兽作为独角兽的后备体系，分布在10类行业中，在行业金字塔格局中处于中间位置，也是培育体系的中坚力量。而独角兽企业则由于其发展速度，企业估值等因素被誉为新经济的明珠，相对于培育独角兽和瞪羚企业来说，有着更为严格的评价标准，分布在7类行业中，是金字塔格局的塔尖。这不仅体现了南京市独角兽企业后备体系和培育梯度的后劲和潜力，也显示出南京在培育创新创业经济上的健康生态。

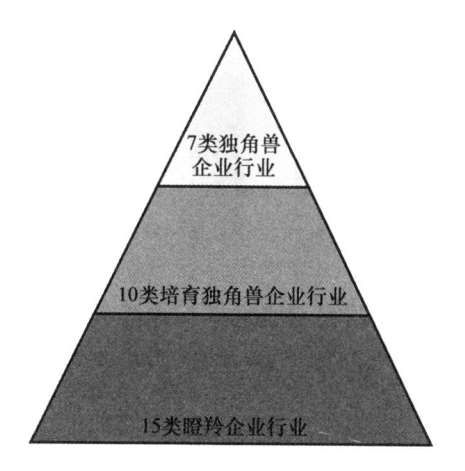

图2-7　培育梯度行业的"金字塔"格局

可以预见，随着南京创新经济的持续升温，创业浪潮将会不断涌动，以独角兽、培育独角兽、瞪羚企业为主的高成长企业培育体系的辐射带动作用将快速放大，将会有越来越多的行业涌现出高成长企业，行业金字塔格局将会进一步巩固和扩大，使南京形成更加全面多元的经济发展局面。

（二）以互联网/IT为主的行业集聚明显

根据2020年南京高成长企业的行业数据进行整理和分析。如图2-8所示，15家独角兽企业分布在7类行业中。其中互联网和汽车行业拥有3家独角兽企业，文体娱乐、连锁及零售、物流、生物医药行业各拥有2家独角兽企业，IT行业拥有1家独角兽企业，可以看出独角兽企业虽然互联网和汽车行业企业数量最多，但是行业分布也较为均匀。这些行业领域作为主赛道不断引领着南京创新经济发展的同时，也裂变出新的细分领域。如互联网行业中的汇通达企业聚焦农村电商这个细分领域，推动农村商业形态升级和产业价值重构；连锁及零售行业中的苏宁小店企业聚焦社区O2O泛零售商业的细分领域，推动新零售行业的分化和重塑。

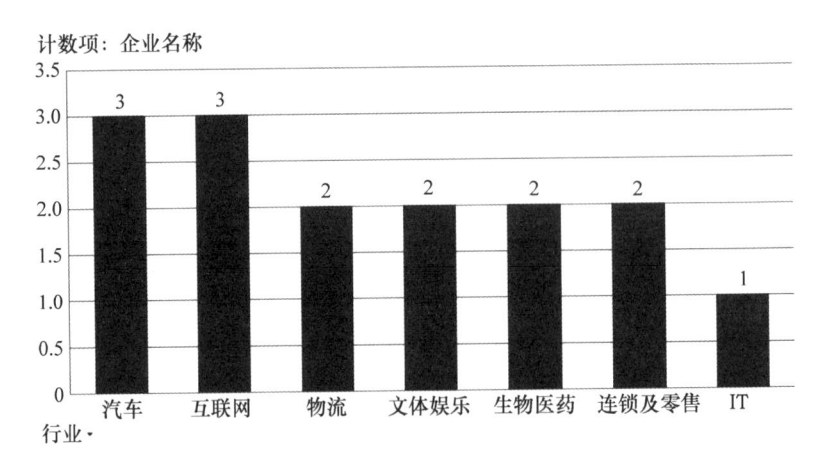

图2-8　2020年南京市独角兽企业行业分布

值得注意的是，在培育独角兽和瞪羚企业中出现了较为明显的行业集中现象，并且大部分集中于互联网/IT行业（如表2-11所示）。具体来看，2020年南京共有95家培育独角兽企业，数量前4类的行业占了82.1%，其中互联网行业拥有25家企业，是培育独角兽企业数量最多的行业，占总数的26.3%。瞪羚企业的行业集中也较为明显，虽然分布在15类行业中，但数量前4类的行业就占了62.2%。在312家瞪羚企业中，IT行业就占了54家，占瞪羚企业总数的17.3%。

分析来看，一方面是因为南京有着良好的互联网经济基础，另一方面则是因为"互联网+"经济正在展现其庞大的生命力，互联网等新兴技术正以更有效率的方式满足和挖掘用户日益升级的消费需求。

表2-11　　　　　　　　　行业集中度

类别	行业类数	企业总数	行业（数量/占比）	排名	数量前4的行业占比
独角兽	7	15	互联网（3家/20%）	第一	7类行业中前4行业占比66.6%
			汽车（3家/20%）	第二	
			文体娱乐（2家/13.3%）	第三	
			连锁及零售（2家/13.3%）	第四	
培育独角兽	10	95	互联网（25家/26.3%）	第一	10类行业中前4行业占比82.1%
			电子及光电设备（24家/25.3%）	第二	
			生物医药（16家/16.8%）	第三	
			IT（13家/13.7%）	第四	
瞪羚	15	312	IT（54家/17.3%）	第一	15类行业中前4行业占比62.2%
			生物医药（54家/17.3%）	第二	
			装备制造（49家/15.7%）	第三	
			电子及光电设备（37家/11.9%）	第四	

资料来源：作者根据《2020南京市独角兽、瞪羚企业发展白皮书》整理。

（三）高成长企业行业分布与南京"4+4+1"产业体系布局相符

根据2020年的南京的独角兽、培育独角兽、瞪羚企业的总体数据进行分析。如图2-9所示，电子及光电设备拥有73家高成长企业，是拥有企业数量最多的行业。生物医药拥有72家高成长企业，IT行业拥有68家高成长企业，装备制造拥有53家，互联网企业拥有45家，节

▶ 综合篇

能环保拥有41家企业，这6大行业占了高成长企业数量的绝大多数。其余企业则分布在新材料（14家）、汽车（13家）、科技服务（10家）、连锁及零售（9家）、文体娱乐（8家）、电信及增值业务（6家）、物流（4家）、化工原料及加工（3家）、金融（1家）中。

可以看出南京高成长企业的15类行业分布与南京市构建的"4+4+1"产业体系即"打造新型电子信息、绿色智能汽车、高端智能装备、生物医药与节能环保新材料等先进制造业四大主导产业，打造软件和信息服务、金融和科技服务、文旅健康、现代物流与高端商务商贸现代服务业四大主导产业，探索培育一批未来产业的布局"相符。

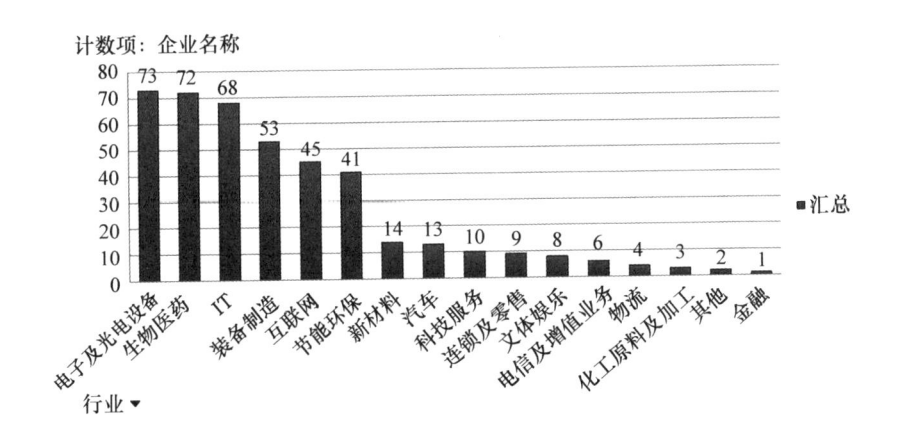

图2-9 2020年高成长企业行业分布

三 南京高成长企业区域分布状况

（一）江宁区、雨花台区和江北新区高成长企业发展态势良好

从2020年南京高成长企业的区域分布来看，江宁区、雨花台区和江北新区拥有较多的企业数量，发展态势良好。

在独角兽企业中，江宁区一共拥有4家企业，数量位列全市第1。雨花台区拥有3家企业，位列全市第2。其次是建邺区和玄武区各有2家，栖霞区、江北新区、溧水区、高淳区各有1家。可以看出江宁区和雨花台区在独角兽企业的培育上成绩突出。

以江宁区为例，近年来江宁区立足全市创新名城建设，紧扣自身产业禀赋出台一系列政策，如围绕江宁开发区"3+3+3+1"现代产业体系，重点聚焦绿色智能汽车、高端智能装备（智能电网、智能制造、航空航天装备）、节能环保和未来网络通信等产业，引进一系列大院大所资源建设新型研发机构，为高成长企业的发展厚植了发展土壤。

在培育独角兽企业中，江宁区和雨花台区的表现则尤为突出，各拥有21家企业并列全市第1，江宁区和雨花台区的培育企业数量就占了总数的44.2%之多。江北新区和栖霞区拥有13家企业并列全市第3，企业数量位于全市第2梯度。其余，秦淮区拥有9家培育独角兽企业，鼓楼区拥有5家，建邺区和玄武区各拥有4家，浦口区拥有3家，高淳区和溧水区各拥有1家。

以雨花台区为例，近年来雨花台区在创新名城建设的背景下，高质量打造雨花台区软件产业地标，吸引了大量的专业人才和科研机构，不断完善特色产业生态体系。全区大力建设大众创业万众创新示范基地，持续通过政策创新支持企业持续快速发展，为推动南京创新发展做出了较大的贡献。

在瞪羚企业中，江北新区和江宁区的数量领跑全市，并且是第3名雨花台区的一倍以上，2个区的总数占全市瞪羚企业总数的43.3%。具体来看，江北新区拥有69家瞪羚企业，江宁区拥有60家企业，属于全市数量的第1梯度。雨花台区拥有30家，溧水区拥有26家，栖霞区拥有23家，秦淮区拥有22家，属于全市的第2梯度。其余，浦口区拥有16家，鼓楼区和建邺区各拥有14家，玄武区有拥有13家，六合区拥有11家，高淳区拥有8家瞪羚企业。

以江北新区为例，江北新区近年来紧紧围绕"两城一中心"建设和打造"世界一流、国内顶尖"科技园的发展定位，多重政策并举，全力构建科学高效的企业生态体系。同时江北新区凭借国家多重战略交汇叠加的机遇，引导主导产业不断优化升级、创新经济加速崛起、创新生态持续优化、为区域内独角兽企业、培育独角兽企业和瞪羚企业的培育提供了优质的环境。

（二）高成长企业覆盖区域呈现辐射性拓展格局

根据2020年南京高成长企业的区域分布情况，可以看出在2018年第一批时南京独角兽企业只分布在玄武区和雨花台区2个区，而到了

2020年南京市的独角兽企业已经分布8个区，分别是江宁区（4家），雨花台区（3家），建邺区（2家），玄武区（2家），高淳区、江北新区、溧水区、栖霞区各1家。培育独角兽企业除了六合区外，分布在全市11个区域，瞪羚企业则全部覆盖南京12个区域。从空间格局上看，已经出现从城区往外辐射性扩展的局面，并且随着各区培育体系的进一步完善，辐射性的局面还会加强，将会有更多的区域出现高成长企业。

辐射性扩展局面的形成一方面是由于独角兽等高成长企业对当地的创新创业经济具有良好的带动作用，企业带来的人才、资本等优势促进区域内相关产业快速发展。另一方面也是在江宁区和江北新区持续发力、取得突出培育成绩的同时，其他区域如溧水区、高淳区等也开始找到适合自身发展的产业种类和发展模式。

（三）不同区域产业板块特色凸显

将2020年南京高成长企业的区域和行业数据对应起来看，可以发现溧水区、江北新区、建邺区、雨花台区、江宁区等的区域产业板块独具特色（如表2-12所示）。例如溧水区拥有5家汽车行业的高成长企业，占全市高成长汽车行业总数的38.5%。江北新区拥有33家生物医药高成长企业，超过第2名19家之多，占全市高成长生物医药企业总数的45.8%。建邺区拥有4家文体娱乐高成长企业，占全市该行业高成长企业总数的50%。雨花台区拥有19家IT高成长企业，占全市该行业高成长企业总数的28%。江宁区拥有23家电子及光电设备行业的高成长企业，占全市该行业高成长企业总数的32%。其余区域虽然特色化尚不明显，但也出现了向某些产业集聚发展的趋势。

表2-12　　　　　　　不同区域形成的特色产业

区域	特色行业	总数（家）	占全市比重（%）
溧水区	汽车行业	5	38.5
江北新区	生物医药行业	33	45.8
建邺区	文体娱乐行业	4	50.0
雨花台区	IT行业	19	28.0
江宁区	电子及光电设备	23	32.0

资料来源：作者根据《2020南京市独角兽、瞪羚企业发展白皮书》整理。

以溧水区的汽车行业板块和江北新区生物医药行业板块为例。自2017年溧水区被科技部认定为国家火炬特色产业基地以来，汽车产业已成为溧水区战略性新兴产业发展的一张新名片。溧水区将新能源汽车产业作为推动全区经济转型创新、提档升级的重点产业。经过近年的发展，已成为全省最大和全国知名的新能源汽车产业基地，集聚了南京比亚迪、南京金龙、南京长安、南京银隆、恒天等国内知名整车企业，基本形成了从整车制造到关键零部件研发、生产、销售的产业生态系统。而江北新区近年来通过"基因之城"建设，持续打造南京生物医药谷。医药谷聚焦营商环境升级，持续完善管理服务机制；聚力培育优势产业，持续壮大产业集群，形成了创新与产业"双链"融合的生态圈，整体产业呈现出"爆发式"增长，在江北新区崛起了生物医药产业发展的新高地。

由此可以看出，基于各区域政府的不同开发战略，各区域的产业板块越加明显，南京的高端产业正在加速集聚，优质企业正在走向集群发展的道路。各区域形成了各具特色的产业板块，有利于各区打造产业名片，使各区避免陷入同质竞争的困境，在不同的行业赛道发展特色产业，实现效益最大化，形成更多创新创业经济的增长点、增长极，并最终加快推进全市产业优化升级。

四　南京高成长企业融资情况分析

（一）主要集中在早期融资阶段

从资本市场上看，目前国内新经济独角兽主要通过互联网巨头，如阿里巴巴、百度、腾讯等以及公募和私募基金、保险及投行进行融资。如图2-10所示，2020年南京独角兽、培育独角兽企业融资多集中在A轮和B轮等早期融资阶段，分别有30家和34家，二者占企业总数的58.2%。

根据企业的发展周期理论，获得早期融资说明企业已经度过最初的种子期，经过了资本市场的初步检验，寻求到了逐渐成熟的商业模式，在盈利模式、运营模式、行业前景、技术创新上都有着较大的突

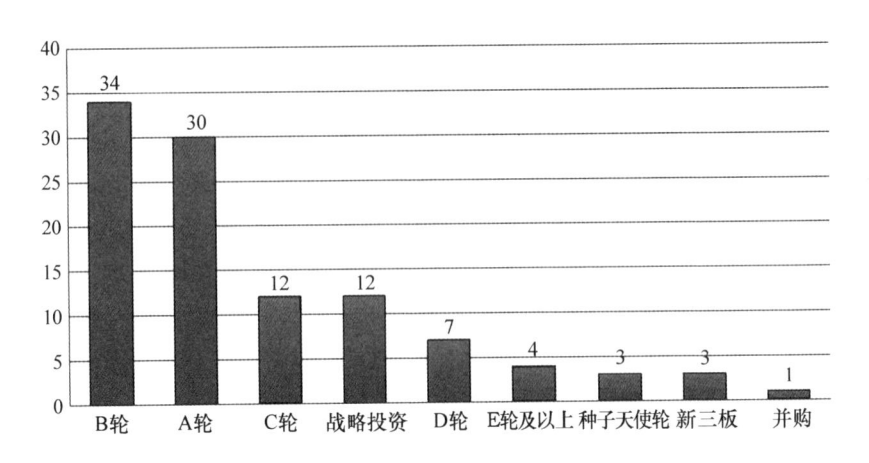

图 2-10 2020 年独角兽、培育独角兽企业融资轮次分布

破。虽然南京高成长企业的融资阶段集中在前期阶段，但是基础的企业竞争力已经形成。近年来受国际国内局势变化的影响，经济下行压力明显增大，金融市场运行的不稳定性因素也显著增多，但是随着国内经济的韧性和强大潜力的释放，资本市场将会趋于稳定。届时，随着南京营商环境的持续优化，将会有更为良好的资本投资环境，因此南京市高成长企业在融资空间上依旧存在巨大潜力。

（二）江宁区、江北新区的高成长企业融资需求较大

根据南京市独角兽瞪羚企业俱乐部的最新融资情况统计，2020年江宁区和江北新区高成长企业的融资需求较大，分别需要 580500 万元和 478500 万元。如图 2-11 所示，江宁区的独角兽企业需要融资 400000 万元，培育独角兽企业需要融资 81000 万元，瞪羚企业需要融资 99500 万元；而江北新区培育独角兽企业需要融资 114000 万元，瞪羚企业需要融资 364500 万元。这一方面与江宁区和江北新区高成长企业的快速增长密切相关，另一方面也表现出了企业日益增长的融资需求，南京的金融支持与配套环境需要根据企业发展进一步提升。

从企业发展规律上来看，资金是一个企业进行规模扩张、转型升级等企业经济活动的持续推动力。企业能否获得稳定的资金来源、及

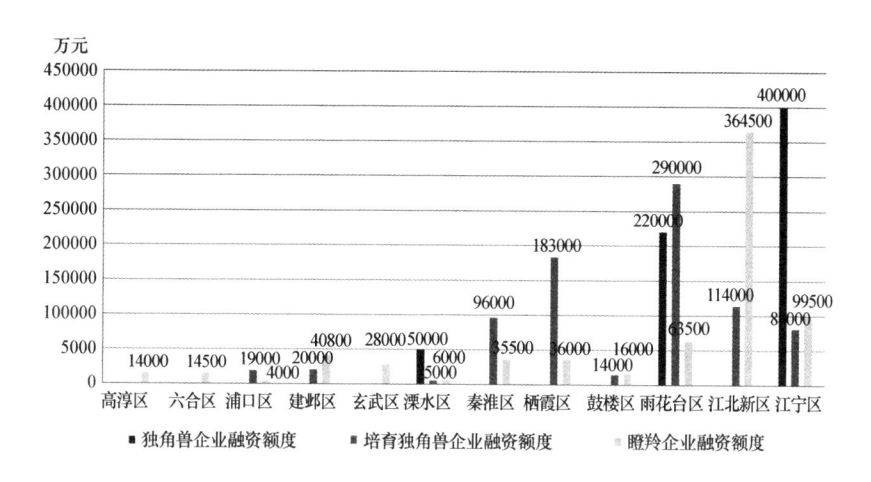

图 2-11　2020 年各区域融资需求额度分布

时足额筹集到生产要素组合所需要的资金，对经营和发展都是至关重要的。虽然当前我国的创投机构的增长量非常大，但是对于注重创新性的技术创业，一般都较为谨慎。因此随着南京以创新创业经济为代表的高成长企业的不断发展，资本市场上的融资就显得较为短缺，导致企业存在着较大的融资需求缺口。可以预见，随着南京发布各项针对性金融政策、创建孵化器等方式助推独角兽企业获取更多的金融支撑，激发融资市场活力，南京市的高成长企业将会进一步快速增长，创新创业经济浪潮将会更为激荡。

（三）47.2% 的高成长企业未来 5 年内有上市计划

根据 2020 年调查的最新企业数据，在包括独角兽企业、培育独角兽企业、瞪羚企业在内的共 422 家高成长企业中，共有 199 家企业具有上市计划，占企业总数的 47.2%，占有较高的比例。如图 2-12 所示，其中有 28 家企业计划于 1 年内上市，54 家企业计划于 2 年内上市，118 家企业计划于 3—5 年内上市。可以看出企业对未来发展充满信心，南京即将迎来上市潮。

而在这 199 家具有上市计划的企业中，有 119 家企业预计在科创板上市，占总数的 59.8%。这是由于自从 2019 年 1 月 30 日，中国证监会发布了《关于在上海证券交易所设立科创板并试点注册制的实施意见》以来，科创板就被定位于接纳"符合国家战略、突破关键核

▶ 综合篇

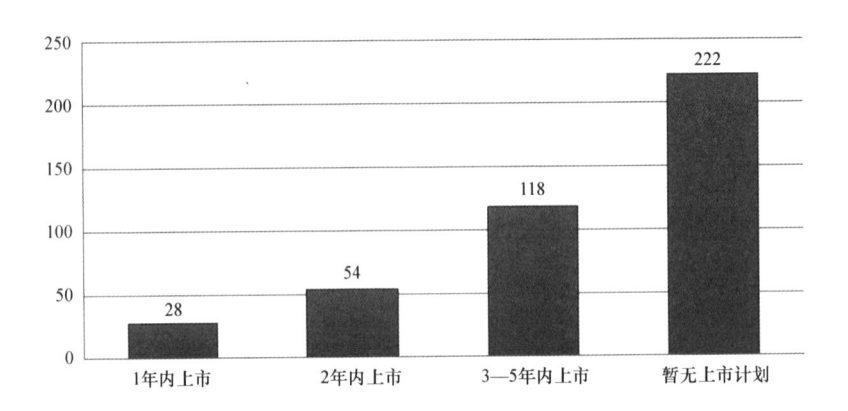

图 2-12 2020年高成长企业上市时间计划统计

心技术、市场认可度高的科技创新企业"。科创板对创新企业更为包容，在企业盈利、股权结构等方面设置多元包容的上市条件，更加注重企业科技创新能力。因此，科创板的设立也极大地便利了以独角兽企业为代表的高成长企业上市。

更为重要的是，近年来南京出台了一系列政策举措，平稳的经济形式、完备的政策支持、丰富的教育资源、宜居的城市环境、畅通的人才流动等都给了南京高成长企业得天独厚的发展空间。但值得注意的是，2020年新冠肺炎疫情带来的影响尚未能完全消除，逆全球化的趋势逐渐显露，全球性的金融波动等越加复杂，外部环境的变化带来了较多的不确定性。对于南京市来说，需要关注企业在不同阶段的需求，做好"店小二"的角色。对于企业来说，在未来则要积极应对科技、人才、运营、市场、融资等方面带来的变化，合理规避风险才能制胜与未来。

五 南京高成长企业研发投入分析

通过梳理和分析南京高成长企业2018年和2019年的研发投入情况，[①] 如图2-13所示，可以看出在2018年企业的平均研发费用为3954893元，而在2019年平均研发费用则增加为6587481元，增加

---

① 数据来源于南京市科技局。

第二章 高成长企业发展的多层视角

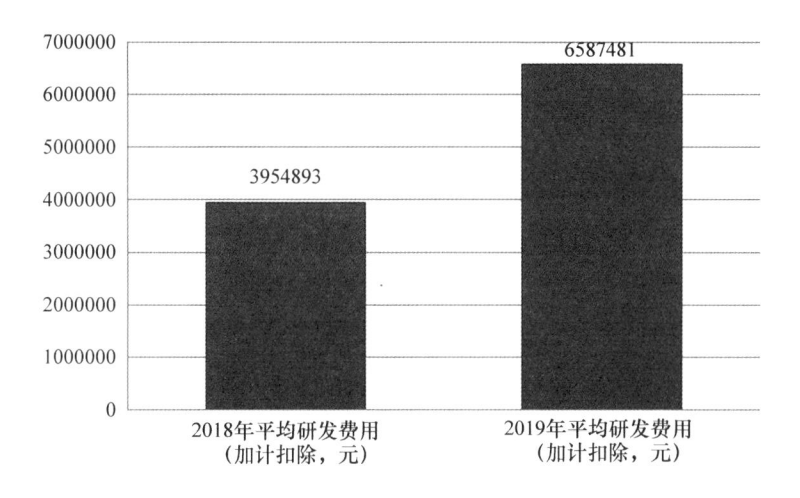

图 2-13 2018—2019 年南京高成长企业研发投入

了 66.6% 之多。一方面是因为高成长企业尤其是高新技术企业的发展优势主要依赖于产品的创新与研发。作为知识和技术高度密集型的企业类型，技术的不断创新、研发费用的持续高投入，都是其提高企业的市场价值和巩固行业地位的重要支撑。另一方面则也是因为在国家经济面临转型升级、政府鼓励企业自主创新、中美贸易纠纷等外界多重因素的引导和刺激下，研发创新能力越来越成为企业提高技术壁垒，应对时代冲击的重要手段。

同时值得令人注意的是，在高成长企业中，有相当一部分企业依托于科技孵化器。作为创新企业成长的摇篮，企业孵化器的作用日渐显著，不仅加快了高成长企业科技成果产业化的步伐，也为我国吸引了大批高素质的海外科技人才。

以培育独角兽企业新格元（南京）生物科技有限公司为例，该企业在 2018 年的研发费用为 5387126.97 元，而在 2019 年则跃升至 11394587.12 元，一年间研发费用就增长了 111.5%。研发资金的大量投入，使新格元作为一家新企业，却建立了行业内精度更高、内容更全面、时效性更高的单细胞数据库，就某些方面已经达到了全球一流的质量标准。可以看出持续的高额研发投入，正在使新格元的产品技术不断发展，并且催生出更多的前沿技术，不断助力企业的转型升级。

"惟创新者进,惟创新者强,惟创新者胜",高成长企业的加快研发和技术升级,使其在中国经济新旧动能转换的时机下,正加速引领未来的经济增长并增强地区和国家的创新竞争力。

第三章 高成长企业发展的演变与转型

以独角兽企业、培育独角兽企业、瞪羚企业为代表的高成长企业是一个动态界定的概念，随着南京实施建设创新名城战略以来，创新经济和创新生态持续优化，南京高成长企业的数量、行业、区域、融资也随之出现了较大的变化。因此有必要对南京高成长企业的演变和转型进行分析，一方面为评估南京市创新经济的发展成果提供了事实依据，另一方面也对研究如何进一步加快培育高成长企业提供了启示。

第一节 高成长企业发展的数量变化

一 2018—2020年南京高成长企业数量变化分析

（一）高成长企业数量持续性增长

在全市上下的不懈努力下，南京高成长企业的数量出现持续增长，越来越多的行业孕育出更多的高成长企业，越来越多的企业也不断做大做强走上国际舞台。如图3-1所示，2018年底[①]南京市拥有11家独角兽企业（2018年第1批为3家），52家培育独角兽企业（2018年第1批为16家），87家瞪羚企业（2018年第1批为25家）。到2019年增长为13家独角兽企业，66家培育独角兽企业，172家瞪羚企业。在2020年则持续增长为15家独

---

① 由于2018年第1批高成长企业数据分类标准与其他年份存在差别，所以全文在没有特别说明的情况下，2018年高成长企业数据特指2018年第2批高成长企业数据。

角兽企业，95家培育独角兽企业，312家瞪羚企业。可以看出，2018—2020年以来，南京市的独角兽、培育独角兽、瞪羚都有着持续性的增长。

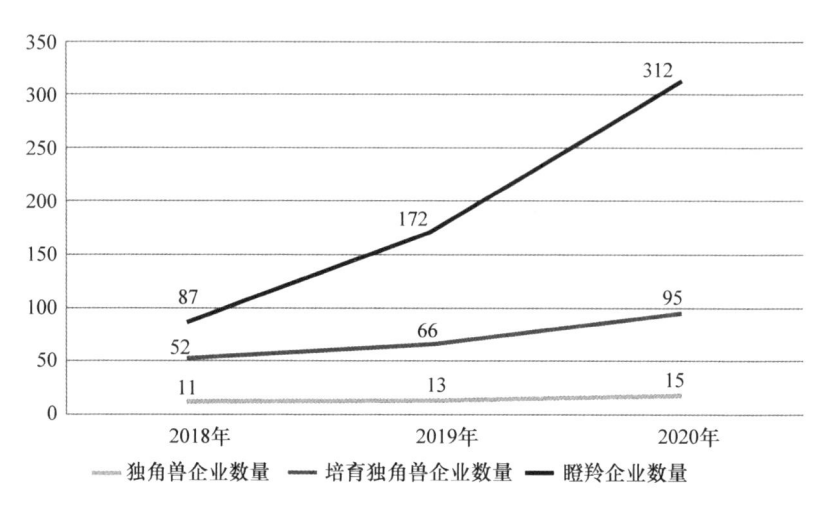

图 3-1 2018—2020年高成长企业数量变化

南京市高成长企业的持续增长，使南京独角兽企业的全国排名逐步上升，2020年南京独角兽企业数量在全国排名第5，全球排名第9，在国内虽然与北京（80家）、上海（36家）、杭州（20家）、深圳（20家）还存在一定差距，但是已经超过广州、成都、重庆、天津、武汉、西安等同类城市。南京作为新兴的独角兽企业聚集地，已经领先于国内非一线城市，成为名副其实的"全国第5城"。

（二）高成长企业数量的增长跑出加速度

根据2018—2020年高成长企业的整体变化来看，独角兽、培育独角兽和瞪羚企业的数量始终保持着高速增长的态势，总体数量取得了爆发式的增长。

通过比较独角兽企业、培育独角兽企业和瞪羚企业在历年的新增（排除晋级和退出企业）数据可以看出（如图3-2所示），2018—2019年间新增了2家独角兽企业，增长了15.4%。2019—2020年间

第三章　高成长企业发展的演变与转型　71

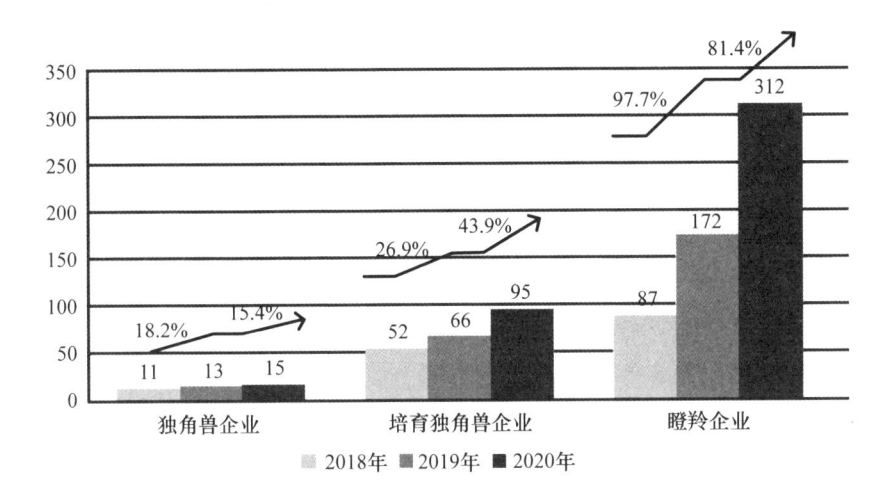

图 3-2　2018—2020 年高成长企业数量变化—新增企业增速

新增了 3 家独角兽企业，增长了 23.1%。独角兽企业的增长速度在加快。从培育独角兽企业来看，2018—2019 年间新增了 14 家企业，增长了 26.9%，而在 2019—2020 年间则新增了 29 家企业，增长了 43.9%，可以看出培育独角兽企业的增长也在加速。瞪羚企业的增长数量则更为庞大，2018—2019 年间，新增了 85 家企业，增长了 97.7%，数量翻了一番。而 2019—2020 年间新增企业为 140 家，增长了 81.4%。虽然瞪羚企业没有像其他企业一样加速发展，但是也始终保持在 95% 以上的高速增长。

南京独角兽、培育独角兽等企业的加速发展，跑出了创新创业经济的南京速度，展现了南京在巩固"全国第 5 城"的发展底气，也证明了南京这几年来在创新名城建设上的显著成绩。可以预见，将会有越来越多的独角兽企业诞生，引领南京创新经济的发展。

第二节　高成长企业发展的行业变化

一　孕育出高成长企业的行业分布不断增多

根据南京高成长企业 2018—2020 年的数据整理分析，如图 3-3

所示，独角兽企业在 2018 年第 1 批统计时只有 3 类行业，到 2018 年第 2 批统计时则增长到 6 类，再到 2019 年增长为 8 类，到 2020 年则调整为 7 类。培育独角兽企业在 2018 年第 1 批时只有 9 类行业，到 2018 年第 2 批时行业数量增长为 10 类，再到 2019 年增长为 9 类，在 2020 年则增加至 11 类。瞪羚企业在 2018 年第 1 批时只有 8 类行业，到 2018 年第 2 批时增长为 12 类，再到 2019 年增长为 15 类，到 2020 年则增长为 15 类行业。可以看出，独角兽企业、培育独角兽企业、瞪羚企业与 2018 年初相比，在行业上已经从星星点点逐步形成全面覆盖的局面。

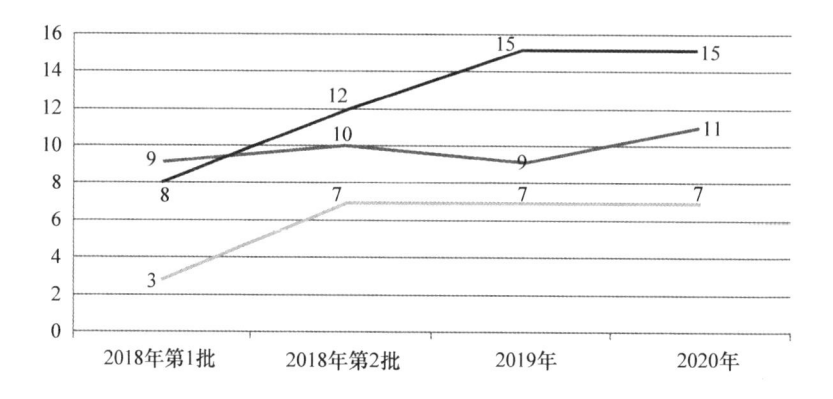

图 3-3　2018—2020 年高成长企业行业数量变化

现代产业发展的历史表明，受规模经济及地域利益的内在要求所驱动而组织的产业活动，将会引发行业的集聚和集中，而南京在发展创新创业经济的同时，出现高成长企业的行业数量也在不断增长。可以看出南京正在通过宏观统筹寻求更多的发展增长极，在发展中形成了较为全面的产业布局，正在跳出产业扁平化和单一化的发展陷阱，在避免产业的同构和恶性竞争的同时，提升了区域的竞争力和发展潜力。

二 新增企业集聚与南京"4+4+1"产业体系高度相符

从2018年底到2020年高成长企业的增长数据（除去退出和晋级企业）来看，独角兽企业新增了5家，且行业分布较为均匀，互联网、文化传媒、物流、生物医药、连锁及零售行业各有1家。而培育独角兽企业和瞪羚企业则出现了新增企业在特定行业集聚的现象。培育独角兽企业在2018年底到2020年新增了51家企业，新增企业虽然分布在十大行业中，但主要集中在电子及光电设备（29.4%）、生物医药（23.5%）、互联网（19.6%）等行业中，前3类行业占了新增企业的72.5%。瞪羚企业在2018年底到2020年新增了252家企业，分布在15类行业中，但主要集中在装备制造（17.9%）、生物医药（17.1%）、IT（16.3%）、电子及光电设备（13.9%）、节能环保（12.7%）中，前5类行业就占了15类行业的77.9%。

比较发现，虽然从2018年底到2020年新增企业的行业分布较为全面，18类行业均有涉及，但是从企业数量上来看，则主要集中在生物医药、电子及光电设备、IT、互联网等方面，与南京"4+4+1"的新兴产业布局相符（如图3-4、图3-5所示）。可以看出，南京新兴产业阵营正在不断壮大，先进制造业发展步伐正日益加快。随着产业结构调整的加快推进，势必会成为经济发展新旧动能转换的重要助推器，激荡南京创新创业的时代浪潮。

电子及光电设备	29.4%
生物医药	23.5%
互联网	19.6%
IT	9.8%
节能环保	7.8%
汽车	3.9%
装备制造	3.9%
连锁及零售	2.0%

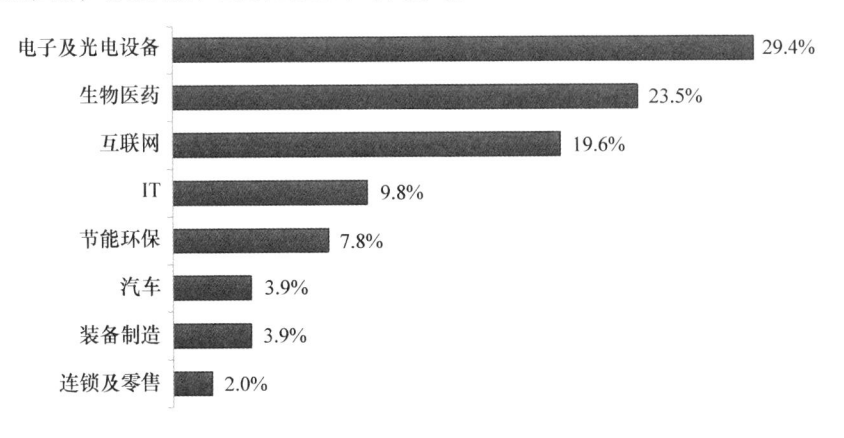

图3-4 2018—2020年新增培育独角兽企业行业分布

综合篇

装备制造	17.9%
生物医药	17.1%
IT	16.3%
电子及光电设备	13.9%
节能环保	12.7%
新材料	5.6%
互联网	5.2%
科技服务	3.6%
汽车	2.8%
连锁及零售	2.4%
电信及增值业务	1.2%
物流	0.4%
文体娱乐	0.4%
金融	0.4%
化工原料及加工	0.4%

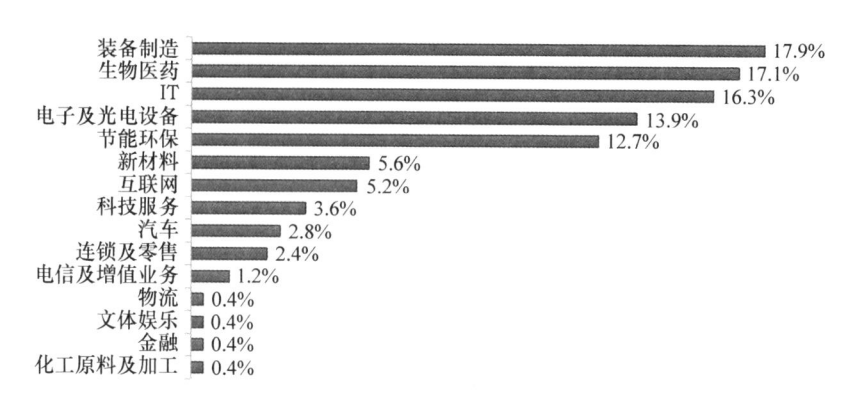

图 3-5　2018—2020 年新增瞪羚企业行业分布

第三节　高成长企业发展的区域变化

一　各区域的高成长企业增长态势良好

2018 年底到 2020 年南京各区域的高成长企业数据显示，各区域的高成长企业都在争先创优，持续发力。如图 3-6 所示，有 4 个区域出现新增独角兽企业，分别是建邺区、江北新区、江宁区、雨花台区。其中建邺区以新增 2 家独角兽企业的优秀成绩领跑全市，其他 3 区以各新增 1 家独角兽企业位列第 2 梯度。有 8 个区域出现新增培育独角兽企业，分别是建邺区、江北新区、江宁区、雨花台、栖霞区、秦淮区、浦口区、鼓楼区。其中江宁区和江北新区以新增 13 家培育独角兽企业领跑全市，栖霞区和雨花台区以新增 8 家企业位列第 2 梯度。全市 12 个区域都出现新增瞪羚企业，其中江北新区和江宁区以各新增 62 家和 60 家企业领跑全市，溧水区以新增 22 家企业的成绩位列全市第 3。

随着南京创新名城建设的不断推进，创新创业经济基础较好的区域如江北新区、江宁区和雨花台区等已经走上了较高质量的发展道路，而其他地区如溧水区、高淳区等也在不断积蓄能量持续发力，出现了一批新增瞪羚企业。这不仅展现了南京各区域活力迸发的创新创业生态，也体现了南京持续深化推进"创新名城、美丽古都"建设的精气神。

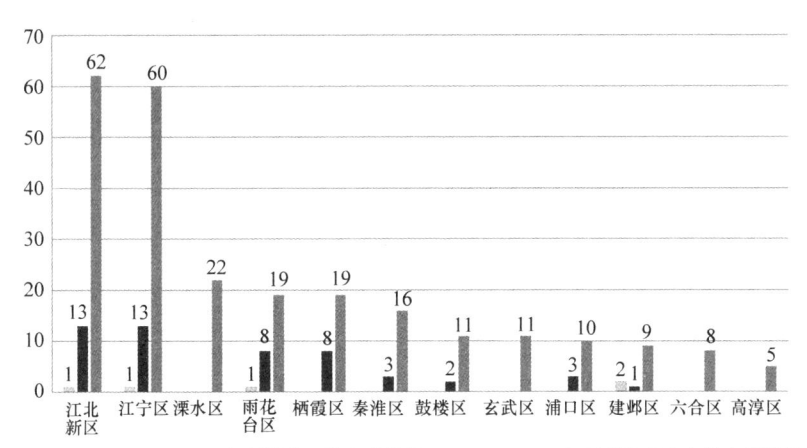

图 3-6 2018—2020 年各区域新增高成长企业情况

二 新增企业多集中在区域特色板块

根据不同区域 2018—2020 年的新增企业数据，可以看出各区域的新增企业出现特定行业集聚的现象，区域的特色板块化发展越加明显。以江北新区和江宁区的新增高成长企业为例（如图 3-7、图 3-8 所示），江北新区在 2018 年底到 2020 年共新增 76 家高成长企业，一共分布在 10 类行业中，其中有 31 家企业集中在生物医药行业，占总数的 40.8%。有 11 家企业集中在装备制造业中，占总数的 14.5%。有 11 家企业集中在电子及光电设备，占总数的 14.5%。有 9 家企业集中节能环保行业，占总数的 11.8%。前 4 类行业占江北新区新增企业的绝大多数。江宁区在 2018 年底到 2020 年共新增 74 家高成长企业，一共分布在 10 类行业中，其中有 20 家企业集中在电子及光电设备，占总数的 27%。有 13 家企业集中在节能环保行业，占总数的 16.2%。有 9 家企业集中在 IT 行业，占总数的 12.2%。前 4 类行业占江宁区新增企业的 73.0%。

可以看出江北新区的新增企业主要集中在医药相关行业，江宁区的新增企业主要集中在以电子、节能环保产业为主的高端制造业，南京的其他各区域也都出现了集中在特定行业的趋势，区域的产业板块

更加明晰。

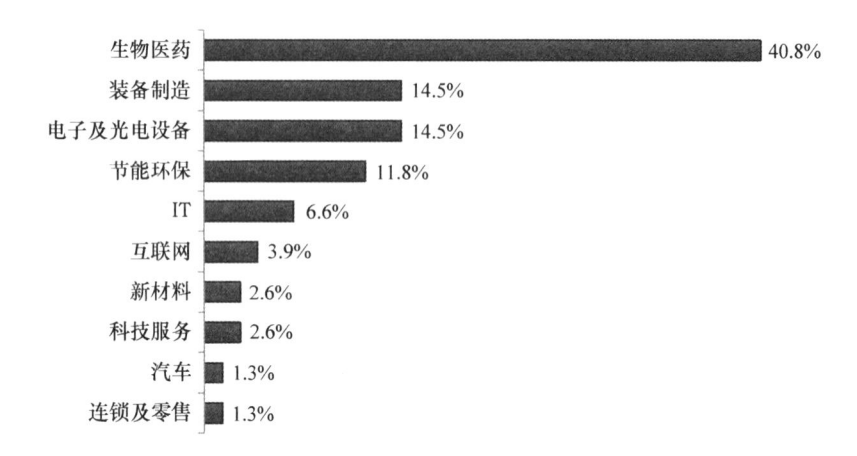

生物医药	40.8%
装备制造	14.5%
电子及光电设备	14.5%
节能环保	11.8%
IT	6.6%
互联网	3.9%
新材料	2.6%
科技服务	2.6%
汽车	1.3%
连锁及零售	1.3%

图 3-7 2018—2020 年江北新区新增高成长企业行业分布

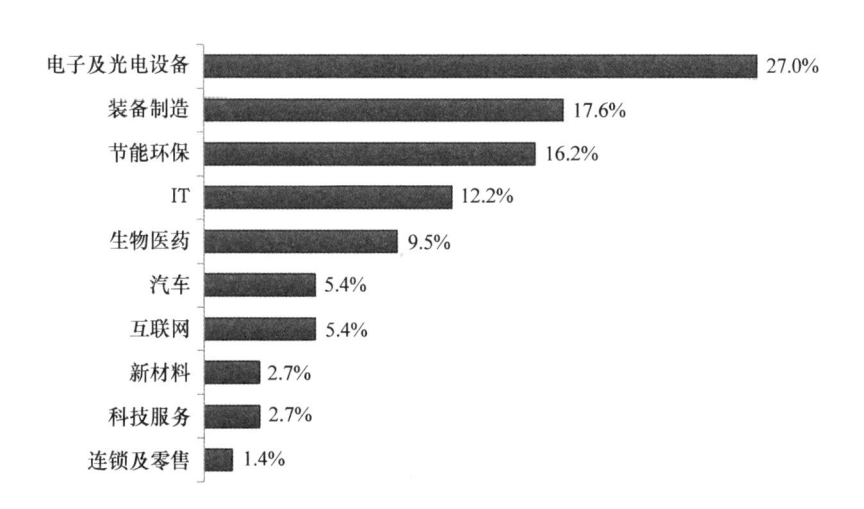

电子及光电设备	27.0%
装备制造	17.6%
节能环保	16.2%
IT	12.2%
生物医药	9.5%
汽车	5.4%
互联网	5.4%
新材料	2.7%
科技服务	2.7%
连锁及零售	1.4%

图 3-8 2018—2020 年江宁区新增高成长企业行业分布

第四节 高成长企业发展的融资变化

一 获得进一轮融资的培育独角兽企业占比略低

根据 2018—2020 年南京培育独角兽企业融资变化数据整理分析，如图 3-9 所示，除了新增的企业外共有 5 家企业在 2018 年底到 2019

年中获得进一步融资，占 2018 年底 52 家企业总数的 9.6%。其中主要分布在互联网行业（2 家）、生物医药行业（1 家）、电子及光电设备行业（2 家）中。如图 3-10 所示，2019—2020 年间，共有 17 家企业获得进一步融资，占 2019 年 66 家培育独角兽企业的 25.8%，其中分别分布在 IT（5 家）生物医药（2 家），文体娱乐（1 家），互联网（2 家），电子及光电设备（7 家）。

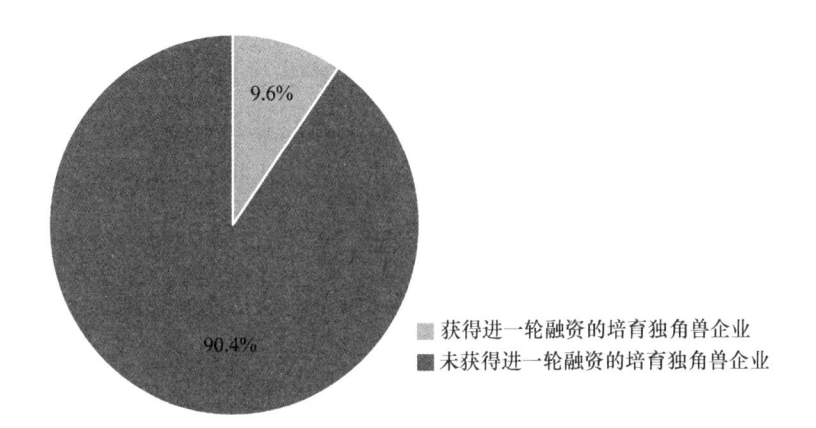

图 3-9　2018—2019 年培育独角兽企业融资情况

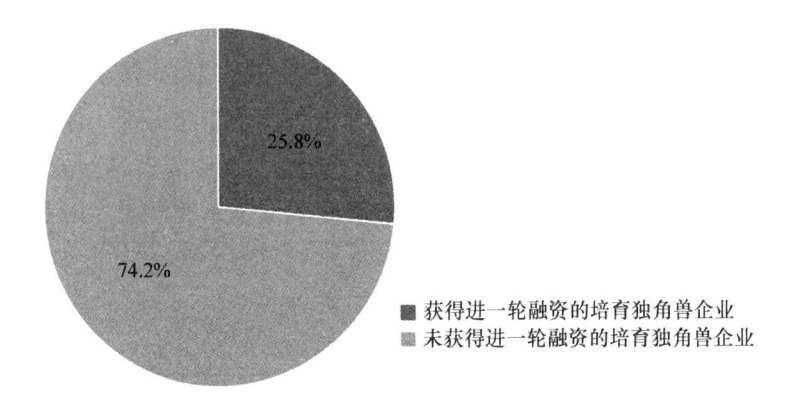

图 3-10　2019—2020 年培育独角兽企业融资情况

经过融资分析发现，2018—2020 年间虽然获得进一步融资的培育独角兽企业数量在逐年增长，但是与企业总数相比依旧较低。同时，获得融资的企业存在行业集中的现象，即生物医药、电子及光电设备和IT等较为成熟的行业占了绝大多数。可以看出近年来随着资本金融市场的下行，投资市场也变得更为谨慎，资本在拓荒立新方面考虑更多因素，这也导致了高成长企业的融资活动不够活跃。

二 独角兽企业的融资变化多集中在较高阶段

根据2018—2020年南京独角兽企业融资变化数据显示，除了新增的企业，共有5家独角兽企业在2018年底到2019年之间获得进一步融资，占2018年底11家独角兽企业总数的45.5%。从轮次上看，分别是1家企业从D轮增加到E轮，1家企业从C轮增加到E轮，1家企业从A轮增加到B轮，2家企业分别从A轮和B轮调整为战略投资。而在2019—2020年间，共有4家企业获得进一步融资，占2019年13家独角兽企业总数的30.8%。从融资轮次上看，分别是2家企业从E轮和B轮调整为战略投资，1家企业从战略投资增加为E轮及以后，1家企业从B轮增加为C+轮。

总体来看，2018—2020年间，由于独角兽企业的融资变化多集中在较高阶段，以A轮、B轮为主的早期融资阶段的企业数量下降较快，从2018年占比63.6%下降到2020年的26.7%。而以C轮、D轮、E轮及以后为主的较高融资阶段企业占比逐年增加，从2018年的36.4%增加到2020年的40.0%（如表3-1所示）。因此，虽然现在资本金融市场处于下行的阶段，培育独角兽企业获得进一轮融资的企业占比也略低，但是南京相当一部分独角兽企业凭借其行业前景、创新能力等方面已经受到资本市场的青睐和追逐，逐渐成为南京高成长企业中的实力派。

表3-1　　　　　　2018—2020年独角兽企业融资变化

年份/轮次	A轮、B轮数量	A轮、B轮占比	C轮及以后数量	C轮及以后占比
2018年	7家	63.6%	4家	36.4%
2019年	6家	46.2%	5家	38.5%
2020年	4家	26.7%	6家	40.0%

资料来源：作者根据《2020南京市独角兽、瞪羚企业发展白皮书》整理。

三 战略投资企业数量显著增多

战略投资是指对企业未来产生长期影响的资本支出，影响着企业的前途和命运，主要代表企业在运营、市场、策略上的重大决策或者是调整，具有规模大、周期长、基于企业发展的长期目标、分阶段等特征。根据 2018—2020 年南京高成长企业战略融资数据整理分析，如图 3-11 所示，在 2018 年还没有企业属于战略融资阶段，2019 年则出现了 2 家独角兽企业，7 家培育独角兽企业，共 9 家高成长企业调整为战略融资阶段。在 2020 年则进一步发展为 5 家独角兽企业，6 家培育独角兽企业，共 11 家高成长企业调整为战略融资阶段。

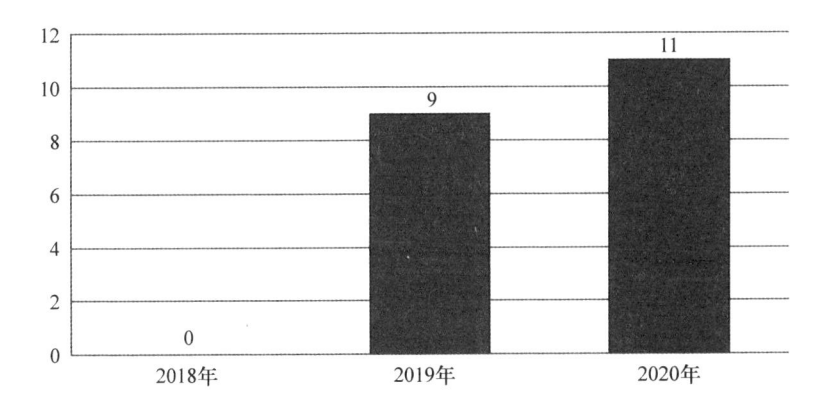

图 3-11 2018—2020 年战略融资企业数量变化

从这些年持续增加的战略融资企业数量可以看出，一方面随着市场环境的不断变化，南京高成长企业的发展正趋于灵活。企业在发展过程中也越来越敢于调整赛道，体现出了较强的发展活力。另一方面也体现出近年来南京一系列的金融改革措施和服务体系，消除了企业的后顾之忧，给予了企业足够的调整发展空间和相应政策支持。

第五节 高成长企业发展的转型

随着南京高成长企业的数量不断增长，在培育体系内部也出现了

▶ 综合篇

相当一部分企业"退出"的现象。2018—2020 年间，有 5 家企业实现了从瞪羚企业到培育独角兽企业，从培育独角兽企业到独角兽企业的晋级蜕变，也有 31 家企业从高成长企业库退出。究其原因，主要是由于技术进步的加速和经济的转型发展，产业组织的规律由价值链的运动升级为产业生态的自演化，企业的发展轨迹也不再拘泥于线性成长，而更多地呈现出指数级的非线性成长路径，[①] 如图 3-12 所示，企业在经过厚积薄发的准备期、盈利期、跨越期后，会出现 3 种发展路径：一是加速腾飞，企业经历了前期的技术、资本准备后，发展开始加速，成为体量较大的高成长企业，并带动产业链相关产业发展。二是平稳发展，企业经过了连续的跨越发展后，进入了稳定增长期，甚至能够在各自的细分领域成为隐形冠军。三是创业失利，企业并不具备长期盈利的可能性，只是站上了某些市场的风口，经过了一定时间发展后，在经营、技术方面暴露出重大问题。

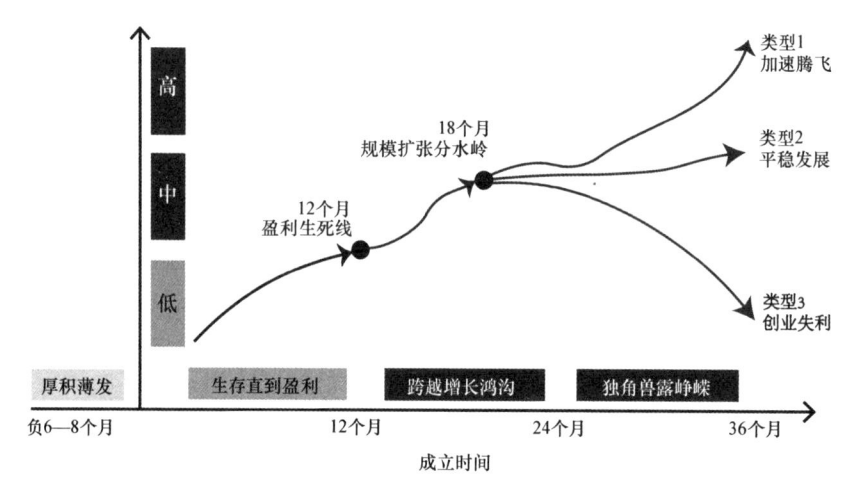

图 3-12 高成长企业全生命周期演化[②]

例如二手车电商平台车置宝作为 2018—2019 年的独角兽企业，在 2020 年退出高成长企业的榜单。据相关新闻报道，车置宝企业陷

---

① 长城战略咨询：《2019 辽宁省瞪羚独角兽企业发展报告》，2019 年。
② 感谢南京市科技成果转化服务中心罗利华主任提供思路。

第三章 高成长企业发展的演变与转型

入严重经营危机,出现了大规模的违约,涉及用户数量惊人,员工工资也出现了停发。企业法人黄乐则表示"公司管理层一直在与银行、投资方沟通,对公司进行了增资。同时随着全国疫情防控形势持续好转,车置宝全国门店已经大部分复工,公司经营逐步恢复正常,经营现金流也在逐步恢复正常"。

一 "退出"企业的数量增长加快

通过梳理和计算2018—2020年南京高成长企业退出数据(排除晋级),如图3-13所示,2018—2019年间共有6家企业退出,分别是5家培育独角兽企业和1家瞪羚企业,占2018年150家高成长企业总数的4%。而2019—2020年间共有25家企业退出,分别是1家独角兽企业、1家培育独角兽企业和23家瞪羚企业,占2019年企业总数的9.2%。

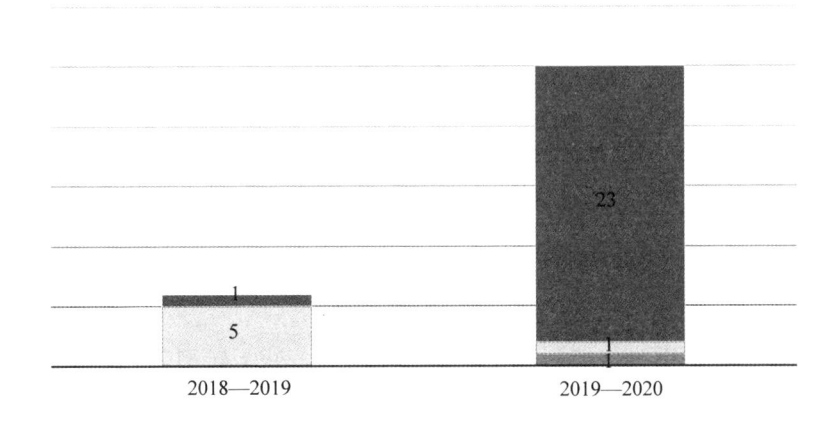

图3-13 2018—2020年退出的高成长企业概况

经过比较,退出企业的数量和比重都在不断上升,从2019年的4%增加到2020年的9.2%。企业调整的速度正在逐渐加快。可以看出随着2019年以来的资本寒冬和经济周期的双重影响,导致投融资热度开始降低,互联网红利逐渐消失,一系列因素都给企业的发展和调整带来了较大的影响。

二 "退出"企业主要集中在机械制造、汽车和互联网行业中

通过梳理和计算 2018—2020 年退出南京高成长企业的行业分布（排除晋级），可以看出机械制造行业退出了 7 家企业，汽车行业退出了 6 家，互联网行业退出了 6 家。这 3 类行业一共退出了 19 家企业，占退出企业总数的 61.3%（如图 3-14 所示），制造行业和互联网行业出现了较为明显的集聚退出现象。

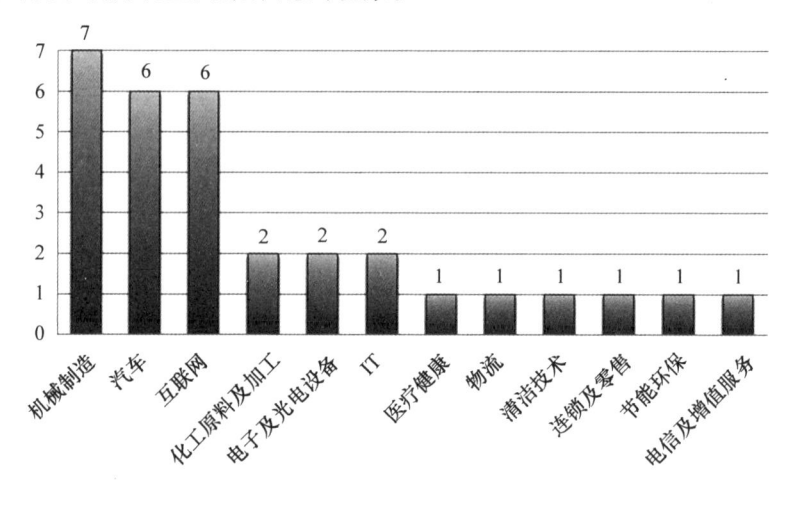

图 3-14 2018—2020 年退出的高成长企业行业分布

一方面是因为传统制造业面临内外压力，处于转型阵痛期，具有较大的压力。从企业内部看，贸易摩擦使其竞争优势有所下降；国内要素成本不断上涨，研发投入不足，传统制造业的比较优势、后发优势也在逐步递减。[①] 从企业外部看，由于对传统制造业未来缺乏稳定预期，投资者信心有所降低，又进一步造成发展的后劲不足；消费者的主导权逐渐提升，大数据、云计算、移动、社交化、3D 打印、机器人等技术发展将颠覆旧有的制造模式，跨界融合、制造业服务化的趋势也日益显著。

---

① 新望：《推动传统制造业高质量发展》，《人民日报》2020 年 3 月 3 日第 5 版。

另一方面则是因为互联网红利逐渐消退，市场竞争较为激烈。由于基础网络接入价格较高，专线接入、带宽、用户上云的价格居高不下，推高了企业成本，以往很多互联网企业都是靠高补贴来吸引客户，业绩和市场连年发展的同时，有可能实际上却是连年处于亏损状态。所以当处于经济下行，融资速度减缓的阶段，企业的生存压力明显增大，显示出较为明显的周期性现象。南京有着大量的互联网企业，平台生态竞争逐渐加剧，各大互联网巨头纷纷通过投资、并购等多种方式，构筑庞大的平台生态系统，但各个生态之间互不兼容、市场割据现象频频发生。生态间的封闭既可能激化互联网巨头间的冲突，又可能进一步加大中小企业"选边站队"的压力，影响互联网行业市场发展。

三 江宁区、江北新区"退出"企业最多

通过梳理和计算2018—2020年退出南京高成长企业的区域分布（排除晋级），可以看出除了高淳区和溧水区外，10个区域都出现"退出"企业（如图3-15所示）。而江宁区和江北新区的退出企业最多，其中江宁区共有9家，位列全市第一，占退出企业总数的29.0%。江北新区共有5家企业，位列全市第二，占退出企业总数的16.1%。其余玄武区拥有4家退出企业，雨花台区拥有3家，秦淮区、栖霞区、浦口区和六合区各拥有2家，建邺区和鼓楼区各拥有1家。

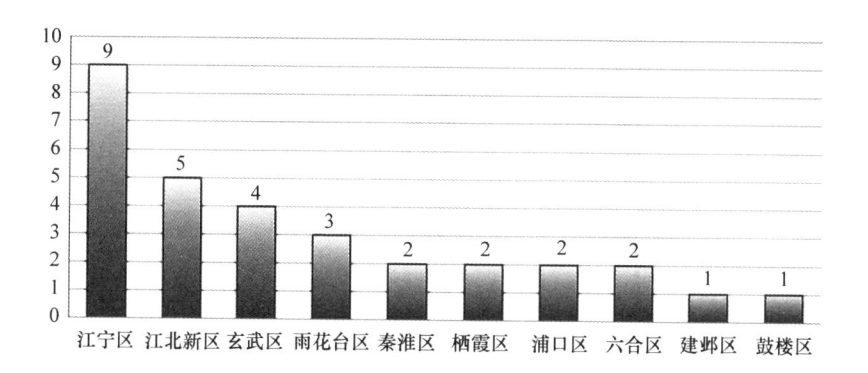

图3-15 2018—2020年退出的高成长企业区域分布

经过分析可以看出，江宁区和江北新区之所以拥有最多的退出企业，一方面因为这两个区的高成长企业在数量和增长上都领跑全市，拥有较大的数量基数。另一方面则是因为江宁区和江北新区的高成长企业有相当一部分位于制造行业和互联网行业。以江宁区高成长企业为例，在2020年的行业布局中，装备制造行业拥有14家企业，互联网行业拥有5家企业，汽车行业拥有3家企业。

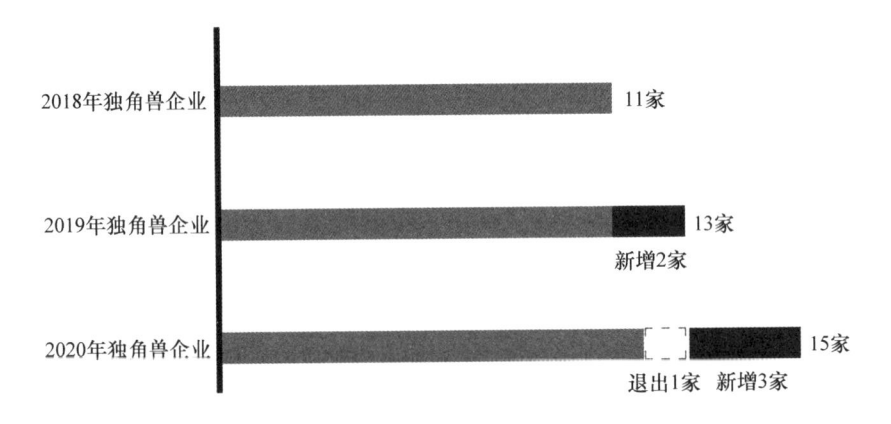

图 3-16 2018—2020 年南京独角兽企业数量变化动态

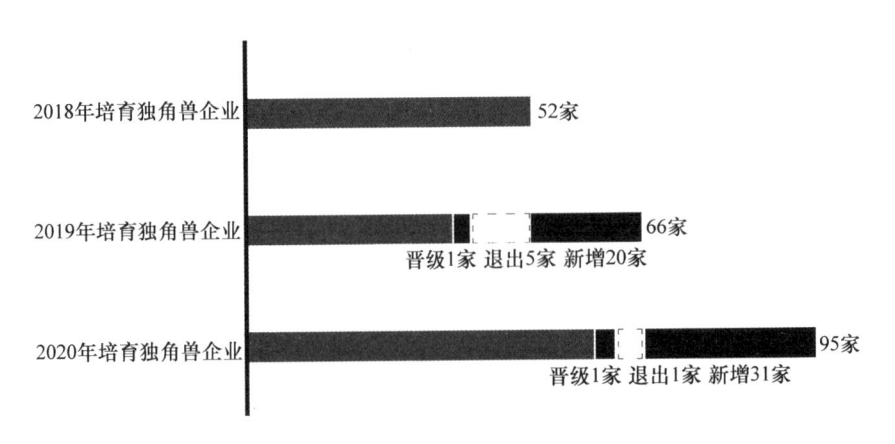

图 3-17 2018—2020 年南京培育独角兽企业数量变化动态

第三章 高成长企业发展的演变与转型

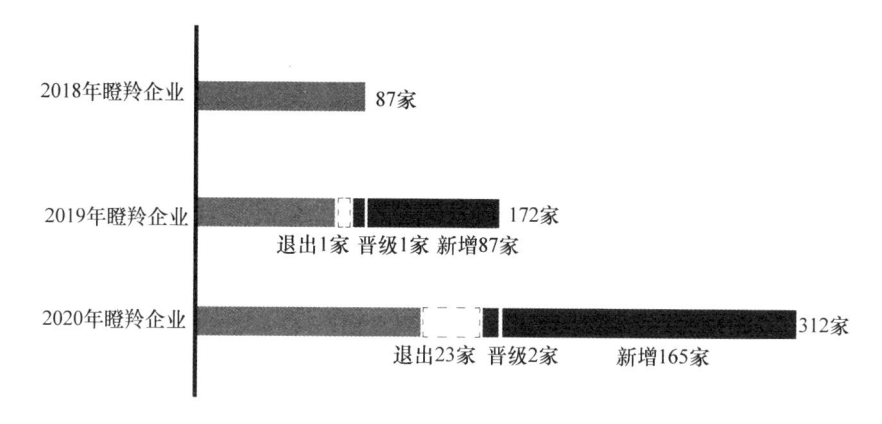

图 3 - 18　2018—2020 年南京瞪羚企业数量变化动态

- 2018 年瞪羚企业：87 家
- 2019 年瞪羚企业：172 家（退出 1 家　晋级 1 家　新增 87 家）
- 2020 年瞪羚企业：312 家（退出 23 家　晋级 2 家　新增 165 家）

从制造业来看，虽然制造业面临着较大压力，但是以制造业为核心的实体经济依旧是保持城市竞争力和经济健康发展的基础。对于南京来说，制造业作为城市的重要支柱产业，其中钢铁、机械、汽车等行业仍是具有竞争力的板块，既是实现"六稳"的重要领域，也是培育新动能的主要来源。比如新能源汽车、新材料等很多战略新兴产业，都来自传统制造业的转型升级。并且随着消费的不断升级和内循环的不断发展，市场对现代制造业的需求仍有很大潜力。市场潜力一旦释放，必将形成强劲带动。

表 3 - 2　　　　2018—2020 年晋级的高成长企业汇总

类别	企业名称	行业	融资轮次	区（园区）	备注
独角兽企业	南京福佑在线电子商务有限公司	物流	D 轮	建邺区	2019 年晋级
独角兽企业	南京世和基因生物技术有限公司	生物医药	D 轮	江北新区	2020 年晋级
培育独角兽企业	江苏翔腾新材料有限公司	节能环保	战略投资	栖霞区	2019 年晋级

续表

类别	企业名称	行业	融资轮次	区（园区）	备注
培育独角兽企业	南京濠暻通讯科技有限公司	电子及光电设备	A轮	江宁区	2020年晋级
培育独角兽企业	南京英尼格玛工业自动化技术有限公司	装备制造	A轮	江宁区	2020年晋级

资料来源：作者根据《2018—2020南京市独角兽、瞪羚企业发展白皮书》整理。

第四章　推动高成长企业发展的政策建议

高成长企业发展面临一些机遇与挑战，推动高成长企业发展，要防范其面临的风险，推动其在疫情下转型升级，充分发挥其在"双循环"新发展格局下的市场主体作用，努力做好政策保障。

第一节　高成长企业发展的机遇与挑战

南京的高成长企业所面临的机遇主要有政策机遇、消费结构升级机遇、内需市场扩大机遇、共建"一带一路"机遇等。

一　南京高成长企业发展机遇分析

（一）政策机遇

从中央的层面看，供给侧结构性改革的战略下，各有关部门积极行动起来针对营商环境欠佳、税费负担重、融资难融资贵等问题，提出务实解决方案，优化细化政策措施，创新完善工作机制，鼓励技术创新，强化政策落实。从南京的层面看，培育高成长企业、高科技型企业已成为南京创新名城建设的头等大事，2020年以来，南京市通过推动高企上规升级，形成"高新技术企业—创新型领军企业—科技型上市企业"的梯次发展态势，加快培育经济发展新动能，为科技支撑经济社会发展提供有力支撑。一是加快高企赋能升级。落实高企奖励支持政策，对2019年认定的高企及时兑现政策资金。发布"百强高企"名单，涵盖了全市各主导产业，2019年实现营业收入近2500亿元，研发费用支出近100亿元，拥有有效发明专利近6000件。二是培育创新型领军企业。参照科创板企业评价属性，建立创新型领军企业培育库，初步遴选了189家企业入库培育，推动企业与资本市场对接，支持企业开展关键核心技术攻关和科技成果转化，促进实现高成长。三是推动科技型企业上市。相关部门签署合作备忘录，完善拟上市企业储备库，服务科技型企业上市。截至2020年11月末，南京市共有127家上市企业，新增12家，其中9家为科技型企业。面对疫情，南京市委办公厅、市政府办公厅印发《南京市全面落实"六保"任务做好当前重点工作实施方案》、《关于促进中小微企业稳定发展的若干措施》（"稳企十条"）、《优化营商环境政策新100条》，对保市场主体等方面工作提出明确要求，其中减轻企业负担的措施，让不少正遭遇经营困难的企业轻装上阵"再出发"，并开展战疫情、扩内需、稳增长"四新"行动动员发布会，全面实施新基建、新消费、新产业、新都市行动。

（二）消费升级机遇

进入新时代，人民群众衣食住行等消费需求层次明显提升，到2020年中国城镇人口将达到8.9亿，比重将达到62%，到2030年城镇化人口将达到70%左右。[①] 城镇化的开发、新农村的建设，都会提高居民的人均收入和消费，月收入为12500—24000元的上层中产家庭及月收入超24000元的富裕阶层数量持续增长，预计到2020年，上层中产及富裕阶层的消费将以17%的速度增长，为中国城镇消费贡献1.5万亿美元的增量。人民群众消费需求层次提升也为高成长企业发展带来新的机遇、打开新的市场。尤其是随着我国中等收入群体持续扩大，消费结构升级为企业发展带来的新机遇会越发明显。

（三）内需市场扩大机遇

李克强总理在2019年的《政府工作报告》中提出，要促进形成强大国内市场，持续释放内需潜力。这既是为了有效应对国际复杂严峻的经济环境变化，也是以强大国内市场为我国经济平稳运行提供有力支撑，更是破解经济下行压力的关键举措。内需已成为经

[①] 根据北京中怡康时代市场研究有限公司测算。

济稳定运行的"压舱石"。据国家统计局核算，2008—2017年内需对经济增长的年均贡献率达到105.7%，超过100%，2019年内需对经济增长贡献率为89%。得益于居民收入保持较快增长、消费升级势能持续增强，中国近14亿人口造就了巨大的国内市场，内需成为拉动我国经济发展的决定性力量。2013—2017年，全国居民人均可支配收入年均增长7.4%，高于同期GDP增速0.3个百分点，居民消费加快升级，医疗保健和教育文化娱乐等支出保持两位数增长。2019年最终消费支出贡献率为57.8%，比资本形成总额高26.6个百分点。可以预见，随着供给侧结构性改革的持续推进和创新驱动发展战略的深入实施，内需发展的活力和后劲将持续释放，必将为我国经济运行始终保持在合理区间、国民经济迈向高质量发展提供强大支撑。

（四）共建"一带一路"机遇

南京出台了《中共南京市委南京市人民政府关于高质量推进"一带一路"交汇点重要枢纽城市建设的实施意见》（以下简称《实施意见》）。为保障《实施意见》落实，发布了5大类47个全市"一带一路"建设重点项目：基础设施8个、产业投资9个、经贸合作14个、金融合作5个、人文交流11个。展开六大行动：一是开展设施联通升级行动，加快航空枢纽及空中走廊建设，提高海港枢纽综合运营效能、深化铁路枢纽及陆路廊道建设，强化区域联动融合发展；二是实施科技创新合作行动，推进"生根计划"，加快国际创新合作重要载体建设，构建全球创新资源合作新体系，培育引进国际化创新创业人才；三是加快产能合作对接行动，构建国际产能合作产业体系，优化国际产能合作空间布局，鼓励与支持南京企业加速构筑"产业地标"；四是推动贸易投资拓展行动，加强重点国别经贸合作，拓展国际经贸合作市场，加强金融服务支持力度；五是实施开放载体提升行动，高质量建设南京江北新区，加强境外合作园区建设，推进开发区转型升级；六是实施人文交流合作行动，深化国际友城交往，加强教育与医卫领域合作，扩大人文与体育领域交流，促进旅游与文化产业发展。南京高质量推动"一带一路"发展的政策为高成长企业在交通便利、经贸产业、创新资源、金融服务、人才支持等方面都得到更有力的保障。

(五) 新基建机遇

"加强新型基础设施建设,发展新一代信息网络,拓展5G应用,建设充电桩,推广新能源汽车,激发新消费需求、助力产业升级。"在政府工作报告中,首次写入"新基建"这一概念。此前,党中央、国务院已多次对加快5G网络、数据中心等新型基础设施建设做出战略部署。年初暴发的新冠肺炎疫情,也让"新基建"初露锋芒,远程办公、远程医疗、网上授课、无人配送、健康码等,为全民抗疫防疫和复工复产提供了重要支撑。以5G为代表的科技细分领域,也是高成长企业发展的重要领域,被视为中国经济增长的新引擎之一,其溢出效应和乘数效应显著,上下游产业链较长,辐射产业众多,能够创造大量就业岗位,有效拉动投资,也能赋能其他传统行业转型,促进数字经济发展,在助推我国产业结构升级、支撑经济高质量发展方面发挥着重要作用。

二 南京高成长企业发展挑战分析

(一) 资本扶持仍是高成长企业依托的核心

高成长企业在发展过程中被资本高度关注,被各界寄予厚望,但高速成长的过程也往往伴随着风险和不确定性。无论是电子商务、人工智能还是新物流,各个领域独角兽企业的诞生与成长,离不开资本市场的助力。但目前中国资本市场对独角兽企业的扶持依然不足,很大原因是中国资本市场的定位、指导思想有待调整。资本市场的定位依然是帮助传统企业,虽然近年来对新经济企业的热度有所增加,但是在实际投资过程中仍然较为谨慎,高成长企业由此所面临的挑战主要有三个方面:一是部分独角兽企业如何避免烧钱过日子,尤其是现金流持续流出;二是资管新规等政策令资本流向私募股权领域的额度减少,谁来继续推高独角兽企业估值;三是近年来上市公司减少项目并购抬高估值,令独角兽企业退出渠道收窄,一旦缺乏实实在在的业绩支撑,他们很容易半途夭折。

(二) 支持高成长企业的中介组织较为羸弱

高成长企业的创业过程中,对于资金、技术、人才和政策等各因素

第四章　推动高成长企业发展的政策建议

的需求十分旺盛,但仍然面临两大突出问题。一方面企业孵化器、加速器的资金有限,效率不高。目前的孵化器以政府资助为主,以事业单位运营模式为主,包括政府相关部门所属孵化器、大学所属孵化器、政府和企业合作运营的孵化器等。完全性质上的企业孵化器数量占比不高。这种事业单位性质的孵化器,易受到审批手续、资金使用上的限制,不利于充分发挥孵化器本身的主动性和积极性。独角兽企业在发展过程中,需要极其灵活的政策支持,在一些全新的行业领域内,相较于企业性质的孵化器而言,事业单位性质的孵化器由于受到政策方面的限制,有很大的局限性,无法为其提供灵活的资金和税收方面的优惠;纯科技驱动型企业,在研发时需要大量的前期资金垫付,但政府政策资金的有限性和在孵企业资金需求的无限性之间的矛盾决定了政府政策资金无法占据支配地位;在面对新型商业模式时,受到企业运营经验及商业敏感度方面的限制,政府无法及时提供相关的智力支持。

另一方面,企业战略咨询机构较为缺乏。企业在发展壮大过程中,会面临发展方向变化、企业战略调整等问题,不同行业公司业务扩张方式不同,即使是同一个行业的公司成长轨迹也都不一样,但又有部分相似的地方(如在起点、拐点等)。面对如此复杂的发展形势,一些缺乏大型公司管理经验的创始人很难做好全方位把控。反观美国的企业咨询市场,有很多拥有丰富的综合性或专业性的咨询公司。如波士顿企业管理顾问公司,是战略管理咨询领域的翘楚,也是公认的行业先驱;麦肯锡除了提供企业战略方面的咨询,还同时涉足企业金融、商业技术和运营等管理议题;德勤、普华永道可以为公司提供财务管理、人力资源、审计、税务等方面的咨询。它们可以在关键时刻为企业发展提供专业性的建议,帮助企业渡过难关,重新走上新辉煌。这些企业虽然有部分已经进入中国开展业务,并且中国本土也有汉普、新华信、清华九略等一批管理顾问公司,但是就目前来看,南京的企业咨询市场发展还不能满足企业快速发展的需要。

(三)国际政治变局给高成长企业带来的挑战

2020年国际政治局面多变,新冠肺炎疫情仍在蔓延,部分国家或地区选举换届等事件仍未落定。针对技术型企业的政治打压事件频发,比如禁用软件、主张剥离等,但这并非数字空间中发生的全部。

欧盟法院判决美国与欧盟签订的旨在允许双方之间数据流动的"隐私盾"协议无效,法国与美国围绕征收"数字税"的冲突不断加剧,美国与俄罗斯在信息行动等方面的对抗等事件所带来的影响也越来越深刻。全球最大的政治风险咨询公司"欧亚集团"(Eurasia Group)专家对2020年世界十大地缘政治风险的预判中就有:美国大选的不确定性、中美"科技脱钩"风险、中美争端更加"多元化"、跨国公司成"出气筒"、印度进入"莫迪模式"、欧洲地缘政治地位凸显、"气候变化"问题持续严重、什叶派地缘势力渐强、拉美地缘分化与波动、土耳其经济下行压力大。中国和美国之间的不确定性给我国高成长企业带来了许多挑战,2019年,美国单方面在半导体、云计算和5G等科技行业领域对中国企业进行制裁、打压,扰乱了两国技术、人才和投资的双向流动;2020年,这一趋势或将进一步延伸至更广泛的经济领域。这不仅影响价值5万亿美元的全球科技行业,还将对其他行业和机构造成难以预计的"溢出"影响,给全球商业发展蒙上一层厚厚的"地缘政治"寒意。2020年,大型跨国公司(MNCs)不仅远远不能弥补国家政府在气候变化、削减贫困、贸易自由化等关键问题上的缺失,其还将面临来自其所在国的民选、非民选政治官员的额外施压。

第二节　防范高成长企业面临的风险[①]

2020年以来,新冠肺炎疫情的冲击让世界经济面临经济焦虑、地缘政治、网络威胁、战略缺位、社会议题等多重风险的叠加。近年来,南京加快推进创新名城建设,主导产业不断优化、创新经济加速崛起,以独角兽为代表的高成长企业凭借着其在创新和成长方面的优势成为经济增长的强劲动能,但也面临企业自身经营风险、行业风险和外部风险等挑战。如何制定有效的风险规避管控措施,防止独角兽企业变成"毒角兽"企业,确保高成长企业高质量发展成为重要课题。

---

① 部分成果刊发于郑琼洁、姜卫民《探寻高成长性企业高质量发展之路》,《南京日报》2020年6月7日第A03版。

第四章　推动高成长企业发展的政策建议

一　高成长企业发展面临的高风险分析

高成长企业所面临的风险主要体现在自身发展特征与企业内部、行业和外部环境之间的矛盾中。

一是短周期、高频率的融资与可持续发展的矛盾。高成长企业如独角兽企业在初创过程中大多具有在投资风口快速资本积累，通过宣传、降价和补贴等行为积累用户并吸引更大规模资本的特征，因此容易导致估值偏高，带来企业融资规模与技术进步和管理能力提升不同步的风险。南京市平均单笔融资金额从2017年的0.35亿元增长到2019年的1.45亿元，并且C轮及之后轮次的融资规模占年度总融资额的比重也从2018年的69%上升至2019年的85%。但从长远来看，优化企业内部结构、提供贴合用户需求的产品和服务、创新可持续的商业模式才是企业长久运营的关键，单纯通过资本支撑估值并非长久之计。

二是低门槛、大基数的进入与头部效应的矛盾。新经济、新业态是高成长企业如独角兽企业出现的主要领域，而如5G、人工智能、区块链、泛电商等新经济行业头部效应显著，"赢者通吃""只知其一不知其二"，在同一行业竞争的很大一部分企业将面临"消亡"危险。南京还未出现类似"蚂蚁金服""字节跳动""菜鸟网络"等千亿元人民币规模以上的第一梯队企业，企业面临着更为激烈的竞争，退出机制的缺乏将埋下一定潜在风险。

三是多部门、高期望的关注与发展不确定的矛盾。高成长企业受风投机构、创业团队、社会公众和政府部门等多方的高度关注与期望，然而近年来一些所谓创新型企业通过恶意模仿、低价竞争、冒进经营等方式，以骗补贴、骗投资为最终目的，污染了高成长企业健康发展的环境，影响了高成长企业的整体形象。劣币驱逐良币，高成长企业在快速成长的同时也面临着来自外界的众多挑战。

二　高成长企业风险管控的对策建议

（一）破除"以估值论英雄"，建立健全完善的风险评估体系

单"以估值论英雄"不利于初创企业健康发展，甚至容易导致估值泡沫化。政府评估高成长企业，应更关注企业在核心技术、团队建

设、商业模式、组织架构等影响企业未来可持续发展的因素，引导企业健康发展，防止多领域的盲目扩张。因此，应针对高成长企业的特殊性，建立一套完善的风险评估体系——包括营收及增长、商业模式、主营业务创新程度、用户增长情况、创始团队情况、技术创新与知识产权情况、风险资本投入情况等多方面的加权指标体系，为企业前期进入"高成长企业库"把好第一关。

（二）开展"定期风险体检"，制定全生命周期的风险响应机制

一是完善外部监测机制。对于已纳入高成长企业名单的企业进行动态评估，开展监测预警与风险防控，对不同企业在不同发展阶段开展全生命周期的"定期风险体检"，提升风险预警和快速响应能力。二是促进内部响应机制。鼓励初创型、成长型、成熟型企业探索一套客观、系统、适合自身商业模式和经营战略的风险响应机制，对企业面临的各种风险性质及发展趋势进行科学研判，并及时给出有效的处理措施。三是发挥市场经济规律。让市场发挥其优胜劣汰机制，完善破产法律制度，及时通过破产程序实现市场出清。

（三）正视"数据网络风险"，加快建立数据安全防护体系

一要加强网络基础设施安全防护。规划网络安全防护体系顶层设计，同步建设新基建的安全基础设施，聚焦新基建安全防护能力构建，充分利用区块链技术打造更加安全的数据机房。二是强化大数据平台安全防控。在数据的加密保护、安全存储等方面提供充足的硬件支撑，实现大数据协同计算，积极发展数据安全产业，做到关口前移，防患于未然，加强知识产权保护，营造高成长企业公平竞争的营商环境，为高成长企业可持续发展保驾护航。三是落实信息安全防护责任。加强网络安全事件应急指挥能力建设，开展常态化网络安全攻防对抗演习，整体提升南京城市网络安全的"水位"。

（四）提高"创新风险容忍"，建立全流程保障的金融支撑体系

一是做好"移栽大树"。在持续推动创新名城建设下，鼓励有条件的企业围绕"新基建、新消费、新产业、新都市"发展空间进行新技术、新业态、新模式的创新突破。二是做好"育苗造林"。按照企业生命周期理论，打造完善的高成长企业培育平台体系：创业苗圃、创业孵化器、创业加速器、产业园区等。三是做好"老树发

芽"。正视创新研发具有高投入、长周期、高风险的特征，要提高创新风险容忍度，建立政府、银行、企业以及中介机构多元参与的金融支撑体系，创新金融产品和工具，激活金融市场，为高成长企业提供良好的金融生态。

第三节 推动高成长企业在疫情下的转型[①]

突如其来的新冠肺炎疫情，对于中国经济和企业而言都是一次"压力测试"。课题组曾在新冠肺炎疫情暴发较为严重的2、3月，对36家高成长企业进行了深入调研。结果发现，对象征着新经济创新与活力、带动新业态发展的独角兽、培育独角兽企业和瞪羚企业来说，它们具有高爆发性和高成长，在模式、技术、组织等方面具备领先性或稀缺性，在疫情下虽然一些高成长企业不能独善其身，部分行业甚至遭受重创，但它们具有较强的内生动力，表现出更强劲的"抗疫"和"修复"能力。本部分将这些企业所在新经济行业分为数字经济、智能经济、创意经济、绿色经济、流量经济和共享经济，研究新冠肺炎重大疫情对不同板块的新经济发展带来的不同影响，以期为后疫情时期南京市加快布局新产业格局，发挥高成长企业对经济全面复苏的引领支撑作用。

一 新冠肺炎疫情对新经济不同板块的发展影响

（一）数字经济：需求端消费井喷，供给端技术升级

数字经济主要集中分布于大数据、云计算等数字服务领域，以互联网为平台的新经济已经成为经济增长的新引擎。疫情期间，"智慧办公""远程医疗""在线教育""远程服务"成为一股潮流，更高的消费需求释放将加速倒逼供给端提档升级。以江苏瞪羚企业电老虎工业互联网股份有限公司为例，其作为工业、电力电器、能源行业的

[①] 部分成果刊发于郑琼洁、余扬、宋胜帮《后疫情时期如何推动新经济高质量发展——以江苏省为例》，《中国发展观察》2020年第13—14期合刊，同时"学习强国"、国研智库刊发。

B2B 服务平台，汇聚了数以十万计的头部企业，以及企业经营所需的生产制造、招投标、销售、采购、安装运维、企业管理等各个环节的从业群体达数百万之巨，在"生产、流通、服务"三个环节形成了"搭生态、做交易、供服务"的特色商业模式。疫情下，为企业制定发展战略、进行投资决策和企业经营管理提供更加高效、可靠的决策依据。独角兽企业"汇通达"作为国家电子商务示范平台与中国领先的农村商业数字化服务平台，网络覆盖 21 省、18000＋镇，13 万余会员店，服务超 3 亿农村消费者。疫情下由于交通运输受阻，很多业务被按暂停键。汇通达及时推出"飓风战疫"，从数字运营、经济赋能、库存处理、商品叠加等方面重拳出击，已为数千家会员店进行小程序网店开设并完成线上培训。

（二）智能经济：助力疫情防控，加快业务场景新应用

智能经济主要分布在人工智能等智能服务领域和硬科技智能产品领域。疫情下，由于交通阻断、原料中断、人员不足等因素，对智能服务领域和智能产品领域都带来较大影响。以外贸出口占 90% 的一家智能科技有限公司为例，疫情下导致供应商交期延后，存在较大的违约风险。根据该公司介绍，按照出货时间，每延迟 1 天，就要扣除 1% 订单金额的违约金，同时需要赔付船期、仓期损失。一旦市场被东南亚国家转移，将面临更大损失。不过由于年前备货充足，一季度营业收入基本提前达到预期目标。

尽管如此，在相关业务暂难顺利开展的情况下，一些企业更加关注研发创新以增强内生动力，还有一些企业积极投身到"抗疫大战"寻求新场景应用。研发人员占 80% 的培育独角兽企业华捷艾米软件科技有限公司作为全球领先的人工智能高科技公司长期坚持原创科技，专注于计算机 3D 视觉、人机智能交互及 3D MR 混合现实技术。面对突发的"口罩关"，积极攻克技术难关，优化升级人脸识别算法。互联网领域的"云问科技"作为江苏 AI 培育独角兽企业，在疫情期间免费帮助湖北、江西、浙江、吉林、河北等地近 300 家疫情防控单位提供防疫文本及电话机器人服务，为政府、医院及高校排查超过 800 万人次。虽然未能带来直接的销售收入，但为疫情结束后的线下市场运作提供了较好的链接机会，为后期的客户转化和积累奠定了

良好基础。

（三）创意经济：线上"宅消费"需求大，线下恢复周期长

创意经济主要集中在游戏和文创两大行业。重大突发公共卫生事件进一步凸显数字传媒行业的优势，以当选"2019年中国移动互联网全景生态流量TOP玩家"的独角兽企业"连尚文学"为例，其作为集网络原创、数字阅读分发、移动阅读分发、IP孵化培育的综合网络文学集团，在疫情严峻期间，产品用户数比去年同期和今年春节前夕均有大幅提升，日人均阅读时长超过10%的增长。同时，由于"宅生活"带来娱乐游戏的需求大增，游戏、视频等在线娱乐均迎来了新一波流量冲击。因此，对于线上的创意经济而言，抢抓"宅生活"的红利期培养优质IP，对于形成更为完善、成熟的服务链，保持"宅经济"可持续发展至关重要。

相对而言，线下的创意经济企业则不太乐观，文创旅游行业受疫情负面冲击较大，线下传媒行业举步维艰。一家瞪羚企业长期坚持大交通（机场、高铁、高速）媒体平台的构筑，同时兼顾旅游景区、城市户外、巴士定制、影院和数字营销平台。疫情下，由于各地实行严格的封城限行措施，户外出行人流大幅减少，导致户外广告价值明显降低，在疫情最为严重的时候，该企业线下业务基本处于全面停滞状态。同时，高额的租金、工资和融资利息等固定成本支出在持续增加。据企业负责人预计，长期的负面影响将延续至疫情结束后3—6个月，整体恢复周期较长。因此，要谨防资金链风险压垮线下文创企业，并引致该经济板块的系统性危机。

（四）绿色经济：需求反弹空间大，供应链亟须快速恢复

绿色经济主要包括新能源产业、节能环保产业等。以新能源汽车行业为例，疫情下新车量产以及市场供给的节奏、各零部件供应商的生产均受到不同程度的影响，短期内出现冰封状态。一家新能源汽车培育独角兽企业坦言其在新车量产进度整体延后、投资款流程延缓情况下，不仅一季度营业收入降幅21%以上，预计全年营收也较难反弹，在必要时将考虑适度减员。但长期来看，乘用车和商用车需求相对稳定，而新能源汽车更是在"补贴政策＋自发需求"双重推动下有望在疫情得到有效控制后出现快速增长。以节能环保行业为例，由

于线下推广业务受阻，导致大量节能环保企业遭受重创。一家以污水处理为主的瞪羚企业，其70%的客户面向工业企业，在前期大量企业复工延迟的情况下，相关业务较难正常开展。随着复工复产进程加快，企业负责人表示疫情后期需求将得到较大释放，预计全年营收有望超10%。因此，后疫情时期，新能源汽车和环保行业有望重新走进各界视野，节能增效、绿色环保、降低公共风险等方面的需求将更加显著，给新经济企业带来更大发展机遇。

（五）流量经济：突破要素流动阻隔，寻求共生协同新生态

流量经济主要以新零售、新金融、现代物流等企业为代表。疫情下，催生了更多新零售业态与物流配送模式相结合的方式，实现了"新零售+新物流"全渠道配送网络。作为母婴童零售龙头的独角兽企业"孩子王"经过10年的高速发展，已经在151个城市开设了370多家数字化门店，覆盖3300万会员新家庭，在线订单占比66%。在疫情下，孩子王利用强大的全渠道数字化能力和供应链配送优势，推出扫码购、线上社群等数字化工具，打造"孩子王到家"服务产品。在疫情最为严峻的时期，实现社群业务爆发式增长，服务订单量增长超过日常数倍。培育独角兽企业"村鸟网络"打造的"村鸟共享平台"，通过资本联动、网络共享和多样赋能，将各省、市的区域物流资源和县、乡、村的"人、车、店"闲置物流资源进行全面整合，运用共享经济模式实现平台内资源的高效互通互联。苏宁物流协同家乐福，在全国51个城市推出家乐福"同城配"服务，同时通过苏宁易购、苏宁菜场、生鲜预售以及1小时达等到家、到店业务，在快递"100米"服务领域实现了"快递员上门+智能快递柜+生活帮+无人配送"四种模式的共生格局。上述企业均通过突破要素流动阻隔，将优势资源整合联通，寻求全域共赢新生态。

（六）共享经济："危""机"共存还是"大浪淘沙"

随着互联网技术的快速发展，以共享经济为代表的新兴商业模式已然崛起。共享经济主要涉及生产性服务领域和生活性服务领域。在共同战"疫"下，需求骤减、复工延期和管制严格给共享经济带来了较大影响。共享单车、共享充电宝、共享住宿等遭受近乎无人问津的需求冲击。随着复工复产的推进，一些行业面临短期歇业情况，盒

马牵手西贝、云海肴等餐饮品牌达成"共享员工",催生了疫情下共享经济新模式,成为企业积极"自救"的一次创新之举。

二 新冠疫情对高成长企业影响的调研数据总结

通过对高成长企业在疫情下的发展情况看,不论是独角兽企业、培育独角兽企业,还是瞪羚企业,在本次疫情中都受到一定程度的影响。其中,互联网、汽车、IT、连锁及零售、节能环保等行业预计第一季度营业收入降幅较大,在疫情中遭受重创。但从全年来看,被调研行业的企业具备快速应对、迅速"回血"的能力。特别是互联网、连锁及零售业,预计第一季度后会迎来较大反弹需求,其中,互联网行业有80%以上的企业预计全年营业收入会有所增长,连锁及零售业企业预计全年营业收入将与往期持平。医疗健康行业虽然有一半的企业预计第一季度营收有所下降,但从全年来看,有50%的企业预计2020年营收将与往期持平,50%的企业预计会增长10%以上。另外,值得一提的是,电子及光电设备业预计也会迎来较大的需求反弹,有60%的企业表示预计全年营业收入将增长(40%的企业预计涨幅超10%),40%的企业预计将与往期持平。

具体来看,以医疗行业为例,即便像南京索酷信息科技股份公司这样线下实体医疗机构受到重大冲击的企业,仍然有信心在下半年全

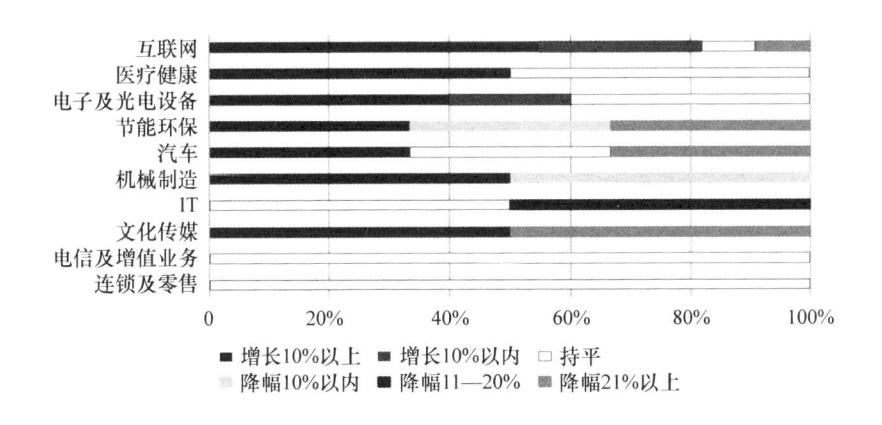

图4-1 各行业预计2020年全年营业收入增长情况

面复苏且全年营业收入有望增长 10% 以上。IT 行业的云创大数据作为以大数据存储与智能处理为核心发展的高新技术企业，在疫情后有望迅速反弹。互联网领域的"云问科技"作为南京本土 AI 培育独角兽企业，在疫情期间免费帮助湖北、江西、浙江、吉林、河北等地近 300 家疫情防控单位提供防疫文本及电话机器人服务，为政府、医院及高校排查超过 800 万人次。虽然未带来销售收入，但为疫情结束后的线下市场运作提供了链接机会，为后期的客户转化和积累奠定了较好基础。此外，随着疫情后复工复产，新能源汽车和环保行业将重新走进各界视野，节能增效、绿色环保、降低公共风险等方面的需求将更加显著，给独角兽企业、培育独角兽企业、瞪羚企业带来更大发展机遇。

三 后疫情时期加快南京高成长企业高质量发展的对策建议

疫情带来"危"与"机"。从需求端来看，随着国民健康意识的不断增强、远程办公的兴起等，激发不少子领域的快速增长。从供给端来看，疫情更是带来了产业结构、产品结构、组织结构、制度结构等方面的创新和优化空间，如何链接上下游、提高产业链效率成为重要的现实课题。因此，后疫情时期南京应加快布局新产业格局，发挥高成长企业对经济全面复苏的引领支撑作用。

（一）加强智能化抗疫水平，助力新经济企业快速回力

一是"四图＋三风险"研判，加快产业链协同调整。充分考虑复工复产区域、产业复杂性，尤其是长尾产业、生产性服务业以及与中部产业链密切关联部门，有效利用供应链图、复工复产图、物流配送图、销售网点图的数字化、精准化对接，强化物资链、资金链、技术链风险研判，加大协会、商会外联对接、大数据平台信息汇通以及政府跨域统筹合作，切实降本增效。

二是"业务再造＋客户需求"挖掘，强化线上线下联动。节能环保、大宗零售、终端服务等线上线下联动性强的产业部门，加快提升新经济企业的客户端智能管理能力，加快推进需求数据分析、设计模拟、数字打样、产品发布、网络预售等业务再造，实现需求提速落地、线下业务线上化、线下业务精准化，对应疫情后需求反弹和增量

扩容。

三是"智能化管理＋预警预案",实现长效发展。保持人、财、物瓶颈意识和风险意识,以数据化为基础,构建智能化、大数据管理和预警预案储备,增强应对市场供需冲击和经济不确定影响下的理性预测和降本增效,实现长效发展。

(二)前瞻布局新兴市场板块,重塑新经济发展大格局

一是率先培育若干数字化优势板块。充分挖掘需求,围绕无人经济、AI＋、5G＋、区块链＋等领域,撬动一批在线科技、产业互联网、智慧医疗、数字文化消费等项目落地,通过定制化的政策,在江苏率先培育若干数字化细分市场龙头,为疫情后的经济高质量发展增能蓄力。

二是加快绿色经济板块战略布局。充分利用长江生态治理战略契机和长三角一体化发展优势,立足生态经济示范区和新能源新材料产业的先行优势,加快布局全域全产业绿色经济板块,满足并能引领疫后绿色需求反弹和绿色经济长足发展。鼓励新经济独角兽企业发挥标杆示范作用,推进与其他产业及城市间的耦合发展,带动行业整体绿色提升。

三是重塑大健康产业板块。围绕健康管理、医疗医药、康复智能、养老养生四大板块,以"大项目＋共性技术＋安全储备"为抓手,以医疗资源优化和应急安全为导向,培育新型新经济企业,服务医治服务、医药器材的精准研发和应急应对;以"产业联盟＋创意活动"为抓手,以健康管理产业链拓展和新兴市场培育为导向,鼓励新经济企业市场创新、经营创新,促进健康与护理、旅游、体育、教育和农业相结合的新兴需求;以"跨界交流＋主题合作"为抓手,以健康保障的价值链节提升为导向,鼓励各类企业跨行跨界合作,加快医疗与咨询、保险、护理、地产相结合的增值服务。

(三)全力培育新业态新模式,加快新经济企业引领示范

一是加强"数字需求"新业态供给创新。重新理解个体在数字经济下的职业生涯、学习深造和生活娱乐需求,以"一(问)卷、一(业态)图、一(行业)报告",分类分群细化产业需求,加快新经济企业对接新电商零售、直播平台、远程在线教育、远程在线办公、

大型在线游戏等新业态供给创新。鼓励独角兽企业利用商品化传感器、人工智能以及物联网，以满足极致的个性化需求、智能共享式体验和人机交互优化，创新商业模式。

二是创新大健康消费理念和服务模式。以明确市场准入规则、医疗资质配备、医患纠纷处理保障和数据共享规范为基础，鼓励新经济企业构建跨区跨域健康管家的医疗服务商业模式，加快全链接、全景式、体验式、一站式方面的医疗消费创新和服务创新。

三是重塑高效、灵活、全球化的组织模式和劳动生态体系。鼓励独角兽企业发挥组织形态和工作模式的灵活性优势，转变以物理方式相连接的组织形态和工作关系，利用随需应变的人工智能和人才、技术云数据库，匹配在线经济以业务模块为核心，快捷配对招工用工的新劳动生态体系。

（四）加强支撑保障体系，全面构筑新经济生态保护伞

一是强化人才保障。围绕新经济发展和安全应急管理人才需求，完善专业设置与人才培养的动态调整。构建"新经济＋新业态＋新模式"交叉学科体系、"专业化＋复合型"双创人才培养体系以及多平台人才储备输送体系建设，加强跨界跨域合作，加快人才供需对接和保障。构建"安全科学＋安全工程＋安全管理"学科协同发展体系、"校企＋校政企"人才协同培养体系以及"进企业、进基层"人才储备输送体系建设，尤其加快公共卫生安全、应急管理等新领域的专业设置，有效保障专业化、应用型人才储备和输送。

二是完善知识产权保护。加强新经济知识产权保护体系建设，尤其是人工智能、医疗健康重点领域的知识产权管理体系战略规划、专利信息开发、导航、申请、维权等平台服务建设，以及新技术标准政企协同发展、有效供给、国际合作、信息化管理等标准化体系建设。

三是加大金融支持力度。为各产业领域的大数据开发、新技术研发和人工智能化应用等提供优惠税费减免和融资便利，以金融科技创新和平台创新服务支持新经济企业复工复产和"疫"后新一轮高质量发展。

四是加快新基建建设。加快5G基建、特高压、城际高速铁路和城市轨道交通、新能源汽车充电桩、大数据中心、人工智能、工业互

联网等新基建规划和大项目落地，形成大数据运营和数字化协作的城市信息体系和交通系统建设，打造新经济企业组织、用工、业务再造等新生态体系保障。

第四节 发挥高成长企业在"双循环"下的积极作用[①]

受新冠肺炎疫情全球肆虐和经贸纵横交错结构性转向的双重影响，国际市场需求严重萎缩，我国企业国外市场份额受到较大冲击。习近平总书记在企业家座谈会发表重要讲话指出，要充分发挥国内超大规模市场优势，逐步形成以国内大循环为主体、国内国际双循环相互促进的新发展格局。企业作为市场主体，在"双循环"新格局下担负着重要的使命，同时面临实际困难需要攻坚克难。

一 "双循环"战略背景下高成长企业面临的主要问题

（一）企业发展面临技术瓶颈

疫后科技领域的国际竞争更加激烈，特别是美国频频打压中兴、华为并对我国实施"科技脱钩"的背景下，加快推进创新驱动战略、增强科技竞争力已刻不容缓。从消费端来看，我国企业普遍存在产品技术含量较低、中低端产品同质性较高、品牌个性化不强、消费升级动力不足等问题。从国际产业链看，我国目前处于全球价值链高端的企业数量较少，多数企业仍然处于国际产业链的中低端，导致外贸依存度和波动性偏高，处于分工和专业化下游容易被卡，空间受要素成本和外需成长性约束等问题。数据显示，我国上半年产值降幅较大的企业多集中于食品、服饰、家居装饰、低端机械加工等受疫情和经济环境影响明显的行业。以服装加工企业为例，在南京调查的24家服装加工企业中，仅5家企业实现正增长，下降覆盖面达到79%；63家监测样本企业中，5家家具制造类企业全部出现负增长。通过技术

[①] 部分成果刊发于郑琼洁、王高凤、成凯《双循环新发展格局下应进一步激发民企新活力》，《每日经济》2020年9月23日。

创新实现消费量级的激发和产业链升级"卡脖子"问题突破，是提高经济供给质量、打通"双循环"的关键攻坚点。

（二）内需两端增长、中间收缩

中国拥有世界上规模最大（超4亿）的中等收入群体，服务消费市场潜力巨大。疫情以来我国两端市场（包括高端市场和低端市场）都出现了逆势增长。复旦大学管理学院管理科学系教授冯天俊表示，中国目前约有6亿人口平均月收入仅为1000元，在国家相关政策支持下，低端市场也呈现出增长的态势。而中端市场，在很多人预期疫情缓和之后会出现报复性消费，但结果却出现了报复性储蓄，这跟现阶段中端群体所面临的工作和生活压力紧密相关。因此，内需两端增长、中间收缩带来的整体内需市场疲软，企业拉动力不足。

（三）产业链窒碍影响短期难以消除

受疫情和复杂的政治形势影响，我国企业在全球价值链攀升中严重受阻。数据显示，部分企业相继出现高端芯片、轴承、电子元器件、光化学材料和设备等重要零部件、原材料供应窒碍现象。从国内价值链看，由于长期以来更加强调自身要融入发达国家支配的全球产业链的分工体系之中，在国内产业链、供应链中存在"孤岛"问题，国内产业自主供应链配套有待进一步加强。一些高端装备制造业高成长企业坦言，目前国内没有符合要求的供应商，为了在本土引进产业链配套企业，公司主动协助有意向投资的供应商处理前期准备工作，包括承担班车、食堂、门卫等运营成本，给原本受疫情影响经营较为困难的企业带来更大压力。南京一家瞪羚企业表示，其90%的市场均在海外，在国际疫情仍然加剧蔓延的情况下，国内市场难以开拓，海外市场难以保证，公司目前现金流存在巨大压力。从目前数据来看，该公司销售额同比下降了60%。2020年上半年，营收只有2000万元，比年初预定的1.4亿以上目标还有很大差距（2019年营收为6300万元）。

（四）营商环境有待进一步改善

首先，融资难、融资贵问题尤为突出。调研中，民营和中小微企业普遍反映，融资难、融资贵已经成为当前公司面临的主要难题之一，严重制约了企业的发展，疫情下更是成为困扰众多企业的难题。

企业融资难、融资贵问题，既有市场经济存在产能过剩，大多数民营和中小微企业处于产业链末端生产经营困难等宏观方面的原因，也有民营和中小微企业生命周期普遍较短，抗风险能力弱，银企之间存在明显的信息不对称，贷款风险溢价较高等微观方面的原因。其次，税收负担沉重。南京一家独角兽企业表示，在2020年上半年整体经营较为困难的情况下，仍缴纳了2000余万元的税收，给这家仍然处于初创期的企业带来较重负担。再次，相关审批流程复杂。以物流业为例，一些企业普遍提出希望简化相关审批流程，不断加强信息开放共享，使信息更透明、匹配更精准、组织更科学，适当降低相关检查频度，助力物流畅通。有医药行业企业反映自身在业内已经处于较为领先位置，试剂已经获得欧盟相关认证，但在国内仍需层层监管，审批周期较长，给出口带来较大阻力。最后，相关行业标准缺乏。一些企业积极寻求创新，南京一家环保行业的瞪羚企业表示，公司在国内首创电触媒阻垢合金配方，但目前暂未找到类似阻垢效果、作用聚力耐腐蚀性等检测的相关标准和检测方法。在销售过程中缺乏第三方出具的阻垢率及耐腐蚀检测报告。

二 "双循环"背景下高成长企业发展战略

当前经济形势仍然复杂严峻，不稳定性不确定性较大。企业面临的很多问题是中长期的，必须从持久战的角度加以认识，加快形成以国内大循环为主体、国际国内双循环相互促进的新发展格局，建立疫情防控和经济社会发展工作中长期协调机制，坚持结构调整的战略方向，更多依靠科技创新，完善宏观调控跨周期设计调节，实现稳增长和防风险长期均衡。

（一）支持企业提升技术创新水平，增强践行"双循环"实施的核心能力提升

作为经济全球化的坚定支持者，中国坚持以经济建设为中心，中国经济具有强大的韧性和巨大的发展潜力。一是由于超大规模的国内市场，将持续释放更高质量的需求拉动力。二是由于以创新研发为基础的日益成熟的产业体系，持续打造经济的核心竞争力。因此，要鼓励企业参与制定重大技术创新计划和规划，支持企业围绕重点产业领

域开展基础性、前沿性科学研究，提高创新研发奖补力度，实施战略目标明确、产业带动作用强的重大科技创新项目。帮助企业明晰产业集群或成立行业商协会等，发挥龙头企业带动作用，鼓励中小企业围绕上下游产业链和价值链，积极参与专业化协作配套，在细分领域和细分市场掌握一批关键核心技术和产品。大力推动企业技术创新能力的提升不仅可以让中国企业掌握国际话语权，更重要的是这些技术突破反过来会极大增强践行"双循环"实施的核心能力提升。

（二）支持企业加快数字化转型，加快践行"双循环"战略实施的效率提升

数字赋能内循环，将产生不可估量的叠加效应、乘数效应。鼓励企业通过数字技术产业化、传统产业数字化。一方面，用数字经济改造传统产业，延长产业生命周期，优化经济存量；另一方面，基于数字经济发展物联网、云计算、社会计算、大数据、人工智能等新兴产业，创新经济增量，从而促进产业结构调整和升级。疫情期间，远程办公、网络会议、大数据追踪等新技术的应用，在助力疫情防控、复工复产中发挥积极作用。后疫情时期，江苏苏州搭建起"企业数据金库"，利用线上平台为外贸企业精准匹配国内需求。浙江多地税务部门利用税收大数据，帮助外贸企业寻找国内销售渠道，协助他们通过平台分销、直播带货、新零售等方式开拓国内市场，企业销量逆势增长明显。

（三）支持企业挖掘内需市场，鼓励参与"国内大循环"系统建设

一是鼓励企业积极投身新基建建设。对于中国企业而言，不仅是在14亿的超大规模市场中寻找机会，更重要的是基于"国内大循环"系统的逻辑，在连接生产、分配、流通、消费等各环节的各类基础设施中寻求机会。一方面，中国经济高质量发展过程中存在公共卫生、养老健康等方面的巨大需求；另一方面，在保障生产要素畅通流动的硬件和软件方面有较大需求，这些都为企业发展提供了广阔的市场空间。二是积极培育新型消费，加快形成创造国内消费增量的新增长点。鼓励企业创新以消费升级为导向的产品和服务。有企业家指出，以往高品质的产品和服务都对外输出，随着人民对高品质的追求，可

以将这类产品和服务转内销,更好地满足国内老百姓的需求。浙江宁波一家电器公司,借"宅经济"风口,将生产重点转为内销小家电,每月售出10万台;有的企业在制造业订单萎缩的情况下,进军与其主业相关的国内服务业。但是,企业出口转内销并非易事,企业面临着渠道开拓、品牌重塑等一系列难题。调研中,企业呼吁政府协调帮助企业开拓市场,拓展产品营销渠道,增加产品营销维度。希望设立专项资金扶持企业开拓市场。对外销受阻而又价廉物美的产品,建议由政府提供场地、优惠场租,根据产品的用途举办不同层次的展销会,吸引国内外客商和消费者采购。三是鼓励企业融入优势互补的区域经济大格局,形成内部分工和专业化分工模式。未来应构建多中心、群网化的城市形态体系,加快培育发展城市圈、都市圈,实现生产要素市场化流动。通过发展产业集聚在跨行政空间上进行资源整合,发挥企业市场主体作用,实现企业集中、市场集中和产业集聚,在区域内产生以企业联动、融合发展效应。

(四)支持企业融入创新网络,鼓励参与"国际大循环"系统建设

首先,重视国内市场与"一带一路"国家业务开拓,拓展"一带一路"沿线国家进出口贸易和相关配套产品的供应链、产业链。加大"一带一路"政策产业对接和企业走出去融合力度,拓展双向人员、产品互惠力度,构建"一带一路"内外联通的战略大走廊,推动内外循环相互促进。其次,积极畅通与日本、韩国、欧盟产业链,在全球产业链重组变化过程中,利用贸易结构互补,推动产业链深度融合,构建产业链生态圈,保障贸易、投资、市场畅通运行。再次,加大新兴产业和未来产业的全球战略布局。实施产业基础再造和全球产业链提升工程,巩固传统产业分工优势的同时,抓紧新兴产业和未来产业在全球范围的战略布局,提高企业在全球市场上的分工地位和参与价值分配的能力,争取更为广阔的产业链升级和增值空间。

(五)提升产业链供应链现代化水平,保障"双循环"系统高效畅通

要从供给和需求两侧发力,推动以消费升级为导向的产业链升级,在更高水平上实现供求关系新的动态均衡,从而建立健全现代化

经济体系，大力推动经济高质量发展。首先，在产业链上培育更多的"隐形冠军"。培育"专精特新"中小企业，完善本土化供应链，打破跨国公司对高技术、关键部件和材料的垄断。其次，在全球价值链上培育更多"链主"。提升产业控制能力，强化治理结构的建设。以设计、研发、技术标准等为优势，组织供应网络中的企业群体进行生产。最后，加强产业链上下游要素协同发展。实现产业经济、科技创新、现代金融和人力资源之间的高度协调，实现产业链、技术链、资金链、人才链之间的有机融合和配合，帮助企业提升上下游产业链韧性。

（六）疏通部分行业政策性阻梗，优化"双循环"营商环境

充分发挥"集中力量办大事"以及快速的制度创新优势，以应对新的情景。一是加大信贷支持。中小企业产业规模相对较小、抗风险能力相对较弱，获得贷款的难度相对较大。要充分发挥政府、市场和企业的合力，继续加大对民营企业、中小企业信贷投放力度，保障企业资金流畅通。加快企业相关信用信息平台建设，提高中小企业信息透明度；要继续完善政府融资担保体系，增加中小企业信贷，与银行共担风险。二是进一步落实减税降费政策。进一步落实减税降费等优惠政策，从减、免、退、降等方面着手，减轻企业负担，全力支持企业恢复生产。三是简化相关审批流程。进一步降低审批成本、提高审批效率。推动物流运输体制改革，简化相关审批流程，深化交通枢纽改革，提升多式联运效率；推进新一代信息技术在交通运输中的应用，建设人流物流信息流多流集成、高效畅通的智慧交通。四是加快推动相关行业标准制定。加快政府数据开放共享，推动资源整合，组织行业力量积极推动相关技术标准制定。

第五节　实现高成长企业高质量发展的政策保障

高成长企业所在的城市从单一的优势看或许对创业创新生态发展具备一定的影响力，但从长远来看，独角兽企业势必需要一座城市在经济、产业、资本、教育、环境等多重合力的影响下发芽与成长，独角兽企业的高富集程度与城市整体生态系统的建设密不可分。基于已

有的关于城市创新创业生态系统的定义，本书认为高成长企业生态系统的核心在于为独角兽企业、潜在独角兽企业等高成长的企业发展提供良好的环境，制定适宜的创新创业政策，并积极推进中介机构等提供优质创新创业服务，为企业快速发展提供人才、资金、技术等全方位的支撑保障，并最终促进区域经济社会可持续发展的目的。从内容看，高成长企业生态系统主要包括创新创业资源体系（包括人才、金融资本以及创新创业空间等）、创新创业支持体系（包括政策体系、中介机构、咨询机构等）、创新创业环境体系（包括文化环境和营商环境），通过不同治理主体之间的交流、沟通和协作，降低交易费用和运营成本，提升企业创新效率，共同推动相对稳定的高成长企业生态系统的形成。

一　准确把握高成长企业发展的主攻方向

一是对加快引进有工程经验的高端人才，做好人才全方位服务的需求。南京在创新名城建设中，虽然针对高校毕业生和高层次人才提出了一系列的人才优惠政策，但很多独角兽企业缺的不是博士和教授，而是具有工程经验的高端人才，能够在企业中独当一面、带领团队的开发管理人才。这类人才的集聚效应不强的主要原因是在人才保障、医疗教育、配套设施等方面与上海、北京、深圳等城市还存在一定的差距。

二是对加快形成独角兽企业创新区域，完善配套环境的需求。与北京中关村、深圳南山等独角兽企业集聚效应显著的区域相比，南京独角兽企业集聚优势不明显。同时，南京现有独角兽企业和培育独角兽企业在发展过程中多数面临产能扩大、空间需求增加、创新成本增加等现实难题。如一些独角兽企业迫切需要在现有的创新创业产业集聚区的基础上，规划建设针对独角兽企业的创新区域，引导独角兽企业集聚发展，并从租金补贴、研发费用资助、基础设施建设、销售渠道构建等方面，完善独角兽企业创新区域配套环境的需求。

三是对加速实现原创性技术落地，建立成果转化新机制的需求。南京独角兽企业主要聚集在以新科技驱动为代表的医疗健康、生物制药等领域，这种创新型研发多以"AI+"模式产生原创性技术，而原创性技术的落地面临较多问题，不仅包括周期长、成本高、目标和投资回报率难以确定等问题，而且需考虑市场环境的接受程度，特别是较难寻找到适合的应用场景的问题。目前，南京虽然为独角兽企业制定"一企一策"的服务机制，主要针对企业在融资、财税、人才招引等方面的需求，以促进原创性技术的产生，但对于原创性技术落地遇到的问题并未提出切实有效的解决机制，也缺乏相对应的成果转化新机制，因此导致一些企业的创新产品或技术服务"墙内开花墙外香"。如南京快轮智能科技有限公司已获近100项专利，含10项发明专利和国际专利，在国外市场占据很大的份额。然而目前国内电动滑板车尚未普及，质检质监交通等部门对于电动滑板车还处于一个盲区，相关政策落实还在参照电动车等传统行业，没有明确的政策落地。在疫情冲击下，对该类企业的影响较大。

四是对加强金融服务与支持，全方位、多渠道对接资本的需求。独角兽企业因其本身的特殊性，往往具备明显的高素质人才、高工资比例、高研发支出等特点，高度依赖技术的发展、资本的注入实现快速增长。目前南京对于创新型企业的发展给予大量的金融支持，但现有的金融政策存在一般适用性，针对独角兽企业这类特殊的企业产生的效用较小。政府对高精尖企业的补贴、保障政策还存在模糊性，针对性不强。如，云问网络技术有限公司作为人工智能企业，其主要产品线均已列入重点推广应用新技术新产品名录，但现有补贴政策主要是对本地采购单位给予奖励，对云问适用性不强。此外，政府对海外上市的政策辅导和服务不足，海外上市的政策风险和成本较高，财富和税收流失在所难免。在境外扩张的资本对接方面，受制于我国当前较为严格的资本项目外汇管制，生物制药等企业通过海外收购重组实现对国外技术、专利、人才等高端要素快速整合的渠道不畅。

五是对更宽松的营商环境、政策精准扶持的需求。目前，南京的创新创业氛围更加浓厚，体制机制不断完善。但是对于新经济企业发展的需要，部分领域仍然存在市场准入障碍、监管创新不够等问题。例如部分领域的法规政策跟不上新技术、新产业、新业态的发展步伐，一些行业标准存在老旧、缺失、模棱两可等问题，阻碍了独角兽企业的快速发展。信用体系、隐私保护、研发激励等方面的法律法规不完善，适应新经济发展的标准规则还比较欠缺。知识产权保护制度和信用制度建设滞后，一定程度上增加了新产业的交易成本。在税收科技等政策问题上，部分企业反映"营改增"后总体税负仍然较重。针对新经济政府监管的标准化工作才刚刚起步，在监管技术、监管模式、监管机制等方面亟须研究出台具有针对性的规定和办法。如一些生物医药行业的独角兽企业，对纳入南京市医保目录的意愿非常强烈。

二 加快推动高成长企业高质量发展的对策建议

高成长企业的发展，既是全球各个经济体生态环境和科技实力的体现，也是发展空间吸引力的表征。因此，南京需要思考如何更好地营造良好的生态体系以推动高成长企业高质量发展，以达到：一方面，更好地"拥抱"本土高成长企业，使他们的发展越来越具有竞争力和生命力，同时催生、培育更多高成长企业，使更多企业成长、壮大；另一方面，吸引国际、国内其他地区更多高成长企业来宁，使新的更多的高成长企业落户、扎根南京。

（一）对接企业需求精准施策，打造高成长企业最优政策

首先，推进行业准入和监管创新。推进高成长企业在行业准入、业务许可、商事登记等方面的改革试点；支持原创性技术开展试点应用工程；优先考虑将具有自主研发具有知识产权的产品和服务优先纳入政府招标采购目录。其次，切实解决高成长企业发展空间需求。探索设立高成长企业孵化加速器，为潜在企业提供创业空间和创业服务；打造人工智能、电子商务、大数据等高成长企业特色产业园，鼓励各区政府利用存量产业用房改造为高成长企业提供总部建设、生产发展的空间需求。最后，定期开展高成长企业服务计划。对高成长企业在发展中存在的突出问题进行精准服务、重点解决，支持"一事一议""特事特办"。充分发挥独角兽瞪羚企业俱乐部作用，建立常态化的政企沟通机制，缩短独角兽企业需求处理周期。

（二）发挥创新平台企业作用，打造高成长企业孵育体系

第一，发挥大型平台企业"孵育功能"。支持大型平台企业通过拆分业务等方式衍生孵化更多具有南京特色的新兴产业企业和集群，

通过众多互补子平台和功能模块的连接，逐渐形成"平台+赋能+开发者"的开放格局。第二，推动大型平台企业"强强联合"。鼓励和支持潜在和培育独角兽企业与大型平台型企业如BAT、京东、小米等开展合作，催生更多不同商业模式的高成长企业。第三，加大高科技产业"强势出击"。生物技术、集成电路、物联网、人工智能等高科技产业市场将成为未来高成长企业爆发的集中领域。南京在软件信息与制造业方面积累了坚实的基础，可凭借自身产业优势加强对硬科技的培育力度，加大高科技产业平台建设，鼓励企业跨界合作和协同创新，并通过产业裂变实现新的经济增长。

（三）加大人才支撑保障力度，打造高成长企业人才集聚地

一是加强高端人才的培育与引进。围绕南京"4+4+1"产业领域，定期发布人才目录，面向全球引进急需紧缺人才，打造创新人才集聚地。二是建立人才定向培养模式。促进独角兽企业、培育独角兽企业、瞪羚企业等与在宁高校联合办学，建立多方协同、跨学科、一体化的国际化、应用型人才培养体系。联动南京各大高校、研究院所等创新资源，建立政府、高校、研究院、企业等多方参与的人才定向培养模式，为南京市的企业定向输送专业人才，打造创新人才培育地。三是完善高端人才服务机制。扩大高端人才奖励面，提高创业启动资金、科研配套资金、安家补助、岗位津贴等奖励标准，做好人才居住、职称评定、子女就学、医疗保障等政策服务保障。应建立适合特殊产业特性的人才标准，解决高端人才与政府普适性人才不吻合的问题。

（四）加大资本支持力度，打造多元化金融支撑体系

一是优化企业信贷融资环境。组建高成长企业发展专项基金，用于企业的银行金融机构贷款增信，给予企业贷款利息补贴、研发补助、房租补贴等，降低企业运营成本。鼓励金融机构针对提供个性化金融创新产品服务。二是开通高成长企业上市绿色通道。定期开展高成长企业上市辅导培训，给予拟上市企业上市费用补贴，切实解决影响高成长企业上市的困难和问题。三是发挥社会资本作用。引导社会资本积极参与面向高成长企业的投资基金，引进国内外知名投资机构，促进高成长企业与金融投资机构的对接合作，扩大企业融资渠道。

（五）加大关键核心技术攻关，打造高成长企业技术创新高地

一是总体布局南京高成长企业技术发展新格局。建设高成长企业创新中心，鼓励更多高成长企业围绕新一代技术攻关创新。各区根据产业发展优势积极培育独角兽企业，鼓励独角兽企业加大研发力度，联合高校、科研院所开展颠覆性技术布局和攻关，加快形成一系列自主知识产权的关键技术。二是支持高成长企业参与行业标准制定。积极对接产业资源，打通企业与商务、住建、经信、科技、环保等部门下属协会的联系沟通通道，鼓励并支持高成长企业积极牵头或参与行业标准制定，抢占市场制高点。三是建立高成长企业技术创新服务体系。成立高成长企业专家咨询委员会，对未来产生的或引进的越来越多的高成长企业开展持续的跟踪研究，尤其对高成长企业前瞻性、战略性等重大问题进行研究和预判，为高成长企业创新发展提供智力支持。加强高成长企业知识产权保护，支持企业在重点技术和应用领域积极申请专利，建立高成长企业公关专利池。

案例篇

第五章　先进制造类高成长企业

第一节　合信智能：赋能重工业智能制造[①]

制造业是经济发展的基石，伴随新一代技术与制造业的深度融合，智能制造将是新一轮工业革命的核心。重工业智能装备的水平，将决定重工业智能制造的质量。南京合信智能装备有限公司以"工业人工智能机器人系统及工业物联网"为核心技术，赋能重工业智能制造。

一　智能制造：新一轮工业革命的主攻方向

智能制造的本质与趋势。智能制造旨在实现虚拟网络和实体生产的相互渗透，是基于新一代信息技术，配合新能源、新材料、新工艺，智能化贯穿制造全环节的先进制造业过程、系统与模式的总称。[②] 进入21世纪，智能制造快速发展，跨国公司持续加大投入，致力于抢占智能制造制高点。从美国的"工业互联网""先进制造业2.0"，到德国的"工业4.0"，再到中国的"中国制造2025"，以及日本的"创新25战略""英国工业2050战略""印度制造计划"等，[③] 智能制造已然成为各国重大发展战略。

从软件到硬件的"互联网+传统制造"。美国智能制造侧重从软件

[①] 本案例由中国社会科学院财经战略研究院博士后、助理研究员王学凯整理提供。
[②] 吕铁、韩娜：《智能制造：全球趋势与中国战略》，《人民论坛·学术前沿》2015年第11期。
[③] 林汉川、汤临佳：《新一轮产业革命的全局战略分析——各国智能制造发展动向概览》，《人民论坛·学术前沿》2015年第11期。

出发打通硬件,"工业互联网"是典型代表。"工业互联网"的概念最早由美国通用电气公司于 2012 年提出,基于互联网技术,实现制造业数据、硬件和软件的智能交互。当智能设备、智能系统、智能决策与机器、设施、组织和网络融合,将极大激发生产运营潜能。[1] 智能制造的这一实现路径呈现出四个特点:[2] 一是强调互联网的主动性,在互联网企业和传统制造企业的关系上,互联网企业要主动利用信息技术改造传统产业;二是突出商业模式创新,鼓励创新生产方式、组织方式、管理方式;三是倡导兼容性,美国旨在实现大数据共享,降低制造企业接入门槛,实现大中小微企业的兼容共享;四是机器替代,美国对就业考虑不多,认为机器替代人可以解决高人力成本问题。

从硬件到软件的"传统制造+互联网"。德国智能制造侧重从硬件出发打通软件,"工业 4.0"是典型代表。"工业 4.0"时代,生产、设备、能源管理、供应链管理都将实现智能化,融合多元信息的信息物理系统,将统筹生产运营。智能制造的这一实现路径特点在于:[3] 一是突出制造业的优势,信息技术只是制造业转型升级的工具,强调利用信息技术发展改造传统产业;二是进入门槛高,互联网企业的创新层出不穷,但智能制造突出技术优势,而核心技术多被大企业掌握,这类制造业企业更容易实现智能制造;三是体系封闭,大企业主导核心技术,大企业内部可能形成闭环,信息对外受限;四是人机融合,德国始终将人放在智能制造核心位置,强调人机充分融合。

二 合信智能:重工业智能装备的领军者

行业痛点的创业契机。2016 年 3 月,合信智能落户南京新港国家经济技术开发区红枫科技园,致力于为重工业提供智能制造解决方案。之所以选择重工业作为赋能的切入点,源于重工业的行业痛点:其一,重工业有着极强的安全生产需求替代,重工业多用大型器械,随着社会进步催生出更多的人的安全性需求,在危险、人力不及或工

---

[1] 王喜文:《智能制造:新一轮工业革命的主攻方向》,《人民论坛·学术前沿》2015 年第 19 期。
[2] 董小君:《金融危机博弈中的政治经济学》,人民出版社 2019 年版,第 19 页。
[3] 董小君:《金融危机博弈中的政治经济学》,人民出版社 2019 年版,第 20 页。

况恶劣的场景下，特别需要机器的自动化替代，而这无疑需要智能赋能；其二，人工成本攀升的需求替代，研究表明，中国和美国制造业劳动力成本的相对差距不断缩小，这一趋势在 2008 年国际金融危机后更为明显，而美国智能化、数字化优势将进一步抵消与中国的劳动力成本差距，[①] 通过机器替代可以缓解劳动力成本攀升的问题；其三，生产可靠性和柔性化需求，制造业生产标准化产品，机器的大规模作业具有一致性和可靠性，新一轮工业革命下又延伸出非标准化产品生产，智能制造则可以实现柔性化需求；其四，塑造产业竞争优势需要，通过自动化、智能化生产技术，企业可以提高生产力、竞争力。对智能制造来说，重工业也存在一些潜在的利好，比如这一行业本身自动化程度低、集成度高、供应商少，叠加国家产业政策的鼓励支持。这些行业痛点和利好，都成为创业契机。

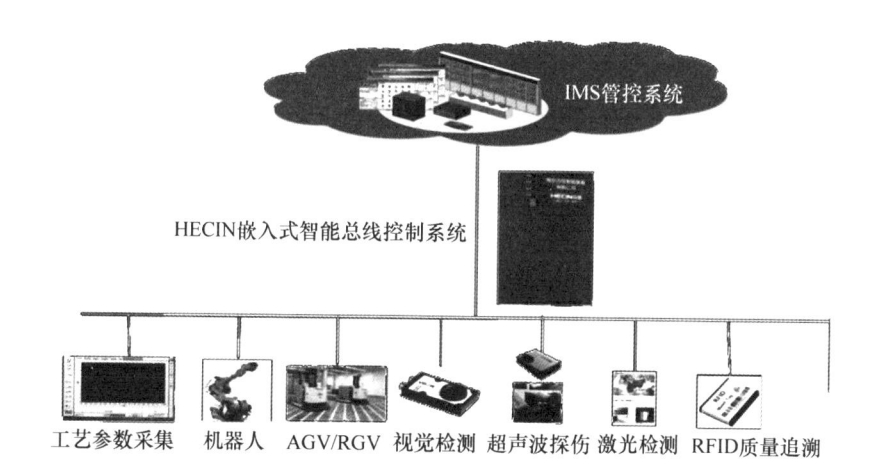

图 5-1　合信智能控制系统

分布广泛的业务范围。合信智能主要从事重工业智能制造整体解决方案的研发、生产及销售，是以"工业人工智能机器人系统及工业物联网"为核心技术，拥有具有自主知识产权的 SCADA 系统、工业智

---

① 渠慎宁、杨丹辉：《中美制造业劳动力成本比较分析》，《中国党政干部论坛》2017 年第 9 期。

能网关、工业专家云平台、机器人智能编程软件、重载型复合RGV及AGV物流单元等核心技术的产业模块，并将产业升级战略提升到涵盖产品全生命周期的数字化、智能化制造全过程，致力于为重工业企业提供智能制造集成解决方案的高新技术企业。较早进入重工智能化改造领域，凭借在焊装领域的技术积累，在智能工厂焊装领域具有较强的先发优势和占有率，在"基于机器人免示教自动焊接技术的智能工厂解决方案市场"占有率拥有较强竞争实力，根据江苏省人工智能行业协会的证明，在该领域2019年全国市场占有率为45%，位于行业前3名，在全省市场占有率为80%，位于行业第一。自成立以来，先后为上海振华重工电气、中联重科、临工集团、徐工集团、中船重工等大型重工业企业提供智能制造整体解决方案，技术能力覆盖设计、制造、实施建设全过程，为客户提供"交钥匙服务"。研究开发的"工业人工智能机器人系统"，包含了"机器人智能传感器和智能软件"和"嵌入式智能总线控制系统"，为传统工业机器人装上了"眼睛"和"大脑"，目前研发产品已为工程机械制造业、港口机械制造业、新能源、船舶工业等行业打造了多条全国首套数字化灯塔工厂。

"软硬兼施"的特色优势。与美国、德国相比，中国的智能制造更应采取"软硬兼施"的"混合版"模式。合信智能正是秉持这一模式，展示出一定的特色优势。一方面，从软件到硬件展示出强劲的技术研发实力。基于具有自主知识产权的软、硬件技术基础，形成了以"焊接工艺云平台""结构强度和焊接路径仿真技术""机器人免示教参数化编程技术""数控高精度大扭矩回转工作台技术""AI视觉寻踪和跟踪技术""重型智能物流系统"为基础，"IMS信息化系统"和"SCADA系统"为支撑的智能工厂技术框架，针对重工业客户诉求，构建了信息化、软件、硬件深度融合的智能工厂整体方案。另一方面，从硬件到软件显示出丰富的行业解决经验。智能化生产线行业需要对客户工艺、生产流程充分理解，从技术方案的设计、机械、电气及设备的选用匹配、现场施工指导培训各方面服务客户。核心管理团队深耕重工业生产线智能化多年，对起重机桁架、重型车辆结构、船舶结构、重型物流系统等大型设备的生产工艺流程非常精通，深入了解下游客户的需求，能够以客户需求为出发点进行技术研发和产品设计，其技术成果的针对性和实用性更强，可以提供优质的整体方案。当然，还有精湛的人才队伍。合信智能已经培养出了成熟的设计、供应链管理、制造、项目施工团队，拥有本科及以上学历人才四十余人，高级工程师数十名的研发创新团队，已经完全具备了年实施10个以上千万级规模智能工厂项目的能力，以70人团队支撑2亿销售额，通过现代化企业管理模式，各方面能力稳步提升，产能规模也在不断提高。

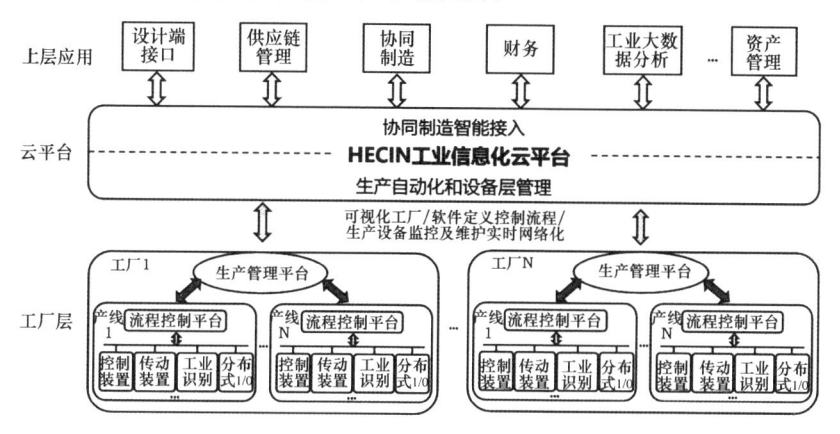

图 5-2　合信智能工业信息化云平台

三　广阔前景：合信智能未来的发展规划

我国已经成为世界工厂，制造业是我国的支柱产业，智能制造是我国制造业发展的趋势，智能制造装备是制造业转型升级的关键。未来，智能制造装备行业也将向自动化方向发展。中国电子信息产业发展研究院发布的《2017—2018中国智能制造发展年度报告》显示，我国目前已成为全球最大的智能制造市场，2016年中国智能制造系统解决方案市场规模达到1060亿元，预计2020年将超过2200亿元。以工业机器人产销为例，根据《机器人产业发展规划（2016—2020年）》，我国机器人密度将由2017年88台/万人增长至2020年的150台/万人。高工产业研究院（GGII）数据显示，2018年工业机器人产量约为15.64万台，同比增长14.97%。为此，以国家智能制造发展规划为导向，合信智能制定不同阶段的发展规划。

短期规划，打造离散型智能制造的样本工程。凭借自身在焊装领域的技术积累，在智能工厂焊装领域具有较强的优势，合信智能将建立自己的智能制造工厂，打造离散型智能制造的示范工厂，工程的总体设计、工艺流程及布局将建立数字化模型，进行模拟仿真，实现规划、生产、运营全流程数字化管理，实现企业设计、工艺、制造、管理、物流等环节的产品全生命周期闭环动态优化，推进企业数字化升级、装备智能化升级、工艺流程优化、精益生产、可视化管理、质量控制与追溯、智能物流等方面的快速提升。

中期规划，从项目型企业向产品型企业转型升级。在发展初期，一直以单一项目的形式，为重工企业提供完善的数字化工厂的解决方案及工程应用。在发展过程中，通过不断地进行模块化的设计及加大各个环节产品研发的验证，在机器人人工智能的二次开发、IMS 信息化系统的开发、产品的过程监控、智能物流等方面有着深厚积累和沉淀。在未来五年里，将加大工业机器人人工智能的研发力度，重点攻关"工业机器人智能传感器及智能软件""基于 5G 技术的产品过程监控""工业制造工艺专家云平台"这三个方向，力争开发出具有国内领先技术的工业人工智能产品，实现从重工业的数字化工厂解决方案的提供商向工业制造人工智能通用产品转型升级。

长期规划，以集团化发展助力中国智能制造"走出去"。目前，企业以南京本部为研发核心，已在湖南长沙、江苏徐州分别设立分公司，未来将在华东、华中、西南等地区继续拓展业务范围。企业也已与多家金融机构签订意向投资协议，并筹划在科创板上市，按照现代化企业标准组织生产经营，实现集团化、规范化发展。在更远的将来，随着企业经营规模的不断壮大，在"一带一路"倡议的引领下，以重工业为突破点，将中国重工业智能制造方案推向国际，为全球智能制造提供中国方案。

第二节　康尼新能源：新能源汽车高压零部件供应典范[①]

目前国内新能源汽车产业已取得较大成就，截至 2019 年底，我

---

① 部分成果刊发于郑琼洁、苏健、余扬《推动新能源汽车产业高质量发展》，《南京日报·思想理论》2020 年 9 月 30 日。

国新能源汽车保有量达381万辆。谈及新能源汽车的关键技术，业界主要集中在"三电"：电机、电池和电控技术，而实际应用中，还有一个非常重要的零部件系统——高压电气系统。作为新能源汽车核心系统之一，高压电气系统把燃料电池、动力电子元器件、零部件，以及电机等全部连在一起，是车辆电器元件工作的桥梁和纽带，是车辆的电力和信号传输分配的神经和血管系统，为整车提供安全及可靠的驱动力。康尼新能源公司深耕高压接口、高压线束、高压模块、充电设施等关键技术产品，致力于成为新能源汽车的高压连接系统的领航者。

一 新能源汽车产业高质量发展的掣肘

（一）电力传输：需要科学设计

区别于传统燃气汽车，新能源电动汽车电池包通常在车座舱底部，而交流电机却在汽车前部，这就需要高压系统穿过整辆车。传统的低压线束可从车的内部穿过，高压线束如果也从车内穿过，会带来相当大的安全隐患。在电流等级高达250A甚至300A的情况下，高压线束需要从车的外部穿过，这又对高压电气系统的机械防护提出了新的挑战。直径较粗的高压线束使得布线走向以及电磁干扰及屏蔽非常重要。不仅需要在最小的空间进行布置，同时还要考虑到防护性和抗干扰，另外还要考虑高振动环境所产生的磨损，因此对于新能源汽车而言，如何优化布置方案和抗疲劳设计以提高线束质量，都是新的挑战。

（二）电力连接：需要安全可靠

连接器是整个高压电气回路最为薄弱的环节，其故障率相比较其他器件也相对较高。为了实现高压系统的安全可靠，对连接器的质量提出了很高的要求，不仅需要保证连接器使用时的安全性，同时需要保证连接器工作的持久耐用性。比如，带电触头的设计必须具有保护功能，确保不带电操作；同时，需要在带电的极点之间设置安全距离，防止潮湿多灰的环境中可能含有一些导电物体而导致短路故障。

（三）电力充能：需要配套充足

新能源汽车充电桩是国家新基建的基础重点领域之一，面临巨大的历史机遇。目前的充电桩行业普遍存在车桩不匹配，电力结构性矛盾，充电时间长，充电不方便，基础建设投资大，盈利效益差等问题，影响行业的健康发展。一方面，新能源汽车充电难、充电慢。2019年新能源汽车用户十大热门城市中，35.94%的公共充电桩停车位被燃油车占领、20.65%的公共充电桩发生故障，即使不考虑等待时间，2019年北京市电动车用户单笔使用公共快充桩充电时长达1.32小时、公共慢充桩充电时长达5.09小时；另一方面，充电安全隐患高。从2019年5月1日至2019年底，国家新能源汽车大数据平台监测和统计的新能源车辆事故共计113起，在着火事故车辆中，处于充电状态、充满电后静置状态最容易发生着火事故，分别占比38%和24%。

二　南京康尼新能源的发展优势

（一）精益制造：具备完善系统的研发体系

康尼新能源公司致力研发生产高压接口、高压线束、高压模块和充电设施产品等在内的新能源汽车高压连接系统，形成了订单产品开发、自研产品研发、前瞻性产品研发、核心产品技术研究四层完整研发架构。企业根据市场发展的趋势和现状存在的难点痛点，针对现有的产品线不断创新，通过产品的迭代升级和全新方案创新设计，不断推出市场急需的产品。以充电产品线为例，创新开发了在不同技术路线下的各种充电产品。同时，依据战略市场的需求，在基础材料、核心工艺、关键零件、专用设备、应用技术等方面进行基础研究，形成全过程的核心竞争力。

（二）行业口碑：备受新能源汽车厂商青睐

康尼新能源公司凭借充电桩接口及线束总成、高压配电系统等产品的精益制造，不断以高质的产品和优质的服务满足市场需求，提升品牌的知名度，旨在打造一个具有国际影响力的汽车零部件企业。康尼新能源公司与2019年国内销量排名前十内的上汽、比亚迪、吉利、奇瑞、广汽、长城、一汽等国内新能源汽车主机厂建立了长期稳定的合作关系，并获得各大客户高度认可。2019年康尼新能源产品整体市场占有率逾20%，处于市场追随者地位。此外，康尼新能源在充电连接线的市场份额已经超过半壁江山,在直流充电插座线束的业务市场占比为35.40%,位居第一。再者,南京康尼新能源所提供的全场景式充电服务已经覆盖超过200个城市48个一二线核心城市,接入超过850家优质电桩加盟商,充电终端超过50000个,直流占比45%。

(三)创新驱动:推动新能源汽车的行业标准制定

目前,康尼新能源已拥有69项授权专利,其中发明专利13项、实用新型专利54项、外观专利2项。康尼新能源和国电南瑞合作,在国内率先开发了大功率液能冷充电桩,实现充电10分钟,续航300千米。此外,康尼新能源和一汽主机厂合作开发了小功率直流非车载充电机产品,实现了车辆一个直流接口的快充和慢充。康尼新能源还和国网电动、南航合作开发双向充电机产品,实现电能的双向交互。同时,南京康尼新能源汽车积极参与行业标准制定及推动工作,多次参与电动汽车大功率充电IEC国际标准会议,参与制定了两项国家标准,并与主机厂共同制定行业标准1项,成为国内较具想象力的新能源汽车零部件运营和制造企业。

三 对策建议

(一)推进产品标准化、模块化、系列化,规避市场风险

受国家新能源汽车补贴退坡影响,2019年全国总计销售新能源汽车120.6万辆,占汽车销量的4.68%,相较于2018年下降4.1%。2020年1—4月,我国新能源汽车销量为20.5万辆,比2019年同期下降43.4%。2020年初我国汽车行业的消费受新冠肺炎疫情影响,整体市场不稳定性增强。由此,2019年销售滑坡,销售增长率出现负值。而目前康尼新能源企业的充电接口产品系列齐全,价格竞争激烈;高压连接器系列化单一;高压线束在业内竞争力较弱,配套率低导致成本偏高;高压模块产品单一,仅涉及配电箱和维修开关,还处于产品级的研发,竞争力较弱。因此,对企业来说,一方面,应该聚焦现有充电产品主线,拓展两翼,做大做强和做精做细,解决充电过程中能量不能交互,无序充电,充电不便,充电时间长等焦虑和痛点,实现充电过程的电动化、共享化、智能化、网联化、高效化等功

能,推进行业发展。另一方面,应该进一步推进整体产品标准化、模块化、系列化设计,尽快完善四大产品体系,即充电口产品体系、高压线束产品体系、高压模块产品体系、充电设施产品体系,并推出全新产品。

(二)全场景充电,建立充电桩行业新生态

针对充电时间长、车桩不匹配、建设投入困难、用户体验差、电力结构性矛盾等充电桩行业问题,康尼新能源应该打破传统充电桩业态,针对不同的场景环境,建设充电桩产业新生态,满足新能源汽车行业的快速发展和电力行业的智慧能源管理。第一,在住宅小区内,提供家庭直流慢充小功率直流设备,实现双向充放电交互、有序充电和安全充电;第二,在收费停车场、单位内部停车场内,提供机器人和移动电池车,实现桩找车,解决车桩不匹配、用地紧张、电网负荷不均、无序充电、设备效率低、用电安全等痛点;第三,在高速公路停车场和运营公司停车场,采用液冷大功率充电桩,实现充电10分钟,续航300千米的目标,解决充电焦虑和续航里程焦虑的问题;第四,在开放式停车场,整合路边路灯设施,将充电、照明、5G微基站、光伏、监控等多功能整合,形成智能终端。

(三)搭建产业链平台,加强产学研合作

面向未来新能源汽车电动化、智能化、共享化、网联化的发展,以及充电设施行业智慧充电的发展趋势,应该由政府搭建产业链平台,协调好行业协会、主机厂、零部件供应商、高校、认证公司等,开展各方面的项目合作,整合资源,利用外脑,协同创新,形成南京市有竞争力的产业集群。一方面,企业应该加强产学研合作。鼓励本地产学研资源协同创新。围绕新能源汽车关键技术突破及产业化项目,整合本地产学研资源,加大对合作项目的支持和奖励。特别是被列入国家级、省级突破技术短板、关键核心技术的项目,支持企业研发合作,提升产业发展水平。另一方面,建立企业合作命运共同体机制,加强企业之间的合作。在新能源产业竞争压力如此激烈的情况下,只有实现企业之间的联合与技术共享,才能够整合优质的资源和顶尖的技术,在竞争中占据优势。

第三节　开沃汽车：新能源整车及解决方案提供者

能源是人类赖以生存的基础，受制于不可再生和高污染、低利用等特点，传统能源的发展越来越陷入困境。伴随科技创新，新能源在许多场景实现了落地，新能源汽车便是其中之一。开沃新能源汽车集团股份有限公司（简称为开沃汽车）根植于新能源整车及核心零部件研发、生产、销售、服务，致力于成为新能源汽车行业典范。

一　从传统能源汽车迈向新能源汽车的掣肘

（一）观念转变：传统能源汽车消费惯性

早在20世纪90年代，日本就已经出现了新能源汽车，但直到2005年，混合动力汽车才正式在中国生产。2007年发展改革委制定了《新能源汽车生产准入管理规则》，新能源汽车迎来发展契机。2009年，科技部等共同启动新能源汽车"十城千辆"的推广工程，通过提供财政补贴，计划用3年左右的时间，每年发展10个城市，每个城市推出1000辆新能源汽车开展示范运行。2012年国务院印发《节能与新能源汽车产业发展规划（2012—2020）》，对技术路径、产业目标、基础设施、财政补贴、金融支持等进行了系统的规划。2013年开始，财政部陆续颁布了《关于继续开展新能源汽车推广应用工作的通知》《关于2016到2020年新能源汽车推广应用财政支持政策的通知》等，一场由中央联合地方的财政补贴很快到位，并不断加码，使得新能源汽车"爆炸式"发展。新事物出现，到逐步取代旧事物，有一个较长的渐进过程。从长远看，新能源汽车有取代传统能源汽车的趋势，但由于价格相对昂贵、行驶里程较短、充电不便利等原因，消费者对传统能源汽车保持着"消费惯性"。公安部公布的数据显示，截至2019年底，全国新能源汽车保有量达381万辆，只占汽车总量的1.46%，虽然较2018年底增长46.05%，但100多万的年增量速度，要想取代1.46亿辆的民用轿车保有量，仍有很大差距。

（二）技术瓶颈："三电技术"有待突破

新能源汽车与传统能源汽车的差别在于传动系统，电动汽车的动力电池、整车控制器、电机电控称为"三电系统"，这是新能源汽车的核心。2018 年罗兰贝格与德国汽车研究机构亚琛汽车工程技术有限公司共同发布的《2018 年全球电动汽车发展指数》报告显示，与德国、美国等主要汽车大国相比，中国在行业和市场指数方面高居首位，但技术指数却排在倒数，这充分说明我国"三电技术"有待提升。动力电池方面，中国电池出货量稳居世界首位，但在能量密度提升、生产工艺方面仍有不足，电池中的核心正极高镍三元材料过度依赖进口，综合成本核算下，中国的动力电池并不具备国际竞争力。整车控制器方面，整车控制器要检车和指挥汽车所有动作，是新能源汽车的"大脑"。国际先进的整车控制器技术特点是自主研发芯片神经网络加速器，并自主研发与之配套的软件系统，而国内的整车控制器的硬件和软件相分离，使得硬件与软件的协调性有所降低。电机电控方面，国内主流电机为永磁同步电机，具有效率高、转速范围宽、体积小、重量轻、功率密度大、成本低等优点，但在峰值功率、负荷效率等方面与国际领先水平仍存在一定的差距。

（三）配套设施：充电桩建设不足

中国电动汽车充电基础设施促进联盟的统计数据显示，2015—2019 年我国新能源汽车保有量从 42 万辆增加到 381 万辆，同期充电桩保有量从 6.6 万台增加到 121.9 万台，对应车桩比（车辆与充电桩比值）从 2015 年 6.4∶1 下降至 2019 年 3.1∶1，充电配套基础设施稍微有所改善，但仍无法满足日常需求。根据恒大研究院的报告，目前我国新能源汽车配套设施存在的问题主要包括：一是私人建设的充电桩较少，截至 2019 年 12 月，我国私人充电桩保有量仅 70.3 万台，目标完成率不足 17%；二是公共充电难，2019 年新能源汽车用户十大热门城市中，35.94% 的公共充电桩停车位被燃油车占领、20.65% 的公共充电桩发生故障，即使不考虑等待时间，2019 年北京市电动车用户单笔使用公共快充桩充电时长达 1.32 小时、公共慢充桩充电时长达 5.09 小时；三是充电存在安全隐患，从 2019 年 5 月 1 日至 2019 年底，国家新能源汽车大数据平台监测和统计的新能源车辆事故共计113起,在着火事故车辆中,处于充电状态、充满电后静置状态最容易发生着火事故,分别占比38%和24%。

二 开沃汽车的解决方案

(一)循序渐进:从新能源商用车到商乘并举

开沃汽车成立的基础是南京金龙客车制造有限公司,后者专注于传统中巴。经过控股重组,开沃汽车着力将重心由传统中巴转向新能源汽车。不过与其他新能源汽车面向个人消费者的市场定位不同,开沃汽车起初定位于新能源商用车,其产品包括新能源大客车、新能源轻型客车、新能源专用车、新能源重卡车、新能源智能驾驶车等。与个人消费者相比,商用消费者可能更易于改变传统能源汽车消费惯性,而接受新能源汽车。精准的市场定位给开沃汽车提供了良好的发展契机,据统计,开沃汽车核心子公司南京金龙客车制造有限公司2014—2019年纯电动客车销量累计达47306台,2019年销量稳居全国第二位。在新能源商用车获益后,开沃汽车循序渐进,于2017年正式进军乘用车市场,打造全新乘用车品牌——天美汽车。背靠开沃集团造车硬实力和创维赋能的跨界优势,天美汽车致力于打造新一代智能、环保、科技的新能源汽车产品。旗下首款战略SUV天美ET5即将上市,2020年预计销量可达5000台,实现商乘并举。据估计,到2025年,开沃汽车有望实现大客车年产销2万台,主营业务收入200亿元;轻型车年产销20万台,主营业务收入200亿元;乘用车年产销50万台,主营业务收入500亿元;零部件主营业务收入300亿元,全年总收入突破1200亿元。

(二)深度研发:实现技术突破

新能源汽车依赖于核心"三电技术"的突破。为此,开沃汽车于2015年专门成立了南京创源天地动力科技有限公司(Skysource),专注可充电动力电池包和电池管理系统、汽车线束、高压配电箱、电机控制器、BMS等汽车核心零部件和系统的设计、研发和生产。致力于通过先进的电池技术,生产安全、优质、高效、环保的锂离子电池包及管理系统,与新能源汽车、新能源汽车充电站以及电网储能系统等形成完美配套,为客户提供优质的新能源电池系统方案。开沃汽车多

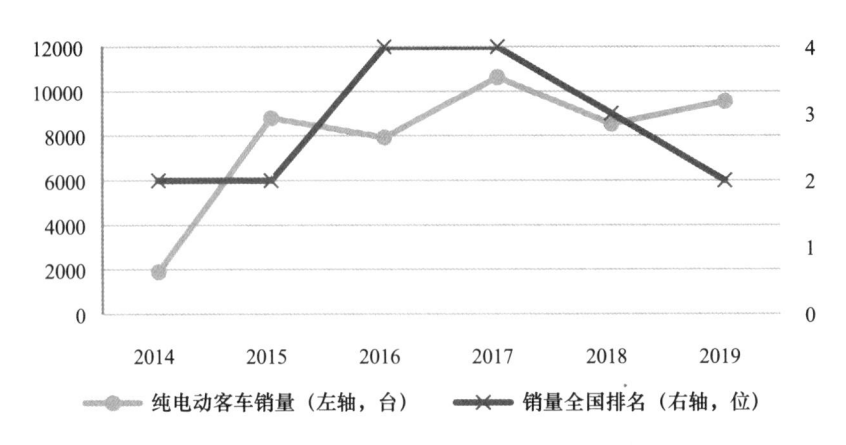

图 5-3　2015—2019 年纯电动客车销量

次获得国家级、省级重大技术攻关、核心技术攻关等重大专项。2018年10月，开沃汽车自主研发的"新一代VCU和BMS二合一控制器"荣获国家级技术金桥奖"优秀项目奖"，这也是开沃汽车首次获得国家级技术奖项。2019年开沃汽车推出了自主研发的L4级无人驾驶观光车"蓝鲸"号，获得了"2019年度ICT中国创新项目最佳城市创新应用奖"。

（三）多维开拓：纵横遍布的布局

2020年政府工作报告提出"建设充电桩，推广新能源汽车，激发新消费需求、助力产业升级"。国际能源署测算的数据显示，2030年全球私人充电桩保有量预计达到1.28亿—2.45亿台，总充电量达480亿—820亿千瓦时；全球公共充电桩保有量预计达1000万—2000万台，总充电量达70亿—124亿千瓦时。开沃汽车虽未布局充电桩，但也从多个维度积极布局。生产布局方面，除了根植南京市，开沃汽车还在深圳、武汉、西安、呼和浩特、徐州、渭南等城市建设生产基地，遍布东部、中部、西部代表性城市。产品布局方面，既有新能源整车，又有新能源汽车核心零部件，2018年正式启动开沃汽车核心零部件产业园项目，使其成为集研发、生产、销售于一体的综合新能源汽车企业。此外，开沃汽车积极参与各城市发展，广州新穗巴士开沃"便民车"，破题城中村"最后一公里"运营难题；佛山氢燃料公交车，助力氢能产业发展，深圳1200台纯电动泥头车推动工程用车电动化发展等。

三 对策建议

（一）加快各领域新能源汽车的推广应用

新能源汽车是未来发展的趋势，应继续加快各领域新能源汽车的推广应用。一是加快公交车全面新能源化。在"打赢蓝天保卫战"的要求下，2018年交通运输部等十个部委联合出台文件，要求到2020年底，重点区域的直辖市、省会城市、计划单列市、建成区公交车全部更换为新能源汽车。目前南京市的公交新能源化走在全国前列，约60%的公交车实现了新能源化，不过从南京市7000辆公交车总量看，仍有2800辆左右公交车需要实现新能源化。二是加快出租车、网约车领域新能源汽车的推广应用。据统计，南京市合法巡游出租车和网约车营运汽车保有量约为6万辆，其中燃油车占80%，每年的碳排放量高达25.7万吨，而新能源汽车日行碳排放量为0，纯电动汽车百千米耗电量15度，一千米仅需7分钱。如果将南京市现有巡游出租车和网约车统一更换为纯电动汽车，一年将节省5亿多元运营费用。可出台有关细则，鼓励新增或更换网约车、巡游出租车选择新能源纯电动车，并对优先选用本土新能源汽车给予适当补贴，逐年增加地产新能源汽车比例。三是加快新能源专用车辆的推广应用。据统计，南京市目前在运行的燃油渣土车保有量近8000台，若全部更换为纯电动渣土车，每年将减排二氧化碳、氮氧化合物等各类污染物40万吨。建议出台渣土车超额减排奖励政策，鼓励更多渣土运营单位使用纯电动渣土车，同时可考虑出台优化的路权政策，在城市核心区域享有更多的路权及更长通行时间。

（二）推动南京市争取入选燃料电池产业示范区

燃料电池技术不同于纯电的技术路线，日本、韩国等国家及跨国车企都在积极布局燃料电池产业。我国目前具备一定推广应用的基础，但核心技术仍依赖国外。2020年4月财政部、工信部、发展改革委、科技部四部委发布《关于完善新能源汽车推广应用财政补贴政策的通知》，拟开展燃料电池汽车示范应用。将当前对燃料电池汽车的购置补贴，调整为选择有基础、有积极性、有特色的城市或区域，未来示范区内的企业可享受更优的财政补贴。建议南京市积极争取与省内城市以"城市群"名义共同申报示范区。南京市具备发展氢燃料的优势，表现在可以获得大量低成本制氢，具备完善的燃料电池产业链，市场需求巨大，优越的产学研合作环境等方方面面，推动燃料电池产业链上下游企业集聚南京市，使得南京市跻身全国燃料氢能及燃料电池领域第一梯队。

（三）整合全省要素资源以提升产业发展水平

研发端，鼓励本地产学研资源协同创新。围绕新能源汽车关键技术突破及产业化项目，整合本地产学研资源，加大对合作项目的支持和奖励。特别是被列入国家级、省级突破技术短板、关键核心技术的项目，支持企业研发合作，提升产业发展水平。应用端，支持本地整车企业和零部件企业的整零配套。鼓励南京市新能源整车及零部件企业新产品的"首购首用"。加大力度支持本地的整零配套，提高本地配套率。配套端，支持企业自主研发并积极引进核心部件企业。给予更多优惠政策，积极引进新能源汽车核心零部件企业落地，完善整个新能源汽车上下游产业链。引进核心企业的同时，出台相应政策鼓励整车企业在核心技术上的自主研发，增强核心竞争力。

第四节　罗兰克斯：汽车专用轴承行业领军者[1]

汽车零部件作为汽车工业的基础，是支撑汽车工业持续健康发展的必要因素。特别是当前汽车行业正在轰轰烈烈、如火如荼开展的自主开发与创新，更需要一个强大的零部件体系作支撑。为了降低成本，占领市场，许多汽车零部件跨国公司纷纷向国际化发展。欧洲汽车零部件生产企业纷纷向海外投资，进行国际化生产。这一趋势的积极影响则是许多国内优秀的汽车零部件生产企业越来越重视对行业市场的研究，特别是对产品质量、客户需求、创新理念、发展环境等方

---

[1] 本案例由南京市社会科学院副研究员郑琼洁、美国范德堡大学本科生黄贤达整理提供。

面的深入研究。

一　汽车零部件行业痛点的创业契机

尽管汽车工业在新时期下迅猛发展，但需要明确其中所存在的几点问题。

第一，阶段性评审与持续制造的保证不充分。我国汽车部件制造水平与发达国家之间仍然存在一定差距，此差距主要体现在产品质量与生产工艺方面，产品质量在先期策划的阶段评审和持续的制造过程中无法得到充足的保证。国内厂商虽然定义了产品质量先期策划，但是全部由技术部门工程师进行最终确认，未对每个阶段由相关部门进行管理评审，同时也未提供阶段性的汇审情况，所以无法对每阶段所出现的问题以及更新的文件进行记录，无法有效监控产品整体的质量并改进。

第二，关键核心创新能力滞后。国内汽车厂商的创新能力虽然有了长足进步，但与国际先进水平相比仍有不小差距，很多核心技术仍受制于人，尤其是在产品制造过程之前，并没有事先规划，加上各种生产设备设施的更新速度较慢，从而导致创新能力整体滞后。持续创新的理念应贯穿于整个研发过程中，这样才能经受住市场的考验，才能与对手竞争。即使通过后期的量产降本空间也是非常有限的，所以企业应加强重视在研发阶段的概念碰撞。汽车企业的核心竞争力仍然是研发创新能力。

第三，对客户个性化需求的关注不足。随着汽车市场不断细分，客户要求层出不穷，汽车制造企业之所以乏力于推出新产品以适应市场需求，归根结底是没有聆听好客户的个性化需求，疏于跟客户进行理念的沟通。厂商针对特定的用户、特定的厂家、某种特定的问题产生的解决方案，才是进一步推动创新研发的必要途径。因此国内的汽车部件生产企业需要建立一个有效的倾听环境，从海量的客户需求中，分析、筛选并推演出系统的有效解决方案，然后研发创新，形成独特的竞争力，这一点我们可以从国际汽车零件公司罗兰克斯中吸取一定的经验。

二 罗兰克斯：汽车供应商质量和创新的标杆

罗兰克斯是一家国际汽车零件供应商，全球共有400名员工，总部位于德国的Bad Salzuflen，自1972年公司成立以来，作为汽车工业供应商，罗兰克斯就致力于开发轴承系统和组件，是汽车行业专用轴承和机械运动技术中最高质量的代名词。其自动化组装可确保按最高质量标准进行大批量精确制造，且所有设施均通过了严格的ISO质量和能源管理标准认证。这适用于变速箱，底盘和转向柱以及量身定制的座椅调节器的组件。近年来，罗兰克斯逐渐将大型公司的专业性和具有成本效益的价值链结构与中小型企业的灵活性和速度相结合，通过内部机器和工具制造以及内部测试设施不断提高自身的技能与拓宽创新边界。其特色是根据客户的规格概念，在车辆底盘，转向系统，变速箱，座椅和其他汽车运动机构解决方案领域为客户开发和生产创新解决方案。

2012年底，罗兰克斯于中国南京设有亚洲总部，负责服务亚洲市场。高素质的员工，专门的内部机床和工具制造以及大量专利为罗兰克斯南京的优质产品和所需的制造灵活性提供了坚实的基础。2019年营收过亿元，自项目2014年投产至2019年末年复合增长率为68%，年人均销售超过170万元，年人均利税超过30万元，为当地的开发区纳税十强企业。

（一）匠心独具：行业内质量标杆

作为汽车行业的供应商，罗兰克斯在装配过程中的高度自动化以及最先进的制造设备使其无论在德国本土市场还是中国海外市场，甚至是在激烈的全球市场中都能保持高度竞争力。这其中的核心就是罗兰克斯对产品质量的不懈追求。公司采用严格的质量管理体系（QMS），甚至在标准上超越了IATF 16949认证（汽车行业的质量管理体系）。质量管理体系的先进性具体表现在其设计、制造程序以及研发过程中严格遵守高质量标准，精心选择行业内顶级材料，力求达到产品质量的最高标准。罗兰克斯也是全球汽车行业广泛应用的德国汽车行业质量标准VDA6.3的编纂单位之一，是其中唯一一个中型企业，其他的编纂单位为奔驰、宝马、保时捷等行业巨头。

同时，罗兰克斯特别注重合作伙伴和供应商的质量保障，坚持与汽车行业客户的合作和沟通保持透明，与供应商建立并塑造了质量为先的合作方式。为了规定期望达到的目标以及如何共同实现质量目标，罗兰克斯和所有的供应商都签署了书面质量保证协议。该文件详细记录了整个供应链中质量管理体系的所有约束力的要求，包括应通报物质、检测设备的类型和范围、ppm目标、商品标签等准则，旨在通过严格的质量保证使每一位客户受益。

（二）一以贯之的专精理念

罗兰克斯目前专注于悬架组件、变速箱组件、座椅组件和转向部件的生产，而并不一味地扩大产品范围，做精不做宽，且注入个性化定制理念，采用先进工艺，按照精益求精的理念，建立精细高效的制作流程和管理制度，精心设计生产的精良产品，在细分市场中具有专业化发展优势，拥有300多个产品发明专利，确保了公司的技术优势，其行业地位列全球500强，竞争对手也广泛采用其授权专利。

1. 悬架组件的精细测试。除了已获得专利的两组分密封和早期的FEM概念评估之外，罗兰克斯充分利用可用空间，创建理想的轴承概念。其经验丰富且技术娴熟的工程师会在自己的测试部门内部对悬架支撑轴承进行测试和试验，确保其制造的滑动轴承和滚动轴承在行业内发挥示范引领作用。当前罗兰克斯的悬架组件用于宝马、菲亚特、福特汽车、保时捷、大众集团等一系列知名品牌。

2. 变速箱组件的精确控制。罗兰克斯为换挡塔提供了高性能的定位销和用于变速箱的锁紧套筒，通过串行接口将选定档位精确地对准控制。

3. 转向部件的灵活转向。罗兰克斯的转向部件提供了独特的应用范围和灵活性，其转向轴轴承和管柱轴承可以定制以安装在任何可得的空间，能够让客户灵活地设计壳体和转向轴，并且他们的转向部件能实现角度误差、轴和孔公差的补偿。这些都可通过罗兰克斯的特殊四点接触轴承和角接触球轴承来实现，并保持想要的刚性。为了客户能更灵活地设计转向系统，公司的转向部件专家可以在设计转向系统的早期阶段就与客户进行协调并提供具体特性的建议与支持。

(三) 持续的设计、创新和研发

设计、创新和研究是罗兰克斯能够持续保持活力的重要因素，每当标准产品不能满足客户，而需要特殊个性化的解决方案时，罗兰克斯就设计研发新的轴承和运动技术。自1972年公司创始，罗兰克斯作为一家独立的工程设计公司，目标成为汽车行业的好伙伴、开发者和创新工厂。值得一提的是罗兰克斯不局限于现有产品，在项目的一开始即和客户就他们的应用需求进行讨论，以求达到产品及其应用之最高协同效果。无论变速箱部件、座椅部件、转向部件或是悬架部件，公司和客户会一同开发运动解决方案，从概念初期直至稳定可靠的批量生产。目前公司为特殊轴承开发的运动技术解决方案可以在全球几乎所有知名汽车制造商的车辆中找到。超过300个全球专利展现出罗兰克斯工程师们的创造力和经验。罗兰克斯的创新模式有如下几个特点值得我们学习：

1. 通过专用设备进行创新制造。在设计和开发阶段，罗兰克斯就考虑生产的效率和经济性，关注高效的组件制造和安装。公司内部设计制造的高度自动化的设备不仅提高了灵活性，也提供了产品的多样化。使用有限元分析（FEA）使得他们可以在制造原型件之前就可以对新的设计元素进行仿真，从而可以帮助客户节约大量宝贵的时间。这得益于持续职业发展项目打造出来的高素质的员工队伍，现代化的工作环境也为罗兰克斯提供了不可或缺的长期保障。

2. 令人折服的研发思维。公司的设计团队非常重视在思维和设计上的整体方法，他们不仅会思考各个部分，还将整个组件视为一个系统，以整体的视角来思考和设计，从系统而非单一产品的角度出发来考虑，通过结构性的价值分析识别出目前产品的改进点，并在新的开发中找到解决方法。这种思维帮助他们开阔了视野，发掘了一大批的方案以升级产品，并为解决旧问题提供了新的解决方案。新的悬架轴承的方案即为一个鲜活的例子：打破常规地使用复合材料，突破性地使用不同的材料来形成复合零件，使得产品的性能得到数倍的提升。这样的新方案已经多次改善了早期解决方案的性能。

3. 围绕需求提供定制化的解决方案。每当标准的现成运动技术达不到期望时，信任的客户就会主动寻求罗兰克斯的专业帮助，随时准备挑战现有解决方案。从概念化阶段的早期开始，罗兰克斯的设计师和高级原型工程师会在早期设计阶段为客户提供支持和建议。这样可以在应用程序和轴承之间实现最高水平的协同作用，节省大量成本并提供智能、集成的解决方案。无论是变速系统、座椅部件、转向系统还是底盘部件，无论是汽车项目还是非汽车项目，罗兰克斯将与客户共同开发定制解决方案，从概念诞生到有保证的批量生产过程，研发出新的适用性方案。

三 对策建议

南京市培育和发展了国内数量众多的高成长独角兽和瞪羚企业，这些企业都是经过市场考验而胜出的优质企业，有必要通过进一步的培育形成全球领先的专精特新企业，从而打造行业隐形冠军。结合罗兰克斯轴承的案例，围绕这一目标的实现，提出以下对策和建议：

（一）强化系统技术攻克，打造共性技术平台

鼓励企业持续进行技术创新，抢抓新能源汽车、无人驾驶、智能网联汽车等发展窗口期，加快技术、产品、服务、标准等多维度创新，推动关键环节创新突破和产业链协同发展。同时，充分发挥南京汽车骨干企业和高校院所研发能力，搭建共性技术平台，有效增强产业技术研发应用对创新驱动的引领和支撑作用。

（二）强化战略布局，打通上下游产业链条

在《南京市推进产业链高质量发展工作方案》框架下，设立类似于产业链链长的负责机构或负责人来负责具有全球范围内高水平的专精特新及行业隐形冠军的培育、招引工作。相较于大企业，一些规模相对不大的专精特新企业在快速发展过程中遇到的问题得到的关注和重视程度仍不足，需要通过机制创新来解决这一痛点。以罗兰克斯为例，由于在国内市场缺乏上下游产业链供应商，通过自身招引国外核心供应链企业和客户在南京集群设厂，并在南京市域内筛选和培育供应商，这对当地经济发展的贡献发挥乘数效应，对企业本身效率和竞争力的培养形成了巨大的帮助，但在上下游的供应链建设过程中企业投入了大量的财物和精力，如供应商的设立、安保、后勤保障、非核

心业务流程等工作占用了企业的大量资源，影响了企业的核心工作。因此，建议从行业发展考虑强化战略布局，加强上下游产业链对接，在政策和渠道方面为企业提供更多支持。

（三）强化保障体系建设，探索灵活有效的政策支撑体系

全球领先的专精特新，行业隐形冠军企业的特点是固定资产的投入产出比很高、效益好，但所需要的土地资源数量，以及亩均固定资产投资额、投资规模等相关指标与现有的土地资源提供所要求的指标有差距，建议调整土地资源指标，如考虑以亩均销售、税收等更能够符合企业发展特点的指标，在土地指标费、契税等使用成本上给予一定的政策支持，从而使得这类企业在创立初期及高速发展期能够有获得土地资源这一长期发展重要载体的可能。

第五节　拓攻机器人：产业无人机数字天空技术基础平台[①]

无人机作为智能无人化工作的代表，具有高效无休的工作能力、零接触的工作特点。在此次抗疫战斗中，无人机的身影出现在高速路口、乡间村落、城市楼宇、田间农地、医院工厂等场所，并在抗疫前线发挥了重要作用，充分凸显了无人机的优势，预计未来无人机将迎来行业的快速发展新阶段。而飞控技术是无人机持续发展的重中之重，成立于 2015 年的拓攻机器人以飞控技术为核心，专注于无人飞行器、天空数字化运营技术，利用大数据和人工智能，让无人机更高效便利地服务于更多行业，让天空更好地为人类所用。

一　民用无人机发展迎来新的广阔空间

自 20 世纪 30 年代以来，无人机的发展和使用已有 90 多年的历史。经历了 20 世纪漫长的萌芽期和酝酿期之后，无人机在 21 世纪初迎来高速成长期，并逐步从军用领域扩展到了民用领域。

[①] 本案例由首都经济贸易大学讲师龚伯进、河海大学研究生于晓、美国范德堡大学本科生黄贤达整理提供。

（一）行业应用需求旺盛

随着集成制造的普及，无人机基础零部件生产开始向小型化、低成本、低能耗方向发展，无人机制造成本不断走低，同时伴随着人工智能、5G通信等新技术的逐步完善及应用，民用无人机行业更是迎来新的发展机遇，行业规模不断扩大，在各个领域进行广泛而深度的探索，逐渐渗透到应急救援、环境监测、应急救灾、货物运输、电力巡线、航拍测绘、农业植保等多个领域。根据前瞻产业研究院的数据，2015年，我国无人机行业整体市场规模仅为66.4亿元；2019年我国无人机行业整体市场规模达359亿元；未来我国无人机发展仍会持续走高，到2023年市场规模有望达到千亿元。

（二）行业转型迫在眉睫

无人机的出现，正在以一种新型智能方式逐渐代替传统方式。在消费市场领域，无人机正在深入航空摄影、休闲娱乐、商用表演等诸多场景，丰富了消费行业的服务内容和表现形式，促进行业进一步向科技化、娱乐化领域迈进。在工业市场领域，无人机正在渗透到农业植保、国土测绘、行业巡检、物流配送等场景中，不断降低行业发展成本、提升行业生产效率、增强行业服务水平，促进工业各方面的转型升级。以农业领域为例，目前我国农林植保无人机的渗透率不足5%，而美国、日本等发达国家的渗透率已超过50%。随着我国社会主义新农村建设的推进，智慧农业亟须加速普及。无人机的应用，不仅可有效进行喷洒农药、监测病虫害，更可以进行分析取样、测绘地理、收集数据，接受监管及指令等多项作业，通过提供重要的信息来促进智慧农业智能发展。

（三）城市智慧管理大势所趋

无人机在智慧交通、智慧政务、智慧环保、智慧城管等方面正在不断深入。伴随着人工智能、5G通信等新技术在无人机领域的逐步应用，极大地推动了无人机与无线通信的跨界融合，构成了一个全新的"网联天空"。以大疆公司M210无人机为代表，其从"自主飞行"逐步升级为"自主思考"，通过网联机器人的应用，能够降低无人机运行成本、提高工作效率，为无人机的广泛普及和行业应用注入强大的生命力。

随着城市现代化的不断发展，车流、物流、人流急剧增加，城市治安形势日益复杂，传统的人工现场熟悉地理环境或依靠普通二维地图指挥调度已远不能满足安防领域对实时数据、空域侦测、现场可视化的应用需求。而城市突发事件的信息采集存在时间、空间、规模等方面的诸多不确定性，无人机可以弥补上述不足，弥补现有信息采集手段的不足，发挥不可替代的作用。它具有噪音小、隐蔽性强、可靠性高及易用性等特点，适合在城市等空间狭小的现场快速部署，尤其适用于群体事件现场情况的全局掌控，以及事故现场拍照、火灾现场勘测、有害物质区域侦查等，能够"查得准、盯得住、传得快"，为领导指挥决策提供重要依据。

二 拓攻机器人：国内唯一覆盖全行业的无人机方案提供商

拓攻机器人团队发起于 2009 年，正式注册于 2015 年，拥有十余年无人机大脑—飞控系统的自主研发和生产经验。公司总部位于南京市江宁开发区江苏软件园，依托于南京高校优秀的人才资源，公司 200 余人中核心研发人员均毕业于南京航空航天大学、北京航空航天大学、南京大学、东南大学等航空专业院校和著名院校，均在无人机行业从业多年，拥有丰富的军用飞行器、大型飞行器研发经验和技术。

（一）技术优势明显，市场份额持续上升

拓攻机器人专注于无人飞行器，自动驾驶技术和天空数字化运营技术，以大数据和人工智能方式，让无人飞行器更安全、更智能、更经济地服务于各行各业，让天空更好地为人类所用。自成立以来，拓攻不断在技术上取得突破，已经申请知识产权 300 余项，授权专利近 200 项。企业获得高新技术企业、ISO9001、ISO20000、ISO27001 等资质，无人机已获得 CE、FCC、FOHS、KC 等国际认证。截至目前，拓攻专业植保飞控销售超过 20000 多套，服务了国内客户 400 多家、海外客户（日本、韩国、澳大利亚、东南亚、北美洲等）100 多家，是第 1 家实现两款大型无人机试飞成功的民营公司。此外，拓攻现已成为中国最大的产业无人机云运营平台，这一平台由无人机云牌照和拓攻云两部分组成，通过沉淀无人机飞行数据及产业应用数据，持续升级无人机运管解决方案。同时，作为无人机方案提供商，拓攻机器

人在技术基础上，还形成了成熟的服务体系，不仅为客户提供飞控的硬件产品，还包括培训、定制、售后服务，后台的软件和云端的数据分析等，力求在互联网+的思维下进行客户服务创新。

（二）应用场景广泛，农业植保占据半壁江山

拓攻机器人作为全球专业的无人机系统及无人机解决方案提供商，凭借多年对于无人机飞控技术的钻研和对行业应用的理解，研发了针对多个行业的无人机应用解决方案。公司目前业务扩展到提供整机方案及周边传感器、高精度任务载荷、行业应用软件和无人机云服务，广泛应用于农业植保、电力巡检、物流运输、防控管理等行业。其中农业的植保市场规模大、增长快，是拓攻无人机的重要应用场景。公司早在2015年，就针对植保场景，推出了飞控产品线。主要特色体现在：一是物联互联。在农业植保领域，拓攻除了自行研发了专属无人机飞控T1-A之外，更有针对性地上线了农业管理系统和地面站，配以差分RTK和地形跟随雷达等功能部件，并通过物联网技术将所有部件进行底层数据连接，提升其信息传导效能，全方位提升农业植保效果，同时无人机6—8小时续航，满足工人整天作业的需求。二是安全作业。无人机使用RTK技术定位，支持北斗/GPS/GLONASS，配备抗干扰双天线，从哪起飞在哪降落，误差不超过几厘米。同时，安全起见配备独立磁罗盘，当RTK失效时，提供航向双保障，飞机仍能直线飞行，可以有效避开电线杆、树等常见障碍，也不存在误伤工人或植被田地的隐患。三是精准高效。对比人工打药，无人机效率提升40—100倍。其中，F10每天可以作业640亩（8小时）；F12每天可以作业900亩（8小时）；F16每天可以作业1000亩（8小时）。无人机采用双水泵，动力强劲，4喷头最大流量3.6L/分钟，8喷头最大流量4.5L/分钟，且配备高压扇形喷头，药液雾化颗粒可达130—250微米，均匀细密，使得药液分布均匀，有效渗透植株，作业快效果好，不用担心药量不足或者过量导致药害。

因此，农业作为拓攻机器人最大的业务板块，公司超过一半营收来自农业。从市场占有率来看，创立至今，拓攻已经向市场交付超过3万套飞控系统，这一数量是中国所有第三方飞控厂家中最多的。除了大疆、极飞等提供植保无人机整机产品的厂家，国内其他组装或集成的植

保无人机里，超过一半产品使用的是不同的飞控系统，成规模的厂家较少。可以说，在植保无人机飞控领域，拓攻机器人已站稳脚跟。

（三）开启"数字天空"，赋能低空数字化产业经济

"数字天空"这一理念最早在 2017 年由华为 Wireless X Labs 无线应用场景实验室提出，旨在通过低空网络覆盖，为无人机应用创新注入活力，赋能低空数字化产业经济。事实上，随着无人机产业的飞速发展，无人机的创新应用对于通信的需求已经不仅仅局限于无人机与遥控器之间的点对点通信，而是呈现出无人机与无人机之间更加迫切的通信需求。介入移动通信网络的联网无人机，不仅可以实现航线的规范，空域的合理利用，还能极大地提升效率，产生巨大经济价值。

拓攻机器人作为华为的战略伙伴，参与了网联无人机标准白皮书的发布。公司旨在通过一张 5G 地方网络覆盖天上所有的飞行器，所有设备实时在线，其工作状态和载荷任务的工作状态，也都用一张网联起来，相当于一个立体的互联网，将天空的真实场景用数字影像的方式呈现出来。目前拓攻已经是国内最大的产业无人机云运管平台，管理近万架无人机，飞行时间总计 10 万小时以上，飞行架次 180 万次，现已实现沉淀无人机飞行数据及产业应用数据，利用拓攻无人机云运管平台可进行无人机的健康管理，如设备状态监控、故障分析预警、预测性维护；提供行业应用数据服务，如数据分析、行业数据生成、企业服务等，还利用人工智能进行深度学习，实现场景应用，利用真实的飞行数据和深度学习实现 1∶1 的数字天空仿真系统。

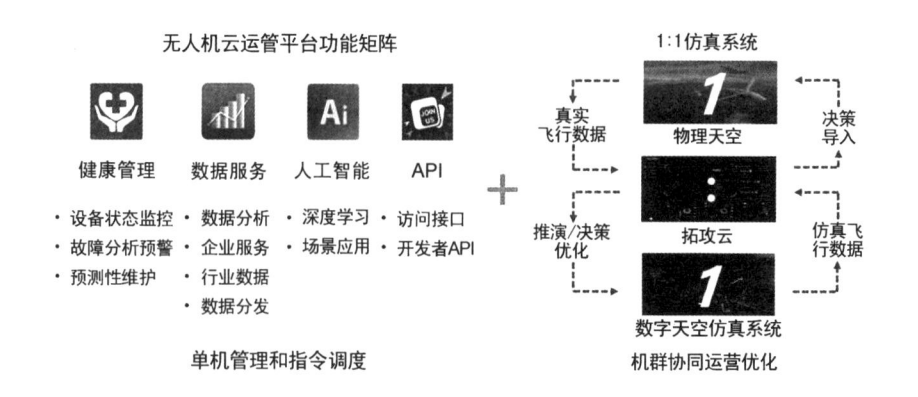

三 对策建议

(一) 聚焦技术突破,提升核心竞争力

第一,加强基础研究。聚焦关键核心技术突破与重点产品的研发应用,特别是大载重无人机振动模态设计及控制技术、自动驾驶单元及任务控制、高精度定位技术、环境感知技术等方面研发,提升核心竞争力。目前拓攻的无人机自动驾驶硬件平台已经完成了3次重大架构更新,主推的硬件平台是基于第3代硬件架构的第2次版本升级,在 $10cm \times 7.5cm \times 2.5cm$ 的空间内实现了惯性测量单元、飞行控制单元、飞行管理单元的合理摆放,能够实现包括无人机、移动机器人在内的多种无人运动体的自动驾驶方案构建。第二,不断完善产品线,现已推出植保无人机、测绘无人机、巡检无人机、核心飞行控制系统及周边配合的硬件、传感器、高精度任务载荷等相关硬件产品,涉及多旋翼无人机、垂起固定翼无人机、大型固定翼无人机,拓攻农业、拓攻测绘、拓攻安防、拓攻物流等行业应用软件,以及拓攻云服务平台,有效提升无人机产业价值链,围绕无人机自动驾驶核心技术,提供应用解决方案,进入多个无人机行业应用市场。第三,提升拓宽天空数字化空间能力。作为天空数字化基础能力提供商,以飞控为核心,提供覆盖所有机型的无人机整机研发、生产,实现1万米以下的所有空域、1.5吨以下重量的飞机无人化,赋予无人机更多的核心行业应用,支撑未来空中无人机的智能管理,实现天空的数字化运营,服务更多的行业,提升人类利用天空的能力。

(二) 不断拓展市场,打造行业标杆

第一,更加关注个性化需求。深度了解客户需求,切实解决客户问题,针对无人机目标市场的个性化需求,推动产品快速迭代,提高产品市场占有率。第二,建立品牌差异化竞争优势。在无人机市场细分的基础上,通过建立品牌的差异化和个性化的核心竞争优势,赋予产品新的价值。第三,不断拓宽应用场景。无人机市场应用前景广阔,不断做深已有应用场景的同时,不断拓宽新的应用场景如城市执法、生态监测、应急救灾等,形成功能覆盖全、场景应用广、技术服务优的无人机系统。

(三) 完善数据平台，提供行业监管

无人机的价值在于更好地解决行业困难提高效率，赋能其他行业的快速便捷发展。第一，打造大数据运营平台，形成数据驱动型创新生态体系，以数据与服务为纽带促进行业间深度融合，为行业提供监管、数据等衍生服务。第二，建立全自主飞行信息化服务平台，包含稳定可靠的厘米级的高精度飞控系统，能够配合雷达、超声波等，实地仿地飞行、流量控制、自主规划路径等功能，确保安全性、精准性和稳定性。第三，建立无人机硬件生产、组装、测试、入库、使用等全生命周期数据跟踪规范，以现代化大数据技术保障无人机工程转换成果的无间隔状态预测。

第六章　信息服务类高成长企业

第一节　福佑卡车：为中国公路运输装上科技引擎[①]

物流产业是国民经济发展的动脉和基础，对加速社会资源流转，重塑社会经济结构，助推经济增长具有较强的推动作用。在传统物流产业发展过程中，物流资源"散"、监管体系"乱"、服务能力"弱"、市场产品"杂"、物流费用"高"，严重制约了经济的发展。如何实现产业结构升级，是物流现代化建设中的重大战略问题。2016年7月，国家发展改革委印发《"互联网+"高效物流实施意见》，明确提出要"形成以互联网为依托，开放共享、合作共赢、高效便捷、绿色安全的智慧物流生态体系"。2019年2月，国家多部委联合印发《关于推动物流高质量发展促进形成强大国内市场的意见》，提出"实施物流智能化改造行动"。目前南京已经出现多家行业内龙头智慧物流企业，初步形成产业集聚，应该继续稳步推进现代物流产业的高质量发展。

一　打造全国智能物流服务平台的战略意义
（一）信息交互能力弱，"汗水"物流成本居高不下

根据国家发展改革委、国家统计局、中国物流与采购联合会共同发布的《全国物流运行情况通报》数据显示，2010—2019年间，我国社会物流总成本由7.1万亿元上升至14.1万亿元，年复合增长率

[①] 本案例由南京林业大学经济管理学院博士后魏尉整理提供。

约为7.92%，物流成本占据全国GDP总量的15.1%，相比欧美发达国家8.9%高出接近一倍，表明我国物流整体成本仍处于高位。当前我国已经部分实施信息化的物流企业占到21%，全面实施信息化的物流企业仅占10%，物流企业与供应链上下游主体之间难以形成有效沟通，导致流通环节过多从而提高成本，严重制约了现阶段物流的发展。因此，通过搭建智能物流信息平台，能够有效解决企业之间信息不对称问题，降低物流企业的信息成本。

（二）消费需求持续增长，物流效率仍然低下

一方面，电子商务市场高速发展带动了物流服务需求的激增。淘宝电商平台2009—2018年十年内物流订单超过10亿单，然而传统物流产业的发展方式难以满足消费需求快速增长的要求，导致在"双11""618"等活动中频频出现延迟运输、货物爆仓的问题。另一方面，物流市场呈现出经营分散的格局。目前全国道路货物运输经营业户有718万户，其中个体运输户659万户，全国营运货车超过1300万辆，平均每户拥有车辆不到两辆。与此同时，我国货车的空驶率却高达30%以上，仓库空置率在15%左右，大量物流资源亟待集中整合。因此，十分有必要通过智能平台系统有效匹配市场的需求和供给，对物流资源进行高效调度和配置，提高物流服务的效率。

（三）环境问题凸显，绿色物流亟待升级

当前，我国物流行业属于高能耗产业，能源消耗排在工业和建筑业之后。由于区域经济发展不均衡，传统物流企业通常只愿意开辟单线运输模式，这也导致了车辆空载率较高，物流路线规划不合理，整体物流产业消耗了大量能源在无效长距离运输环节之中。低效的物流供应链不仅损害企业的竞争力，同时浪费了大量的燃油能源，造成碳排放污染环境。据统计显示，物流行业每年排放二氧化碳总量90多亿吨，占行业总排放量的13.1%。随着气候变化问题凸显，低碳经济、可持续发展已经成为当今时代发展的主题，如何改变传统物流产业粗放、低效的能源利用方式，发展低能耗、低污染、低排放物流运输模式，对我国经济绿色发展至关重要。因此，有必要通过构建智能

系统对需要进行匹配,对路线进行规划,降低空载率,减少无效物流,降低对于环境的污染,进行绿色物流。

二 福佑卡车:智能物流服务平台优势明显

与传统"汗水"物流不同,智能物流通过大数据、人工智能等信息技术赋能,实现分散资源的互联共享,促进物流的组织化和集约化,自动寻找物流企业与客户需求的平衡点,以此实现物流最优配送,进而提升物流运输效率,提升物流服务质量。上线于2015年的福佑卡车作为南京本土的"培育独角兽"企业,是目前国内领先的科技物流平台企业,目前整车运输业务覆盖国内31个省、直辖市(除港澳台),注册司机数超过70万,服务货主企业超过10万家。福佑卡车积累了涵盖整车价格、线路、车辆信息、司机信息等多维度大量真实的交易数据,用机器学习、运筹优化等技术,对询价、调度、运输、结算等业务节点进行 AI 赋能,提升中国公路运输效率,发挥现代物流的"智慧"优势。

(一)智能连接:促成物流运输供需匹配

传统货主企业设有发货员,发货员比较了解市场行情,发货时对接货运信息部,再由信息部对接司机;司机找货时,去物流园区里的信息部档口或货源大厅,浏览小黑板上的货源信息找货。智能物流系统有效缓解了需求和供给之间信息不对称所带来的矛盾。福佑卡车利用智能物流系统为上游货主企业和下游卡车司机进行决策,帮助上游货主找到效率最高的运力,提供更高的服务品质和更低的运输成本;同时,为下游司机提供订单组合方案,帮助司机提高承运收入,安全交付货物,如图6-1所示。

福佑卡车打造智能报价系统,价格经由系统基础定价与动态调价得出。收到货主运单后,系统可以在0.58秒内计算5349个影响运价的因素,快速计算出与市场价吻合度超过90%的基础运价,再根据当天市场热度进行动态调价。同时,对下游司机,系统会根据其运输线路偏好主动推送合适的货源信息,由司机自主抢单完成。此前,货主与司机需要1—2个小时得到合理的价格,在福佑卡车平台可以缩短到分钟级别。

▶ 案例篇

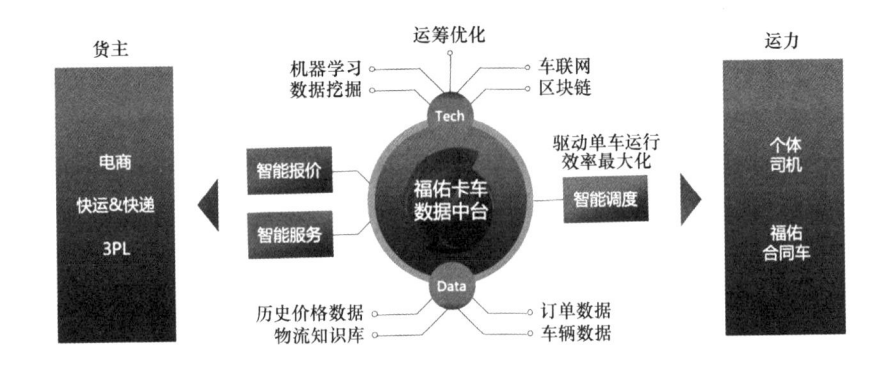

图 6-1 福佑卡车以数据和技术为基础，帮助货主及司机做决策

（二）科学调度：优化物流运输线路效率

在传统物流模式中，司机找货、货主调车均依靠人工劳力完成，司机运送完一单货物后往往要花费2—3天时间，才能找到下一单合适的货源。部分运输企业将订单整合为双边线路，以此提升车辆效率，但随着市场及时性需求增加，传统固定线路遭遇挑战。

大数据和人工智能技术的使用可以有效提高物流运输的效率。福佑卡车开发智能调度系统，独创用算法调度车辆的随机散跑模式。算法通过分析车辆状态、实时订单和预测单量，在满足司机休息时间的前提下分配订单，最大限度地降低车辆空驶时间，打破人力调车的效率天花板。

通过智能物流平台福佑让每辆卡车的月有效行驶里程从7000千米提升到11000千米甚至更高，同时降低货主企业节约10%—15%的运输成本，提升司机约12.5%的承运收入，由此形成为客户降本、为运力创收的正向循环。

（三）智慧物联：降低物流运输违约风险

整车货物运输在途时间长、货物价值高、途中异常情况复杂，一旦发生货损、货物消失等异常，个体司机难以承担风险，货主企业也难以追责处理，传统运输方式依靠人工打电话跟踪订单。

福佑卡车结合大量运输场景打造智能服务系统，以运力风控、智能预警及智能客服为中心，建立了标准化、规范化的服务体系。对于实际运输过程中的异常问题，福佑卡车积累了157种常见异常情况，系统每30秒自动抓取一次车辆位置，一旦车辆运行状况出现异常，系统自动上报预警，客服团队实时介入处理，如图6-2所示。

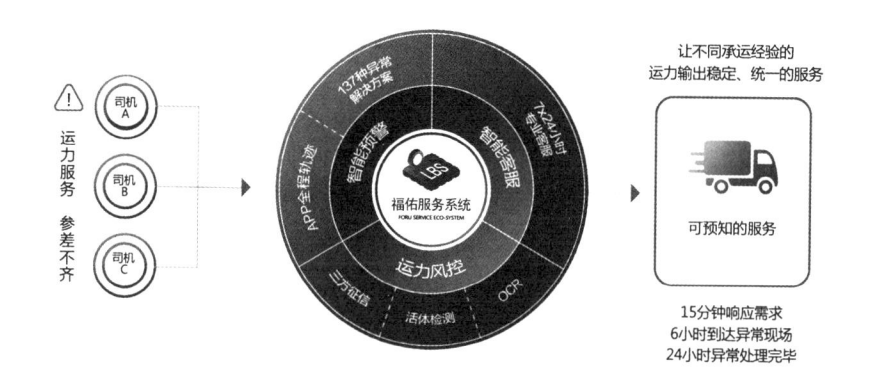

图6-2 智能服务提升运输服务品质

比如，在装货及卸货地设置电子围栏，如果车辆在发货前半小时仍没进入电子围栏范围，系统会自动发出发车预警；运输途中，若车辆偏离运输轨迹、在某一地点停驶时间过长、途中有无堵车情况，系统都会实时监控，提前发出提示。在智能服务系统的辅助下，福佑卡车可以有效避免晚点、货损等情况发生，提高客服人员的效率。

三 对策建议

（一）技术迭代升级，打造智能物流系统2.0

技术是智慧物流发展的核心，因此需要对现有智能系统进行技术迭代升级和优化，提升系统的运行效率。第一，继续强化对人工智能、大数据、5G等前沿科学技术的研发和应用。随着物联网、大数据、人工智能技术等新一代信息技术的迭代更新，将促使物流数据将全面实现可采集、可录入、可传输、可分析，物流人员、装备设施以及货物也将全面接入互联网，形成全覆盖、广连接的物流互联网。在积累历史运营数据的基础上，继续对交易、运营等维度的大数据进行挖掘，提高数据信息的利用效率，实现智慧物流企业的扁平化运营。

第二，加强企业与高校、科研院所之间的联系。南京拥有得天独厚的科研条件，汇聚了数量众多的高等院校和科研院所，为产学研合作提供了极大的便利。智慧物流企业、高校以及科研院所可以共同建立人才培养库，对大数据、云计算、物联网技术等相关专业的人才进行针对性培养，对关键技术问题进行系统研究。

（二）拓展双边市场，实现网络行业全覆盖

目前福佑卡车的整车运输业务已经覆盖国内大部分省市，注册司机数超过70万，服务货主企业超过10万家，但仍然有巨大的市场亟待挖掘。第一，智慧物流产业属于平台经济产业，其核心在于双边市场的网络交叉外部性，具有双边用户相互依赖、俱荣俱损的动态特征，这意味着智慧物流企业需要同时考虑货主以及司机的规模和需求，进一步对双边市场进行拓展。智慧物流企业可以通过互联网平台、社交媒体等媒介向货主以及司机群体投放定向广告，扩大企业的影响力，吸引更多用户加入智能物流平台。第二，对用户端功能进行个性化设计，方便使用的同时，为客户降本、为运力创收，利用货主以及司机群体的口碑效应吸引更多用户。同时，更多运单流入意味着可以产生更多数据，智能系统可以持续优化，向更多车辆开放，形成正向循环。第三，由点到面，扩大线下物流服务网点的规模。根据历史大数据对运输主线和支线节点进行分析，在更多枢纽以及次枢纽城市增加网点，将物流服务网络织细织密。

（三）强化上下游企业协作，助推智慧供应链生态体系形成

物流企业在供应链结构中承担承上启下的作用，智慧物流平台的发展将进一步引发智慧供应链体系的变革。第一，科技赋能，对传统供应链模式进行重构。利用智慧物流企业的科技优势，带动互联网技术深入产业链上下游，根据智慧物流平台所积累的历史大数据对供应链各个环节进行解构和分析，进一步对供应链不同环节的资源进行配置优化。第二，加强智慧物流企业与供应链上下游企业之间的协同协作。现阶段南京本土的智慧物流企业已经拥有较为成熟的智能信息平台，但是与供应链上下游企业之间缺乏有效的协同，信息孤岛现象普遍且分割条块复杂，致使物流业在发展过程中资源浪费现象严重，难以形成规模效应。因此，企业可以建立基于大数据云计算技术的超物

流企业联盟体系，对供应链不同环节进行信息整合，形成统一、完善的信息标准，强化供应链企业之间的联动与融合，助推协同共享供应链生态体系快速形成。

第二节　汇通达：农村商业数字化服务平台[①]

近年来，在国家连续多年提出"乡村振兴"战略和"数字乡村"建设的背景下，中国农村电商产业发展迅速。根据中国互联网络信息中心（CNNIC）发布的第45次《中国互联网络发展状况统计报告》，截至2020年3月，全国网民规模达9.04亿，普及率达64.5%；手机网民规模达8.97亿，网民通过手机接入互联网的比例高达99.3%；与此同时，全国农村网民数量突破2.5亿，2019年农村网络零售额达1.7万亿元，相较于2014年增长了8.4倍，越来越多的商品和服务通过电商平台进入农村，改变了农民的生活和消费习惯。2020年政府工作报告提出"电商网购、在线服务等新业态在抗击疫情中发挥了重要作用，要继续出台支持政策，全面推进'互联网+'，打造数字经济新优势"。相对于城市地区，农村地区的需求较为分散化、碎片化。在此背景下，农村"互联网+"的产业升级应如何发展？作为国内领先的立足农村商业数字化服务的企业，汇通达网络股份有限公司（以下简称"汇通达"）用十年时间绘制了一份农村数字商业的蓝图。

一　打造农村商业数字化服务平台的行业背景及战略意义

（一）数字经济和产业互联网高速发展

近年来，我国数字经济发展较快，与经济社会领域融合的广度和深度不断拓展，不仅在激发消费、拉动投资、创造就业等方面发挥重要作用，同时也在催生与聚合各类创新要素，为传统经济注入新动能。因此，数字经济已经成为产业转型升级和国民经济发展提质增效的重要驱动力。2019年，科技进步对全国经济增长的贡献率达

[①] 本案例由河海大学商学院副教授李祎雯整理提供。

58.5%。数字化带来的技术变革催生了新的商业逻辑，从流量思维到单元思维、从品类经营到场景经营、从功能属性到体验属性演化。作为数字经济的典型代表，互联网平台经济近年来发展势头迅猛。目前，农商产业链中尚存在低效环节，而产业互联网和数字供应链是产业降本增效的重要途径，符合供给侧和需求侧的改革要求与资本市场的发展方向。产业互联网是网络经济从消费端延伸至生产端的产物。根据《2019—2020年中国产业互联网指数报告》，传统行业通过利用新技术"建立连接"，2019—2024年产业互联网相关投入所引致的经济增量将达到整体经济增量的13%。[①]

(二)经济新常态下，"下沉市场"成为互联网经济发展重心

在经济新常态下，随着非一线城市的消费崛起，以三线至六线城市和县镇为代表的下沉市场面临"价值再发现"。根据国家统计局数据，近年来农村居民人均可支配收入和人均消费支出增速均高于城镇居民，在农村居民收入增长、线上消费渠道向乡村市场下沉以及农村消费市场环境改善等因素的带动下，农村市场消费潜力持续释放，农村地区消费升级趋势明显。数字经济以及由此带来的新兴互联网消费服务不仅改变了城市消费体系，也促进了农村地区商业模式的转型，随着移动互联网、物流等基础设施的完善，下沉市场的消费需求正在逐步显现。总体而言，我国下沉市场存在较为广阔的发展空间，在一、二线城市市场已趋于饱和的情况下，寻找下沉市场突破口尤为重要。

(三)农村电商保持高速增长，电商成为数字赋能农业的重要平台

2019年全国县域农产品网络零售额达2693.1亿元，同比增长28.5%，其中832个贫困县农产品网络零售额为190.8亿元，同比增长23.9%；[②] 从下沉市场的商品类别来看，全国农村电商零售的实物类产品占比最高，东部农村网络产业优势明显。近年，农业生产正由以产品为中心逐步转变为以消费者为中心、以市场为导向，农业的产

---

① 资料来源：清华大学产业互联网研究院、艾瑞咨询。
② 资料来源：农业农村部信息中心、中国国际电子商务中心。

业链、供应链、创新链、价值链正在加速重构。随着乡村振兴战略为农村电商发展带来新机遇，未来农村电商模式将进一步演化，数字化改变传统乡镇零售门店必将成为趋势，社交电商和社区电商发展趋向明显，农村电商向农业生产端渗透也将进一步推动农业产业结构升级，中国农村电商产业将更加商业化、品牌化和本土化。数字红利将在农村地区尤其是贫困地区得到更宽领域、更深程度的释放，使农村居民更好地融入信息化发展。

二 发展历程与创新模式："产业互联网"+"数智零售"双轮驱动

汇通达成立于2010年12月，总部设在南京，业务覆盖全国，是一家致力于服务中国农村市场的商业数字化服务平台。自成立以来，汇通达深度践行国家乡村振兴战略，扎根农村，融合互联网、大数据、云计算、智能零售等科技手段，推动农村商业形态升级和产业价值重构，为农村乡镇零售店及产业链上下游客户提供商业数字化服务与综合商业解决方案，提升客户经营效率和服务能力，帮助农民家庭创收创利，让农民生活得更美好。汇通达先后获得阿里巴巴、华兴资本、中美绿色基金等多家知名机构投资，累计获得融资63亿元，估值超过300亿元。

（一）发展历程：由农村生态电商到农村商业数字化服务平台

第一阶段：起步与发展。自2012年到2019年，汇通达基于对国内农村市场的充分调研创造性地提出S2B2C模式，通过全面提升乡镇店的数字化经营能力与创新经营模式，构建了较为完善的农村商业形态与产业价值网络。由于准确把握了农村社会的运行规则以及乡镇零售店和农民消费者的特点，从南京本土创立并发展起来的汇通达逐渐发展成为国内领先的农村生态电商服务平台，也成为南京面向全国的产业结构创新、互联网与数字化企业标杆。

第二阶段：扎根与奋进。2019年起，汇通达企业发展定位由"中国领先的农村生态电商服务平台"升级为"中国领先的农村商业数字化服务平台"，聚焦农村数智零售和产业互联网两大领域，以"门店+互联网+物联网"和"产业+数据+资本"为核心发展模式，搭建开放、共赢共生的产业服务平台，先后被评为"国家电子商务示范企业""国家高新技术企业""中国民营企业500强""中国互联网企业100强""全球独角兽企业500强""2017—2019年中国独角兽企业""江苏省独角兽企业""南京市首批独角兽企业""江苏省战略性新兴产业企业"等。

（二）精确定位：立足中国农村市场，走数字化转型道路

乡镇零售店是农村居民进行传统消费的主要载体，不仅承载了乡村95%的生产性消费和80%的生活性消费，也兼备工业品下乡、农产品进城集散地的功能，是农村流通体系的重要支点和城乡资源交换的重要枢纽。作为目前国内唯一专注于农村市场的科技型独角兽企业，汇通达立足农村市场，以乡镇零售店为阵地，以数字化手段赋能传统乡镇店，不仅全面提升其数字化经营能力，也推动从工厂端到农户端的全产业链数字化升级；通过创新实践S2B2C商业模式，分别从供给端和需求端出发构建"产业互联网"和"数智零售"双轮驱动引擎，双轮互相补充，共生共融。2019年，汇通达举办线上线下活动超7万场、建设数字化门店累计超6万家，会员店零售总额超4000亿元人民币。目前，汇通达网络已覆盖全国21个省、1.9万个乡镇、超14万家乡镇会员店，拥有7000多个上游品牌商合作伙伴，带动80万农民创业、就业，服务网络惠及约7000万户农村家庭和3亿农村消费者，为助力农户增产增收和农村数字经济发展做出积极贡献。

（三）精细布局：重组产业链，推进供给侧降本增效，重构农村商业新生态

在经济新常态下，全国城乡消费市场从"增量时代"进入"存量时代"，产业经济面临高质量发展的新挑战。汇通达从供应链服务商发展为农村生态电商，进而发展为农村商业数字化服务平台，共实现了三次跨越，也引领了农村商业流通领域的三次供给侧结构性变革。

在创立之初，汇通达的商业模式便不同于传统的电商下乡，而是从乡镇夫妻店切入，使其在供应链的支持下更好地服务于农村消费者。2014年，汇通达率先提出并实践"平台+乡镇店"的创新模式，

通过＋商品、＋工具、＋金融、＋活动、＋社群的"5＋赋能"服务，构建造血型农村生态电商，将传统夫妻店转型升级为新型"互联网＋农村流通实体"。随着企业成长，汇通达的使命也随之升级，从"让农村消费者同步享受与城市一样的商品和服务"转变为"让农民生活得更美好"，从"为乡镇夫妻店升级改造提供工具赋能"转变为"全面经营农村资源与需求的生态平台"，以互联网等新技术、新应用从消费端向产业端渗透。

目前，汇通达以需求、效率和数字化为导向，从供给侧角度，对产业链进行数字化重组，整合产业链资源，打造产业互联网。产业互联网的本质即为数字化的智慧供应链和平台化的生态服务，针对下沉市场的产业互联网发展存在三个关键环节：一是重构，以需求为导向重构供应链；二是数字化，通过端到端的全链路互联和链上企业的数字化升级实现全链路数字化运营；三是整合和赋能，通过对物流服务商、技术服务商、金融服务商、售后服务商等生态企业进行整合并提供平台化服务和数字信息共享服务，促进各产业链企业相互赋能。通过精细布局，汇通达的产业互联网已经覆盖到家电、消费电子、农资农机、交通出行、建材、酒水、洗化、数字技术、金融科技九大领域，与格力、美的、海尔、夏普、三星、中农、超威、科大讯飞等上百家行业龙头企业达成战略合作。通过搭建商业数字化服务平台，汇通达发挥数字化和全链路能力，助推产业链上的生产和销售企业更加精准地匹配终端需求，有效降低了生产和流通成本，推动产业全链路的降本增效，实现产业层面的整体优化和提升，打造出链接城乡流通的国内领先产业互联网平台，激活乡村振兴的内生动力。

（四）精准服务：零售数智化，实现需求侧深耕单客，技术赋能农村小微实体

在下沉市场中，乡镇零售店虽然具有难以被替代的本土优势，但其自身也存在一定的发展短板，如经营规模和商品种类有限、供货渠道和进货价格不稳定、管理粗放、经营手段单一等。农村商业数字化服务平台通过工具、商品、金融、社群和活动的赋能，帮助乡镇夫妻店从传统的流通实体升级为具有互联网经营能力的智能零售门店，增强其经营和服务能力，提升客户满意度，进而实现增收。基于传统乡

▶ 案例篇

镇零售店的痛点，汇通达的商业模式开辟了持续创造价值的新路径。

数智零售也即数字化智能零售。从需求侧角度，汇通达建立技术、组织双保障，深度服务乡镇零售端和农村家庭，通过四个核心路径实现数智零售：一是扎根消费端，帮助会员店吸聚用户，提高用户黏性；二是使会员店全面数字化，包括顾客数字化、商品数字化、员工数字化；三是使会员店经营智能化，包括智能促销、智能补货、智能服务；四是精准赋能，基于数字化手段，对不同行业会员店的差异性需求实现精准赋能。

通过数字化改造，推动农村传统乡镇店从单一线下交易转变为线上线下融合的模式，使产业互联网与数智零售相互促进、互补共生：通过数智零售，汇通达能够精准匹配供需、深耕单客，依托消费需求数字化为品牌端进行导航，促进农村市场"新消费"；通过产业互联网，整合上游优质资源，帮助各生态企业找准定位，以更低成本、更高效率服务好会员店，既满足消费端的顾客需求，也有益于产业链降本增效。

三 核心技术与领先优势：数字造血，推动农村商业升级与产业链价值共生

汇通达高度重视科技研发投入，在核心技术领域，形成了在农村消费领域大数据探索与应用的领先优势。

一是建立全产业链的线上线下双向交易服务平台，包括汇通达商城（B2B），通过平台自营供应链商品和POP商品，为农村小微实体提供便捷的商品订单管理和交易服务；超级老板（智能零售），为会员店量身定制整合B2B商品采购、线下门店进销存管理、线上网店管理、粉丝营销、供应链金融、培训课程等为一体的信息化系统；汇享购（B2C），通过开设线上门店引流顾客，支持线上线下双渠道交易。

二是实现信息数字化，进行多维大数据经营。为有效赋能产业链，汇通达借助自身的数据收集、加工、挖掘和分析能力，深度利用互联网大数据技术，依托其分布在全国超14万家乡镇会员店，积累了农村市场用户、商品、交易、服务、财务、行为、工具等多层次数

据资产，建立涵盖8大领域、16大主题、200多个标签、超千亿行的农村大数据体系，形成服务农村市场的全链路数据地图，为产业链上下游提供统一、高频的全流程数据服务，实现全链路数据秒级采集计算，从而促进信息流、商品流的高效流通，也为数字化乡村的基础设施建设助力。

三是基于数字化精准赋能，建立全方位的赋能体系与增值服务。汇通达将乡镇夫妻店作为自身发展的战略关键点，基于其实际交易场景，针对产业链上下游客户创新性地设计柔性供应链、智能数字化技术、精准营销、数据服务、信息服务、培训服务等系列增值服务。在乡镇零售店层面，汇通达提供包括商品、工具、社群、活动等多种形式的创新赋能服务，通过会员制形式对传统乡镇零售店进行商业数字化改造，将单一的商品差价收益模型优化为"商品差价＋客户服务"多维收益模型，使其成为产业链上最具有价值的节点，自身也发展成为"互联网化、数据化、服务化、生态化"的本地服务平台；在农村家庭层面，围绕农村家庭的需求和资源，为其匹配更符合需求的商品，同时提供帮卖农产品、帮找工作、帮做培训、帮融资金、帮租房地等特色服务，帮助盘活闲置资源。从"5＋赋能"到"5帮富农"，汇通达农村新生态裂变下的细分商业逐渐覆盖了农村生活与农业生产的大部分环节，成为联结各种要素的关键平台和乡镇经济的"造血机"，高效地服务于农村市场。

四　社会责任：融合农村电商发展的交点聚力

数字经济和创新是经济发展的未来方向，而社会属性是市场主体行稳致远的根基。汇通达所构建的农村商业数字化服务平台致力于盘活农村资源、服务三农发展，其运行模式具有天然的社会属性，不仅通过推进三次产业融合为乡村振兴建立产业支撑，同时也在精准扶贫、乡村人才培养、拉动消费升级等方面做出实效。

（一）深耕地方资源，深化政企合作，共襄共建数字产业园区

乡村振兴的基础是产业兴旺，而其关键在于产业融合发展。汇通达会员店所形成的生态网络已经逐步融入全国农村区域经济的毛细血管中，通过打造三次产业融合创新的价值链，不断激活乡村经济体。

其中，区域产业园是创新产业落地发展模式、整合各地政府资源的关键举措。截至 2019 年底，汇通达联合各分部签约落地政府园区 20 家，覆盖至全国 10 个省份和 19 个城市。

此外，汇通达也致力于深化政企合作，推动当地传统乡镇店数字化转型，助力当地农产品上行，推动区域产业链发展，帮助农村劳动力进城，开展优质人才培训，赋能农村商业新生态。随着企业成长，汇通达所构建的农村商业数字化服务平台成为多地农村商业变革、经济振兴的引擎。目前，汇通达仍在持续推动区域产业园合作，使企业发展红利融入更多地域。

（二）发挥地面优势，打造 O2O 特色乡镇扶贫模式

经历二十多年的持续创新发展，电商作为农村数字经济的突破口，在助力打赢脱贫攻坚战中发挥了重要作用。在扎根农村的十年间，汇通达通过其商业数字化服务，整合优质原生态农产品，以扶智扶技的方式带动扶贫，深度践行国家乡村振兴和精准扶贫战略。

有别于输血脱贫，造血脱贫是帮助贫困群众就地就业的长远之计，发展产业是实现脱贫的根本之策。贫困地区多产特色农产品，难以实现产业化和标准化发展。对此，汇通达有针对性地提出造血脱贫、扶智扶技脱贫和助销农品脱贫思路，立足城乡资源双向流通"新商路"，激活乡村特色产品产业，对贫困地区农产品开展上行销售，打通农产品供需通路；同时提升农产品运营效率，降低运营成本，提高农产品供应链整体的利润水平，助力农户增收、乡村致富。近年来，汇通达已帮助 522 个贫困镇和 1400 多款农产品走出乡镇，实现户均增收 8 万元左右。2019 年，汇通达认领了商务部扶贫联盟贫困县名单中的 19 个贫困县、帮扶 33 家当地农户企业开展项目合作，累计带动贫困户 961 户技能脱贫，实现销售金额 188.57 万元；在全国举办 19 场农民丰收节活动，成功打造汇通达特色品牌活动节，帮助提增活动会员店单店销售额提升 100 万元，共影响全国乡镇零售门店顾客达 6.7 万人次。

（三）注重人才培养，拓展农民就业增收渠道，为农民生活赋智赋能

"乡村振兴人才先行"，通过人才培训为乡村发展造血是汇通达另一个战略发力点与长期方向。通过技能提升、本地创业、转移就业、

返乡创业四个抓手，汇通达致力于拉动农村农民整体技能和素质提升，为乡村振兴培养新型复合人才。一方面，汇通达面向乡镇小微实体，长期开展多种形式的互联网技术、工具、经营培训活动；2019年，汇通达开展技术培训超过 4 万场，培训新农商累计超 13 万人。另一方面，汇通达推行乡镇夫妻店二代子女培训，举办针对乡镇夫妻店子女的公益培训活动——薪火计划。2019 年，薪火计划的报名成员已扩展至全国 14 个省份，80% 的"薪火计划"学员回乡接班，为农村人才可持续发展引来源头活水，越来越多的年轻人对农村事业表现出了浓厚兴趣，成为促进返乡就业创业的有力途径。

在人才培训方面，汇通达也得到各地政府部门的支持，近年在山东茌平、湖南长沙、浙江嵊州、常州天宁区等地，已通过政企研合作建设了多项农村商业数字化人才培训项目，形成助力新蓝领人才成长、助推服务商发展、帮助企业提高人效等多赢性平台服务模式。

（四）积极应对新冠肺炎疫情，战疫助农

突如其来的新冠肺炎疫情对经济社会发展尤其是乡镇商业造成较大冲击，上游供应链企业遭受不同程度的损失。与此同时，农村电商出现逆势高速增长，对促进农产品稳产保供、扩大消费需求、帮助农民脱贫增收的作用更加凸显。汇通达利用在线化和数字化优势，以智能零售、人工智能、云计算、互联网为技术基础，为传统中小微企业、乡镇夫妻店以及上下游客户提供了采购云、营销云、会员云、电商云、支付云"五朵云"服务，推出综合智能零售云服务的解决方案，精准服务全国范围内超 10 万家乡镇夫妻店。一方面，组织会员店开展线上办公，帮助门店线上转型和出货，实现金融赋能、商品赋能、工具赋能与服务赋能；开展"飓风战疫"活动，新增 3000 多家会员店网店建设；试点的商家俱乐部模式覆盖头部会员店 140 家，举行的 16 场直播课程覆盖 2240 店次。另一方面，快速上线"春雷行动"小程序，开展"人人营销"活动，组织 298 场线上会议和 41 场互动直播，帮助会员店在特殊时期渡过难关，带动超级老板 B2B 活跃用户同比增长 42%，汇享购新增注册量增长 89%、订单量同比增长 17.2 倍、交易额同比增长 16.8 倍。在新冠肺炎疫情的影响下，汇通达 2020 年上半年整体销售规模仍然超过去年同期水平，实现了同比逆势正增长，既稳定了农村经济，也服务了农村居民的生活。

五 对策建议

汇通达模式为数字化赋能乡村发展提供了具有代表性和示范意义的企业样板。但是，农村数字经济及商业数字化服务尚处于初步发展阶段，以汇通达为代表的农村数字化服务平台在赋能乡村经济主体的广度和深度上仍存在较大发展空间。

（一）增强数字化能力建设，推动农村商业流通多维升级

后疫情时期，农村电商发展应持续聚焦与产业上游的深度融合，聚焦对于乡镇零售店的深度赋能，聚焦数字化能力持续升级，以此为产业合作伙伴及乡镇小微实体持续创造价值，推动农村商业流通在数量、质量、内核结构的多维升级。其中，无论对于产业端、会员店，还是对汇通达自身经营体系而言，数字化能力仍然是一项贯穿始终的长期能力、基础能力和核心能力。未来应继续打造全流程、全闭环、全链路的数字化交易系统，为公司、产业、会员店长期高质量增长奠定坚实基础。

（二）探索农村新零售样本，持续赋能农村商业基础建设

长期以来，传统零售业依靠空间优势进行布局，多依赖于地段、租金价格、渠道和销售半径的经营模式。互联网电商发展改变了这一经营布局，零售业将会被重新定义。而此时，部分传统农村流通组织经营方式较为陈旧，数字化程度较低，无法高效地满足当地农村商业数字化发展需求。作为农村市场中新零售的抓手，汇通达已初步建立了农村商贸流通架构，将前中后台合为一体，逐渐演化出农村零售消费的大数据网络。未来应继续完善电商基础设施，补齐硬件短板；加大人才、物流仓、分拣车间等电商基本要素投入，探索通过直播带货、社群分享、社交电商、云店铺等方式深挖线上流量，突破新农商业态的瓶颈约束，加快实现线上线下融合发展和全国城乡数字化融合发展。

（三）布局产业互联网，助力产业升级与融合发展

当前，中国经济正处于转型升级、提升核心竞争力的关键时期。2020年政府工作报告从数字经济、新消费、产业互联网、产业升级等多个维度指出了实现全面小康目标的工作重点与路径，并提出"发展

工业互联网，推进智能制造""激发新消费需求、助力产业升级"等新要求。在宏观层面，产业互联网建设有助于提高生产效率，推动我国经济动能转换。经过十年的深耕与积累，汇通达已站到产业互联网与下沉市场领域的双重杆位。要打造领先型农村商业数字化服务平台，应继续融合互联网、大数据、云计算、智能零售等科技手段，一方面，与行业巨头深度合作，在重点垂直领域精细化发展，打造全新的农村产业互联网生态；另一方面，通过产业跨界融合、企业价值共享、数字技术应用和商业模式再造，建设下沉市场，基于产业互联网高效的资源匹配能力提高流通效率，实现农村产业结构升级优化与业态创新，推进农村产业互联网不断升级与融合发展，形成农村经济发展新动能。

第三节　车300：汽车定价与金融风控先行者[①]

随着汽车消费群体逐渐年轻化和汽车消费升级置换周期缩短，资本的注入使得一些二手车交易平台声名鹊起。然而，由于没有标准化的规范、市场利润不透明和诚信缺失，加之行业内频频出现交易数据造假、隐形收费、车险欺诈等乱象，使整个行业的可信度屡遭质疑，消费者不禁直呼水太深，而这恰是影响该市场繁荣发展的根本原因之一。南京三百云信息科技有限公司（以下简称车300），作为独立第三方的汽车交易与金融SaaS服务提供商，志在完成"二手车交易定价标准化和汽车金融风控标准化"成为加速国内二手车市场推向规范化和标准化进程，为行业树立新的标杆。

一　没有统一标准的二手车平台乱象

（一）定价标准未统一，存在恶性竞争

2019年，我国新车交易量约2108万辆，二手车交易量约1296万辆。表面看，二手车交易量超过千万辆规模，是个不小的数字，但跟成熟的欧美汽车市场相比差距不小。以美国市场为对照，其新车与二手车交易量比约为1∶2，而我国则刚过1∶0.5；美国二手车交易量与

[①] 本案例由南京市社会科学院副研究员郑琼洁、美国范德堡大学本科生黄贤达整理提供。

汽车保有量之比稳定在14%以上，而我国仅为5.8%。

我国汽车行业发展虽不及欧美时间长，但也有30年之久。随着1998年《旧机动车交易管理办法》和2005年的《二手车流通管理办法》的颁布实施，二手车市场才开始逐步进入规范化阶段。但是，二手车交易早期发展增速非常缓慢，迟迟没有出现像新车市场那样的"爆发式"增长的局面。直到2014年以车300为代表的标准化的二手车评估系统的输出，这使得中国的二手车成交量保持在每年20%左右的增长速度。

早期二手车市场信息不对称，缺乏科学的、完整的、统一的评估标准和诚信评价体系，交易体制不规范，虚假宣传、承诺服务难兑现、"套路贷"以及售卖问题车辆等乱象频生，没有完善的售后服务体系，导致二手车行业恶性竞争现象普遍存在，行业整体缺乏公信力。

由于对二手车价值的评估过于简单和随意，实际估值与理论价值差异很大。同一地方多家二手车交易市场之间甚至存在恶性竞争，相互压价现象十分严重。使用成本及残值逐渐被大家所重视，甚至会有销量很高、保值率偏低的情况存在，但是在很多时候，卖得好的车，不一定保值率就高。我国汽车市场复杂，诚信体系建设路途还比较遥远。与新车市场相比，中国二手车行业仍处于起步阶段，亟须对车辆价格标准化。

（二）诚信制度未统一，存在信息隐瞒

我国的二手车交易市场体制还不完全健全，行业结构也还不完整，卖家或平台往往比买家拥有更多关于交易车辆的真实信息，这对于商家的服务诚信以规范度要求很高。比如在二手车交易市场，有些卖家或平台对消费者打虚假广告，蓄意隐瞒车辆状况技术信息等真实情况。在外观方面把汽车包装得很新很华丽，而对实际车况却隐瞒安全性能与可靠性能系数，包括车辆事故为何种损伤程度、真实里程表转数、车辆质量可靠系数，等等。这种信息不对称导致二手车售后服务问题多，消费者购买问题车辆驾车上路也存在潜在风险。

（三）风险控制未统一，存在车险欺诈

车险诈骗主要是利用一种虚构的保险事故手段骗取保险赔款，近年来屡见不鲜。车险标的数量繁杂，出险频率高且事先难以预防，车险欺诈获利空间较大、操作相对较方便、移动空间很广。车险的保险欺诈情况相较于其他险种更易发生。机动车的高流动性、车险赔付对象多样性，导致其风险管控非常复杂。各保监局发布的车险骗保案，以汽修厂作案和驾驶员顶包案件占据主导，涉案金额巨大、专业团伙跨区域作案、制造连环恶性虚假事故，直接损害保险公司的效益，危及人身安全且社会负面影响极大。

二 车300：汽车定价与金融风控标准化的领路人

2014年，车300核心产品——二手车估价系统上线，通过用户口碑传播，快速占领细分市场。现如今，已经升级成为国内优秀的以人工智能为依托，以汽车交易定价和金融风控的标准化为核心产品的独立第三方的汽车交易与金融服务提供商。目前车300的产品服务已经覆盖了汽车金融全场景、全流程。凭借人工智能深度学习、行业大数据分析、金融风控系统构建三大核心技术体系，车300已经实现了对汽车生命周期、汽车行业人士、汽车交易场景、汽车交易环节、汽车行业资源的全覆盖，奠定了在行业内汽车定价和风控能力的领先地位。

（一）估值体系标准化：二手车价格信息库

通过深度合作的数百家线上交易平台与线下交易市场，车300每天捕获超过2000万条动态信息。此外，车300团队将孤立在各地的汽车数据进行检索、聚合及归并，从而累积了数亿条真实数据，建立了海量的汽车价格信息库，在大数据、残值计算、学习型人工智能技术的基础上，建立起了精确、透明、公正、权威的二手车估值体系。车300估值体系包括快速估值、精确定价、车况定价、快定价，可以满足不同用户在不同场景下的评估需求。

快速估值适用于承保中对正常车况的车辆进行估值，个人消费者和中小车商在车300 APP上以及小程序上输入车辆的四要素：车型、上牌时间、所属区域、行驶里程，即可获得该车辆在不同销售场景的估值，及不同区域的市场真实交易价，满足汽车交易，车辆评估，金融服务以及置换需求相关的车价信息查询。

精准定价适用于更为精致的车损保额的计算，在快速估值的基础

▶ 案例篇

上纳入更多的变量：车身颜色、过户次数、工况、内饰、外观、使用性质、出厂日期等。

车况定价采用自然语言处理和机器学习技术，基于车辆基础数据和维保记录，智能评估车辆车况，在评估的过程中过滤和识别保险场景中的问题车辆，例如曾有高额维修记录，里程异常以及事故车，最后对车辆进行定价。

快定价结合车史数据和实时车辆数据、图片及视频，由专业评估师团队从历史和当前车况角度人工快速定价，可以排除问题车辆、事故车辆的欺诈可能。

（二）汽车助贷流程全把控：金融管理系统一站式解决方案

汽车金融需要数字化管控手段，从业务申请到结束的每一个重要节点都需要记录和管控。

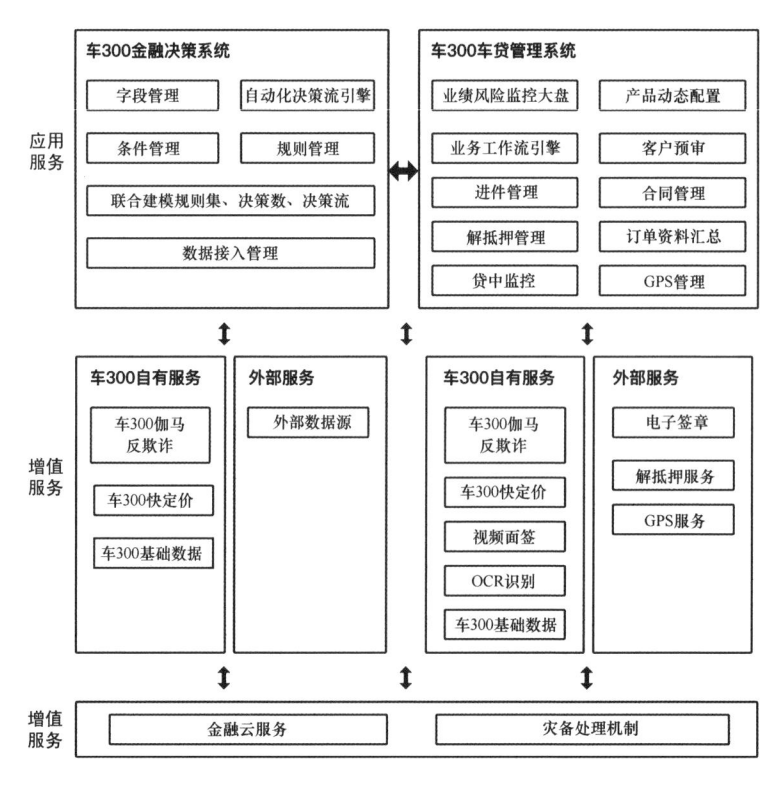

图6-3 车300汽车金融全流程解决方案

2019年，车300推出"金融管理系统"为汽车金融从业者提供业务进件到贷后管理的一站式整体解决方案。该系统通过APP的便捷操作赋予前端操作者以快、准、稳的汽车助贷业务全流程把控能力。这是其为金融机构量身打造的产品，通过远程检测评估为客户提供贷前的车辆信审，围绕客户审核、资方汇集、业务流程、财务管理、贷后处置、内部管控等汽车助贷业务全流程方案的整体优化，有效提升工作效率、规避坏账及逾期风险，以金融科技（车况数据＋车史数据＋AI识别＋人工服务）赋能新时代的汽车助贷，为客户提高效率，降低风险。

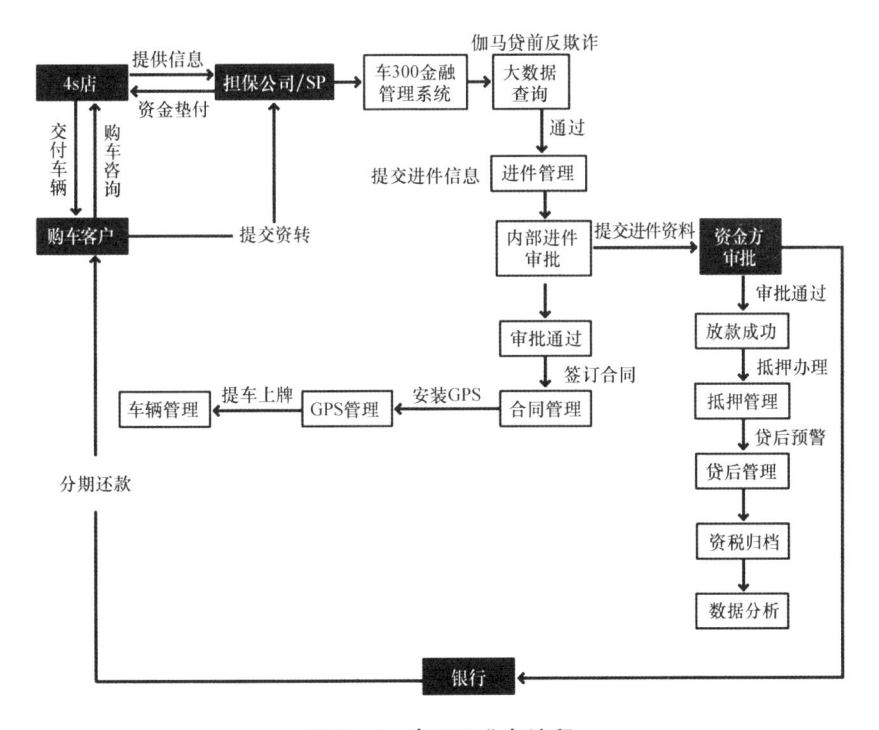

图6-4 车300业务流程

2020年6月，车300强势上榜了"2020胡润中国猎豹企业"，被权威认证为5年内最有可能达到独角兽十亿美元估值的高成长企业。作为拥有前沿人工智能及深厚大数据技术的公司，车300多年来持续推动在金融风控领域的研究，坚持推动产品创新、科技创新、管理创新、品牌创新和市场创新。

（三）汽车金融反欺诈核武器：伽马风控系统

车险欺诈已呈现出专业化、隐蔽化、高科技化的趋势，通过大数据、人工智能等新技术手段在甄别欺诈案件、开展理赔等环节进行风险控制是大势所趋。2019年，调研机构 FRISS "保险欺诈调查报告" 显示，有67%的保险公司仍需通过 "工作人员的经验"、45%的公司仍需依靠 "理算员的直觉" 来检测欺诈案件和识别高风险客户。保守估计，我国车险行业的欺诈渗漏占理赔金额的比例至少达到20%，对应每年损失超过200亿元。针对这个行业安全漏洞，车300团队研发出了伽马风控系统—金融反欺诈的秘密武器，将成为整个行业应对车险欺诈的突破口。

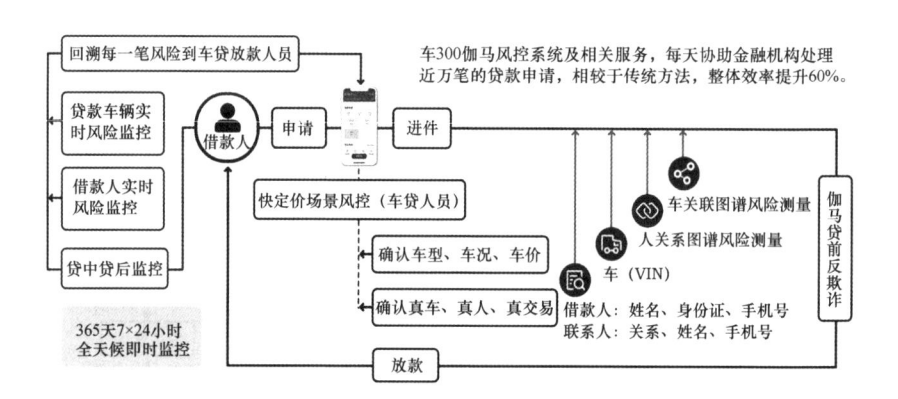

图6-5 车300汽车金融业务整体思路

车300伽马风控系统依托人工智能、大数据、云计算三大核心技术体系，基于MC文本挖掘和知识图谱前沿技术构建底层数据，采用LR、XGBOOST、GRU、图神经网络、深度学习等前沿主流算法搭建多个嵌套子模型。为汽车金融中的车贷反欺诈、车险反欺诈，以及车辆租赁的承租人反欺诈提供标准化的数据服务和风控服务。

车300伽马风控系统具备强大的汽车大数据分析能力，以及行业危险关系网络构建能力可以有效进行风险预警。譬如：通过对保险公司车险商业险投保人的反欺诈识别和身份核验，可有效防范投保人通过采购老旧高端车型，制造事故，骗取保金带来的经营风险。凭借复杂逻辑大数据处理能力，车300车险反欺诈可有效识别虚构标的、故意损财、提供伪证、团伙欺诈等车险欺诈的常见风险。

伽马风控系统在自我发展的同时，选择与拥有大数据资源的保险公司进行合作以实现对保险欺诈的智能联防联控。多家保险公司正逐步通过大数据、人工智能等新技术手段在甄别欺诈案件、开展理赔等环节进行风险控制，以此做基础来建设反欺诈引擎。

车300伽马风控系统可应用于保险公司对车险商业险投保人的反欺诈识别和身份核验、风险预警环节，具体表现在协助保险公司优化车险业务流程，建立反欺诈信息交互机制，加强定损核赔标准化管理，切实做好理赔风险控制，从内部管理中形成对车险理赔流程的独立监控，有效识别欺诈线索，控制欺诈风险。随着有效欺诈案例样本的累计，通过数据挖掘、机器学习的算法，找到数据蕴含的规律特征，车300伽马风控系统的反欺诈的能力将不断提升。

到2021年底，公司计划引进并打造规模在500人左右的，拥有国内外一流金融科技、信贷、风控机构经验的专业人才团队。持续增加研发投入，集中发力智能风控服务领域。通过不断打磨技术，延伸产品开发，将人工智能、大数据、云计算与业务场景深度结合，提供智能信贷风控、智能反欺诈、智能运营等全方位服务，成为国内智能风控行业的标杆企业。

三　对策建议

（一）拓展数据获取渠道，建立信息合作共享机制

作为汽车交易场景方案提供商，车300需要收集并分析海量数据，为汽车价格评估、金融贷款、金融反欺诈等商业活动提供智能支持。汽车交易链条不同环节中的数据是企业最为宝贵的财富，如何进一步获取相关信息数据是企业未来发展的重要方向。第一，加强同行业之间的信息交互，提高数据库容量。通过深度合作的百家交易平台实时动态数据，车300已经形成自己的汽车价格信息库，从而进行估值和定价。进一步，车300可以与其他汽车二手交易平台、汽车零配件交易平台等进行合作，拓展二手车信息的获取渠道。第二，加强与

金融企业间的信息交互，拓展数据库维度。金融企业积累了大量客户交易往来的数据，形成了庞大的结构化数据资源，车300不仅可以与保险公司合作，还可以与银行、证券等相关金融企业建立有效的信息共享机制，拓宽数据库中的信息维度。第三，加强政策支持，提高信息获取的便利度。信息获取成本目前占据了车300运营成本的50%，因此在商业信息层面，需要交通部、银监会、保监会等相关政府部门给予相应政策扶持，开放更多非敏感数据获取渠道的同时，降低非敏感数据获取成本，提高企业大数据分析的速度与精准度。

（二）继续提高人才引进力度，强化核心科技研发

作为典型信息科技型企业，车300需要进一步对现有技术进行升级和优化，提升智能信息系统的运行效率。第一，继续深入前沿信息科学技术的研发和应用。包括对人工智能、大数据、5G等技术的交叉应用，优化数据挖掘、机器学习的算法，将人工智能、大数据、云计算等与业务场景深度结合，进一步提高智能信贷风控能力、智能反欺诈能力、智能运营能力。第二，继续推进人才发展战略。加大引才引智投入，注重为团队配置所需高端人才，引进国内外一流金融科技、信贷、风控机构经验积累的行业精英，引进具有AI、大数据、云计算等专业人才。第三，继续加强企业与高校、科研机构的合作。南京数量众多的高等院校和科研院所，为产学研合作提供了极大的便利。积极配合"两落地一融合"工程，建立市级、省级技术研究中心，增进与高校、科研院所之间的产学研全方位合作，建立研究生工作站，推动研发成果落地。

（三）加强市场营销，增加企业曝光度

由于企业核心团队偏重于技术研发，营销能力相对偏弱。在流量至上的信息社会，传统"酒香不怕巷子深"的营销模式已不再适用。虽然车300在汽车行业内部已经得到了诸多企业的认可，但是仍然需要对企业核心产品进行营销。实施方向如下：第一，加大广告投放力度，实施定向营销。借助企业大数据优势，对网络消费者的偏好及个人特性进行分析，并向其推送个性化广告，更加精准地将企业信息传播到目标客户，提高企业曝光度和企业营销信息的传播效率。第二，利用社交媒体，开展社会化营销。

车300的终端用户涵盖了海量的汽车相关产品的消费者，企业可以在客户端中增加社交属性和娱乐属性，借助消费者的点赞、分享、转发等行为，增加企业信息传播的广度和速度，利用消费者的口碑效应提高企业知名度。

第四节 电老虎：都市工业互联网示范平台[①]

我国经济已由高速增长阶段转向高质量发展阶段，在制造强国和网络强国建设中，工业互联网的重要性日趋凸显。工业互联网是新一代信息技术与制造业深度融合的产物，不仅是新工业革命的关键支撑和深化"互联网+先进制造业"的重要基石，也是推进经济高质量发展的重要动力。当前，我国工业经济规模全球第一，信息通信行业规模庞大，在互联网应用技术方面已有一定储备，工业互联网推动经济高质量发展已具备良好基础。从政策制定看，我国先后出台了如《关于深化"互联网+先进制造业"发展工业互联网的指导意见》《工业互联网APP培育工程实施方案（2018—2020年）》《关于推动工业互联网加快发展的通知》（2020年）等，各地如广东、浙江、上海、福建等在内的20多个省、市、自治区纷纷出台了本地促进工业互联网发展的实施方案。显而易见，工业互联网已经成为各地推动经济高质量发展的重要抓手。

一 工业互联网对经济高质量发展的重要意义

（一）工业互联网重启企业数字化转型

经过二十多年的发展，国内互联网、数字化正从需求侧向供给侧转变，而作为"新基建"核心的工业互联网的发展正处在初步阶段，其发展商业模式、最佳实践等还在探索、试错过程中。而以往侧重于智能制造、数字工厂的数字化转型，存在"不会转、不敢转、转不起"等问题，部分企业甚至发出数字化转型"不转等死，转了找死"

[①] 本案例由宁波大学副教授徐扬、河海大学研究生苏健整理。

的声音。这中间存在一个认识误区：把智能制造、数字工厂等信息技术在生产制造领域的深化应用认为是工业互联网，偏向生产力；而忽视互联网、信息技术在流通领域的环节服务，如工业培训、票据服务、推广营销等。而以互联网思维为底层架构，以信息技术为生产要素，以共享经济为顶层设计，为"生产、流通、服务"及产业链内的价值交互提供各类环节服务，将会大大降低传统企业数字化转型的难度和成本。推动工业互联网平台企业，构建普惠、低成本数字化转型解决方案，激发传统企业重启数字化转型的动力。

（二）工业互联网重塑产业价值链体系

工业互联网能够推动数字产业向供给侧和工业领域发展，并促进整个产业链持续创新，贯穿打通产业链各个环节，围绕产业环节提供各种专业服务，建立上中下游协同合作、融合共生、利益共享的创新组织模式。企业通过"上云用平台"，实现产业链区域协同，以数据打通整个产业链，通过数据共享形成更高效、便捷的产业协同，构建产业链数据生态。围绕优势产业链，全面构建全要素、全生产链、全价值链全面连接的新型工业生产制造和服务体系。虽然完整的产业链各个环节分布在不同地点、牵扯到不同利益，要想实现以上目标，不是单独组织和企业能够完成。但可以通过线上线下融合方式，找寻、汇聚产业链上核心价值和关键资源，充分利用政策优势、产业凝聚及金融引领等所有能够利用的资源，通过构建工业互联网产业园，贯通线上线下产业，通过政策引导作用，成熟平台服务能力，加速资源向有利于产业优化调整的方向发展。

（三）工业互联网重建产业生态圈

探索、推行"普惠、低成本、持续赋能"一揽子企业数字化转型解决方案，彻底解决中小微企业"不会转、不能转、不敢转"问题。有必要构建"政府引导—平台赋能—核心引领—机构支撑—多元服务"的联动机制，加强跨部门、跨区域、跨行业以及供给需求、线上线下、产业链上下游协同，在更大范围、更深程度推行普惠性"上云用数赋智"服务，形成"携手创新、转型共赢"的数字化生态共同体。从企业立体化、数字化推广角度着手，同时结合国家"上云用数赋智"，推进中小微企业普惠、低成本的数字化转型，为工业企业开发专属私有云平台。具体来说，可以通过从"产品推广""代理商招募推广""云工厂、云企业""在线示范工程推广""新产品新技术推广""库存管理"等多个维度，帮助企业低成本、精准、高效拓展新客户及合作伙伴。构建产业生态所涉及的往往是思想根源上的变革，甚至是认知观上的改变，不仅仅是自动化、互联网化等技术方面改变，更重要的是生产关系的改变。牢固树立产业链协作的平台思维、生态思维，强化系统布局、整体推进和协同作战，推动工业互联网向下覆盖各行业各领域；构建核心产业链互为场景、互为基础、互为生态的协同应用体系。

二　电老虎：提升南京工业互联网竞争力的先行者

江苏电老虎工业互联网股份有限公司（新三板：835192），是10年前从电力工业互联网起步，逐步走向全品类工业互联网平台的企业（平台已经升级为"老虎工业云"）。垂直服务于电力电气、新能源、新材料、化工、有色金属、工程机械、包装印刷、玻璃陶瓷等32个产业，提供推广营销、材料采购、工业培训等环节服务已经有数万家工业企业成为老虎工业云的用户。电老虎通过工业推广大数据的沉淀，为地方政府搭建了全景化的工业经济活动、工业推广与服务、工业交易、工业评价多方面的大数据云平台。作为工业互联网新基建"普惠、低成本、持续赋能"上云的新服务解决方案提供商，电老虎致力成为南京都市工业创新发展示范型平台，打造华东地区领先的工业互联网产业园。

（一）打造线上线下全流程综合服务体系

通过国内首创"企业数字化推广云舱"：从产品推广、代理商招募推广、在线工厂推广、在线示范工程推广、新产品新技术推广等多个维度，帮助企业低成本、精准、高效拓展目标客户及合作伙伴。既是企业的数字化推广的管理工具，也是电老虎为企业搭建的立体推广专属私有云。同时通过电老虎线上十万计客户资源、线下百余场专题活动，每年覆盖数以千万计工业客户产业生态和自身十余种成熟应用共同作用下，构建电老虎独特的三级推广模式，助力企业快速触达新的客户群体，是目前普惠、低成本、持续赋能的"上云用平台"最佳实践。同时打造的数字推广云舱,为地方政府搭建云服务、云管理平台,助力地方政府引导云服务拓展到工业生产制造领域和中小微企业,推动本辖区内企业数字化转型,即时掌控地方企业和工业数据,是地方政府推动数字经济的重要抓手和支撑。

通过建设工业互联网城市会客厅和创新发布培训中心,将老虎工业业已成熟的虎链云、蜡肉网等平台以线下体验中心的形式落地,围绕生产、流通、服务等全景展示本地工业生态,并结合物联网、区块链、人工智能等技术实现产品生产、流通、服务各环节全程实时交互、事后溯源,并辅以配套的创新发布培训中心,实现将国内外最新的技术、思路和南京市及江苏省工业生态有机融合。

(二)通过数据贯穿产业链发现价值所在

电老虎通过大数据精准对接供应商和生产企业的需求,按需定制产品,减少了资源浪费,提高了产业效率。

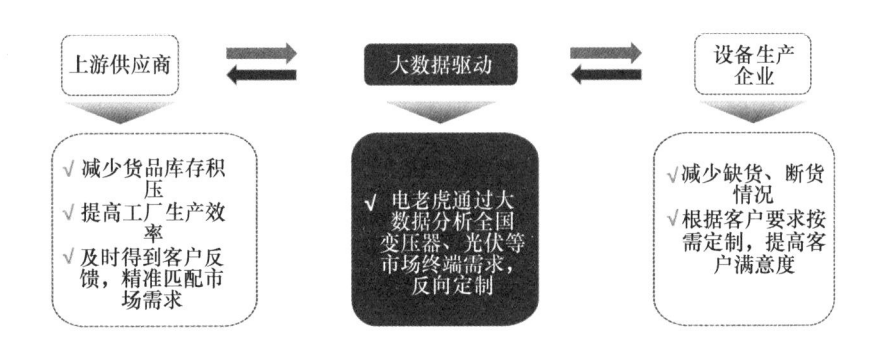

图 6-6 电老虎大数据精准对接供需双方

经过电老虎独特三级推广模式,促使企业快速触达新客户群体的同时,导入老虎生态资源,沿着产业链的价值传递方向,辅以电老虎业已成熟的供应链金融服务平台,构建产融结合场景;结合 C2M 智能制造生态场景建设,塑造工业企业开放的价值链体系,助力传统工业企业构建自身的产业生态和商业模式创新。

电老虎通过设备感知层、数据层、分析层、管控层、呈现层五层结构。将感知层物理分割开,为以后设备管控的云、雾、端分开管理奠定

第六章 信息服务类高成长企业

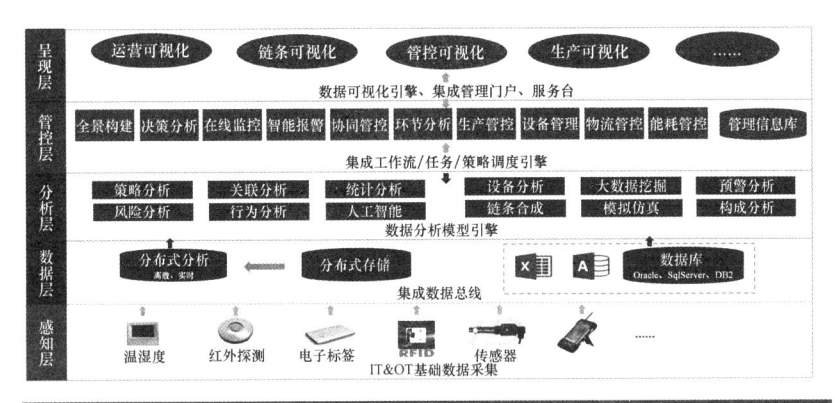

图6-7 电老虎整体系统服务构架

基础。采用当前主流分层大数据管理机制，建立"脏数据"资源池，设计分层计算逻辑，确保架构能支撑未来千万级别数据洪流冲击。

不同于消费品，可以通过单点突破，进行快复制，以集中数个高频SKU进行快速复制。工业互联网则需要打通多个环节，并使各环节的技术产生联动，这需要一个相对漫长的打磨过程。通过整合全国资源，数据化升级，以及自身标准化提炼，电老虎网走出了一条以"云"为工具，实操落地的创新之路。

一是系统化终端获取行业真实需求数据，实现高效精准推广。利用电老虎网线上、线下渠道结合资源，改善了原有低效率、高成本的获客方式。目前累计注册用户数量近30万，存留率高达60%，复购率达到70%。电老虎每年举办多场全国的线下集采集卖、智能制造、招商推介、创新创业等大会。并通过新型代理关系，把平台上30万代理商，逐步发展成为平台代理商。以线下"聚群"，线上"管理"，高效地实现了下游需求的透明化。二是独有的"线上+线下"交易平台的搭建。通过在线系统综合服务，建立采购厂家服务平台、分销商服务平台，并为包采购厂家提供保险、供应链金融衔接等多元化增值服务。三是专业的地面（地推、售后）团队。地推骨干成员均具备8年以上业内经验，跨区域获客能力远高于同行。在全国多地建立了服务网点。

（三）构建都市工业互联网新生态

老虎工业云平台摆脱流量和 GMV 的依赖和束缚，通过对 B 端工业企业和服务商提供有效赋能，并促进 B 端生产出符合 C 端需求的产品和服务，并在这个过程中有针对性地提供一系列的环节服务，从而实现最终平台盈利。通过一系列数据沉淀和产业经验加持，对产业进行深度分析和研判，从而找到深度改造或重塑 B 端和 C 端供求平衡的最佳解决方案。通过以下操作路径，构建都市工业互联网新生态。

一是沿产业纵深推进数字生态建设。公司以工业互联网为依托，沿着产业链上的价值导向，为产业链上各个环节提供特定的服务，从服务电力电气行业延伸到全工业领域，促进产业链上各环节的零缝隙沟通和价值流转，推动传统制造业升级改造、商业模式推陈出新，成为行业的先行者和领军者。在传统工业改造的过程中，最大的难点在于平台品牌的塑造，工业品很难在初期像消费品一样快速复制，口碑及品牌的传播、价值的传递需要经历一个相对漫长的过程，一旦形成，就具备了比较突出的"先发优势"。二是围绕环节提供专业服务。公司通过多年，积累了自有的工业制造所需的互联网化技术。不同于消费品，可以通过单点突破，进行快复制。以集中数个高频 SKU 进行快速复制。工业互联网则需要打通多个环节，并使各环节的技术产生联动，这需要一个相对漫长的打磨过程。三是庞大的行业资源整合能力。通过构建全方位的工业生态社群，搭建了工业领域最优质、最大的工业生态社群，汇聚数以十万计全国工业代理商资源、过万家工业头部工厂资源、4 万家核心厂家资源，运营超 5000 个工业社群，并构建了最优质的工业多边生态资源、产业资源，并让参与者能在平台上实现良性互动。

三 加快打造南京工业互联网发展生态的对策建议

（一）加快工业互联网的整体布局

一是准确理解工业互联网发展。工业互联网产业发展的未来趋势是，将从狭义的工业互联网向广义的工业互联网范畴延伸。当前认定的工业互联网独角兽企业偏重于"生产制造"领域的深化应用企业，缺乏在"生产制造、流通、服务"三大领域全面深化应用的工业综合服务互联网平台。工业互联网建设主要围绕三个模块：一是基础建设模板，包括数据库、数据中心、节点；二是围绕产业链提供内容服务，包括智能制造、平台交易、环节服务等；三是围绕创新类，包括鼓励探索新的模式，这块仍然是没被挖掘的领域。目前在第三块创新类方面有很大提升空间，尤其在流通和服务上的创新，需要挖掘和培育更多的工业互联网企业。因此，应准确理解工业互联网的发展方向，提前布局和培育新工业互联网平台，将有利于提升南京市乃至江苏省工业互联网的发展与竞争力。

二是加快工业互联网产业园建设。鼓励现有工业互联网头部企业，投资建设工业互联网孵化基地，加快建设全省第一个"工业互联网产业园"，鼓励、扶持本地工业互联网平台投入对工业互联网创新基地、孵化中心的建设、工业互联网产业园的建设。打造南京市乃至全省有影响力的工业互联网产业园，发挥工业互联网平台资源汇聚和生态赋能的强项抢占先机，推动南京及长三角地区产业空间布局、产业链区域优化调整，快速建立南京千亿数字产业生态。

三是加快建设工业互联网研究院。引进专业领域的研究人才，加强前瞻性、战略性、储备性的政策研究，引领工业互联网的技术创新、标准研制、安全保障、应用推广与交流合作。推动工业互联网产、学、研、用体系的构建，整合高校院所、龙头企业的优质资源，打造国内领先的成果产业化基地。根据工业互联网企业的人才需求，联合标杆工业互联网企业，反向定制学生就业前的课程模块。

（二）加速工业互联网的落地应用

一是重视新型基础设施的升级。工业互联网对基础设施的依赖程度较高，要鼓励5G、物联网、IPv6等新型基础设施的快速部署，推动大数据、云计算、人工智能等通用技术建设。同时，鼓励工业企业改造基础设施，积极推动工业企业在业务流程数字化、设备资源数据化、生产能力虚拟化等方面开展工作，支持企业引入基础数字化设施。

二是加强"上云用平台"政策引导，扶持本市工业互联网企业。南京在制定本轮"上云""两化融合""互联网＋"等数字化转型相关政策中，应加大力度鼓励本市工业互联网龙头企业的云服务扶持，鼓励、补贴本地企业采用本市工业互联网云平台。对电老虎工业互联网"数字化推广云舱"、朗坤"旺采采购云平台"等低成本、普惠、持续赋能的云平台给予相应的上云政策支持。

三是鼓励工业互联网二级标识解析节点的申请与建设。结合"江苏省强链拓市专项行动"选定的合作平台单位，出台政策鼓励、扶持其中行业内龙头企业，建设南京市工业互联网二级标识解析节点建设。工业互联网二级解析节点建成后，构建南京市为数字中心的优势产业链标识解析体系，也将形成工业的数据流中心，是未来工业数字化产业的重大基础。

（三）加大工业互联网发展的资金支持

一是成立工业互联网产业专项基金。产业的快速发展，离不开产业基金的大力支持。南京工业互联网平台，相对于其他地区工业互联网平台，具有规模较小、受地方支持较小的特点，建议成立工业互联网专项产业引导基金，对于工业互联网领域已经被市场认可的瞪羚、培育独角兽、独角兽企业，给予一定的资金扶持。成立专项扶持基金，用"风险代偿"机制联合银行创新金融产品，为独角兽、培育独角兽和瞪羚企业提供如"投贷联动""股权质押"等创新金融服务。争取在未来2—3年，培育孵化出3—5个具有全国影响力的工业互联网创新平台。

二是加大对工业互联网企业的研发奖补。工业互联网的系统设计与应用，要充分考虑企业的需求，而不是盲目追求技术先进性。鼓励企业立足需求侧进行研发、设计和制造，围绕与工业互联网密切相关的自动控制、感知技术、工业软件等产品，对企业在数据采集、开发工具、应用服务等核心技术方面的研发投入给予一定比例的补贴和奖励。

第五节　云问科技：智慧服务的语义引擎[①]

自然语言处理是人工智能的重要应用方向，让机器能够"听懂"

---

① 本案例由南京市社会科学院副研究员郑琼洁、南京林业大学经济管理学院博士后姜卫民、河海大学研究生于晓整理提供。

人类的语言，理解语言中的内在含义，并做出正确的回答是语义识别技术追求的目标。1986年，自然语言处理作为智能计算机系统研究的一个重要组成部分被专门列为研究课题。在"863"计划的支持下，中国开始组织语义识别技术的相关研究，并决定了每隔两年召开一次语义识别的专题会议。自此，我国语义识别技术进入了新的发展阶段。自2009年以来，借助大数据语料的积累以及人工智能技术的发展和应用，语义识别技术得到突飞猛进的发展。

一 发展自然语言处理技术的重要意义

（一）自然语言处理是人工智能的认知突破

人工智能分为计算智能、感知智能、认知智能三个阶段。自然语言处理是人工智能从感知到认知的重要一步，而认知智能的关键是自然语言理解，一旦有突破，则会大幅度推动认知智能，并提高人工智能的技术，并促进在很多重要场景落地。人工智能的终极目标是使机器达到人类理解自然语言的水平。人工智能必须理解自然语言的意义、能够进行常识推理，而通过对词汇知识进行深度挖掘来反映人的常识和语义，再跟计算机的视觉、知识图谱等技术结合起来，有望让人工智能达到一种可理解的、可解释的境界，打造出可解释、有知识、有道德、可自我学习的NLP自然语言处理系统。

（二）自然语言处理是对语言资源的重要利用

人类社会每天都有海量的语料资源，在各种应用场景中，如果能基于自然语言处理充分利用这些海量资源能打造巨大的连接力量。例如疫情的出现推进了远程服务的升级，但现有客服行业整体面临数据分布分散问题，工单、机器人、电话等服务涉及的若干系统和环节中都沉淀了大量的知识和数据，这些数据庞杂且分散，依靠人工客服难以做到有效采集挖掘，形成统一记录分析；面对大量的访客尤其是大量专业政策类咨询，要想提供实时准确的应答服务，需要大量的知识积累和有力的知识支撑，同时导致服务人员工作强度大，难以提升服务质量。因此搭建客服数据中心是服务业升级的重要举措，也是人工智能新基建落地的重点工作。

(三) 自然语言处理是提高效率的重要支撑

传统的人工客服窗口工作时间短，无法实现全天24小时服务，访客咨询渠道受限，转人工回复不及时，电话常常需要排队，响应不及时，这些问题容易导致大量客户流失。而且人工客服获取的信息时效性差，例如在政务服务部门中交通临时管制、高速道路信息等实时性较高的信息，在客服服务中不能全面及时触达市民，为群众带来不必要的麻烦。在人工服务过程中，受到人工主观意识和自身情绪的影响，服务质量难以保证。多个客服系统相互孤立，访客信息分散，难以统一维护，为客户提供个性化服务，影响访客的咨询体验感。另外，在产品更新换代飞速的今天，企业对员工的能力素养和知识储备不断提出更高的要求，但是人工的知识储备终究是有限的，这就需要一个智能的办公服务助手，实时为企业员工提供技术知识咨询服务。此外，企业HR服务内容繁多，招聘周期内人手短缺，工作量繁重，不能及时响应员工需求，且业务流程烦琐复杂，办理速度降低，员工等待时间长，导致企业运营效率下降。企业的财务工作各项手续繁多，如办理开票、报销、账务处理等事务，需要细致处理的同时还面临着流程复杂的问题，影响办事效率。现代职业人在使用办公设备时都越来越注重智慧办公和智慧管理，为了适应瞬息万变的信息社会的需求，传统的企业办公环境必须做出智能化转型，将语义识别技术应用到日常办公环境中，使用具有智能语义识别功能的机器人辅助员工办公。

政府办公部门面临着同样的问题。近年来，在"互联网+政务服务"的引领下，我国政务信息化的步伐明显加快，伴随着一系列新技术的应用，政务信息化正朝着智慧政务的方向推进。一个地方的智慧政务发展程度，不仅反映着政府对信息化的应用程度，也代表着智慧城市的发展水平。在传统的政府结构下，不管是横向的部门设置，还是纵向的层级设置，物理上多处于分散状态，这对企业、老百姓办事造成了极大的不便。政府运作的最大难题莫过于协调，传统政务服务中更多的协调都是点对点地在部门之间进行，费时耗力。此外，长期以来，我国政府管理运作都处于手工作业的形态，尽管人们不断强调要提高政府办事效率、降低行政成本，但手工作业的基本形态使这样的目标难以达成。因此将智能语义识别技术运用到政府政务服务中，用机器辅助人工甚至代替人工，实现政务服务智能化自动化具有重要意义。

二 云问科技：语义识别技术优势

语义识别的应用十分火热，语音对话机器人、语音助手、互动工具等各项新技术层出不穷，许多互联网公司纷纷投入人力、物力和财力展开此方面的研究和应用，通过语音交互的新颖和便利模式迅速占领客户群。目前，智能语音技术主要应用于智能家居、虚拟助手、可穿戴设备、智能车载、智能客服、智能医疗、陪伴机器人等方面。

成立于2013年的云问科技是南京市一家以自然语言处理等AI技术为核心，以自然语言理解和认知智能技术为主要研发方向，围绕"外部客服及营销智能化"与"企业内部运营智能化"场景赋能的人工智能培育独角兽企业。目前在北京、上海、深圳、广州四地设立了运营中心，并在全球范围内拥有三大研发中心，企业集聚世界级精尖力量，囊括了长江学者、双创博士等顶尖人才，技术领域涵盖NLP、语音识别、深度学习、强化学习及认知智能等多个AI领域，目前已联合4所世界级学府与5家行业领军企业共同形成云问智库，在智能对话、智能推荐、情感分析、智能质检、智能助理等方向都有突破发展。

（一）智慧客服：提供多场景多类型机器服务

在现代企业中要保持竞争力的其中一种方法，就是尽可能地在工作流程中加入自动化环节，客服环节是智能化语音识别技术应用的一个重要方向。使用传统人力客服经常会出现客户等待时间长而导致客户流失的问题，云问科技推出的文本机器人智慧客服很好地解决了这一问题，云问可以分析语句中的信息，并提取成一个个的意图槽位，然后基于语义分析的槽位结果进行一些分析、检索、应答等，通过一句话快速理解访客问及的问题并作出回答。使用智能文本机器人可以将用户服务等待时间从几分钟乃至几个小时缩短到几秒钟，且文本机器人在各类业务问答场景下的解决率可高达90%以上，尤其在复杂知识场景下的优势更佳，能够提供多场景多类型的机器服务，从知识自动问答、功能节点导航、多轮交互、全域检索到业务自动查询、业务办理、主动推荐等多场景提供虚拟服务，可以节省80%以上的人工成本。

除文本机器人外，电话机器人也是能够准确自动解决客户问题的智能产品。接待电话机器人可以减少客户的等待时间，快速满足客户诉求可准确完成售前咨询、业务办理、服务查询、售后服务等多种接待场景。外呼电话机器人能够让人工座席减少重复性工作，去做更有价值的事，可快速进行电话通知、满意度调查、电话营销、客户回访等多种服务场景。辅助电话机器人作用是辅助呼叫中心和人工座席工作，实现业务流程指引、工单自动抽取、知识点提示等功能，提升客户服务质量，是全年无休的高效销售和客服专家。

（二）智慧办公：带来便捷化精细化企业管理

随着物联网技术的飞速发展，社会对现代化的办公环境提出了绿色、高效、智能、环保的要求。传统办公环境难以照顾到每一位员工的需求，做到及时解答员工问题，为办公流程提供便利。云问科技推出的基于文字、语义识别技术的企业内部智能助理能够有效降低企业管理成本，升级办公体验，提高办公效率，实现深层次的信息共享和业务协同，促进办公服务的精确化、智能化、便捷化。云问智慧办公系统致力于打造高效智能化企业服务场景，知识自动问答，支持富媒体知识，多轮会话，多流程节点自定义配置，查计划，查进度，预订会议，申请休假等企业场景高效融合。支持身份认证，能够智能分析各部门各区域员工关注点。主要分为HR智慧助理、IT智慧助理、财务智慧助理三大板块。

其中，HR智慧助理能够打破时间和空间的限制，部署方式灵活易操作，全方位为员工们提供HR相关服务。且支持文字、语音多种输入方式，通过猜你想问、引导胶囊等模块，展示热点业务，简化员工操作，提供更好的交互体验，精准高效地协助员工处理所办业务。IT智慧助理利用人工智能算法进行语义识别，全方位实现机器理解，为员工打造IT事务的专属服务助理。在应对IT业务复杂度高、员工描述多样的问题时，能够通过合理化的流程设计，为员工解答疑问，精准提供服务。财务智慧助理能够准确识别会话意图，提供开票、报销、账务处理、报税等功能，高效协助员工办理业务，助力企业财务部门向智能财务转型。

（三）智慧政务：发展高效性协同性社会服务

在社会公共服务中，经常面临着用户咨询量大，咨询内容繁多，客服人员难以找到准确信息的问题，进而导致人工电话客服接听率低，群众满意度下降。此外，政府政策变化频繁，操作流程复杂，客服人员学习成本高也是社会公共服务中的一大痛点。云问科技提供的智慧公共服务，业务范围涉及税务、社保、公安、电力、水务燃气以及省市政府综合服务等。建设了大数据知识中心，实现 7×24 智能服务，减轻一线人工服务。

云问智慧公共服务能够提供完整的移动端闭环税务自动化服务，并进行访客区域分析和知识使用分析，判断不同区域访客处理业务问题的偏重，以及哪些问题访客最为关心。能够利用机器人的语义理解功能，与政务大厅的各项业务流程做对接，从而跳过层层的菜单选项，直接定位需办理的业务。政务人员可以通过文字、语音等多种方式向云问机器人咨询各类问题，提高工作人员知识查询效率。智慧客服还可以通过深度语义挖掘，分析各类电力工单的产生原因、责任归属等，辅助电力行业人员工作。

三 高质量打造智能语音服务平台的对策建议

（一）企业层面：强化技术支撑，实现智能识别技术突破

一是加大前沿科学技术研发应用。打造智能服务平台离不开机器识别技术的应用，文字识别、语音识别、语义识别等需要强大的技术支撑。因此，需要强化对人工智能、大数据、深度学习等前沿科学技术的研发和应用。二是推动传统客服平台升级改造。将智能化数字技术以及机器识别技术应用到传统客服平台中，用智能客服机器人来辅助客服人员办公，为客户解答问题。三是建设企业智能服务平台。建成信息畅通、功能完善、服务协同、资源共享、供需对接、快捷便利的企业信息化服务体系，以云计算、物联网等现代化服务技术为基础，将智能语义识别技术应用到企业服务中，使用对话机器人辅助员工办公，提升员工体验，提高办公效率。

(二) 政府层面：加快场景应用开放，打造智能语音生态圈

一是搭建供需对接平台。南京应抓住民生领域的突出矛盾和难点，加快开放医院、学校、社区等对 AI 有较大需求的应用场景，赋能地铁、公交、垃圾分类等，吸引更多人工智能新技术在南京率先应用，促进人工智能转化为创新名城建设的现实生产力。二是设立专项资金支持。在引进中外龙头企业落地发展的同时，应加大对本地高成长企业和初创企业的支持，设立人工智能专项资金，优先向本地企业开放应用场景。三是发挥龙头带动作用。更加注重发挥已经在全国乃至全球有一定影响力的优质企业作用，加快形成"龙头企业带动、中型企业支撑、小微企业赋能"的企业生态，打造基础坚实、创新活跃、链条完备、开放合作的 AI 生态圈。

(三) 市场层面：提高知名度，拓展市场

一是加强宣传，提升知名度。智慧服务企业可以通过互联网平台、社交媒体等媒介向有客服需要的企业或机构投放定向广告，提高企业知名度，扩大企业影响力，吸引更多用户和企业加入智能服务平台。二是增加应用领域，拓宽市场。未来，随着 NLP、知识图谱及机器人训练等领域的拓展延伸，基于智能语义识别的智慧克服逐渐从客服机器人领域扩展至治安管理、城市建设等多方面，进一步推动 AI ＋实体经济的产业结构升级。三是赋能新基建，打造智慧城市。搭建智能问答一体化服务平台，运用语义理解相关技术，赋能实体经济创新升级，推动产学 AI 优势场景化落地，将智能语义识别应用到新基建行业中，助力新基建，打造智慧城市。

第七章　新型消费类高成长企业

第一节　艾佳生活：打造中国互联网大家居平台[①]

近年来，南京一直在大力推进成品房建设，目标到2025年末住宅建筑成品住房交付比例达到50%以上。随着经济的发展，装修越来越成为人们考虑的重要因素。以艾佳生活为代表，南京具有良好的互联网大家居的发展环境，应致力于打造中国互联网大家居平台。

一　打造中国互联网大家居"阿里巴巴"的战略意义
（一）推动南京住宅领域供给侧改革的有效路径

目前发达国家成品房覆盖率已达100%，国内除深圳、广州全装修住宅基本接近100%外，其他地区包括南京在内的成品房覆盖率不足20%，远低于欧美80%的平均值。因此，南京亟须与国际国内先进地区趋势接轨。从传统毛坯住房"1.0版本"看，存在二次装修、资源浪费、环境污染、建筑安全、邻里和谐等诸多问题，严重影响居民生活质量，不符合供给侧改革的国家战略。而目前由开发商主导的全装修"住宅2.0版本"存在政府限价政策与开发企业逐利性之间的矛盾、开发企业强势地位与相关利益者合理诉求之间的矛盾、全装修高要求与开发企业弱供给能力之间的矛盾、全装修公装模式与家装要求不匹配之间的矛盾。因此，南京亟须探索互联网公共平台"住宅3.0模式"，打造中国互联网大家居"阿里巴巴"，实现购房者、开发

[①] 部分成果刊发于郑琼洁《打造互联网大家居"阿里"平台》，《南京日报·思想理论》2020年4月29日。

企业、政府及产业链相关企业多方共赢,加快推动住宅领域供给侧改革、住宅全装修政策全面落地。

(二)持续推动南京经济高质量发展的重要支撑

在新冠肺炎疫情防控进入常态化后,南京应把握新基建的风口,快速响应行业数字化新需求,以互联网、大数据等新一代信息技术推动新应用场景加速发展,以互联网赋能家装行业产业链上下游环节,从"家"入手助推城市精细化治理、促进整个家装行业全面优化升级。家装行业从传统家装到互联网家装,再到整个互联网泛家居,经历了快速而剧烈的变化。一是以金螳螂、东易日盛、锦华装饰为代表的传统家装在实现个性化定制的同时带来高额的时间成本、人力成本和经济成本,难以实现个案的规模化。二是以齐家网、土巴兔为代表的"平台型"互联网模式的信息中转平台虽然能够带来规模效应,但缺少各环节的服务跟踪,存在"弱管制"问题,难以规避低价签单高价结项的行业弊病。因此,南京应抢抓机遇打造能够全网协同实现线上线下一体化服务的大平台互联网大家居"阿里巴巴",重构地产、家装、家居、家电、设计、金融、物流等各价值链,带动全省乃至全国万亿级大家居产业的整体转型升级,助推南京经济高质量发展。

(三)满足人民美好生活需求和消费升级的有效抓手

党的十九大报告指出,中国特色社会主义进入了新时代,我国社会的主要矛盾已经转化为人民日益增长的美好生活需要和不平衡、不充分的发展之间的矛盾。当前,中国家庭正处于消费升级的风口,而大家居行业仍然存在"大众化产品过剩、个性化消费不足"的问题,尤其疫情下,居民对住房产品升级和住房高质量发展的需求更加明确,因此大家居消费潜力和市场空间巨大。南京通过互联网大家居"阿里巴巴"打造,以装修为入口,以家为场景,以智能化产品为链接,实现监管透明化、产品个性化、产业规模化和服务可视化,能够快速满足居民个性化需求的同时,为"居家经济"创造新的消费空间,更好满足人民日益增长的美好生活需求。

二 南京打造中国互联网大家居"阿里巴巴"的良好条件

纵观"衣食住行"领域,互联网已经与"衣、食、行"紧密融合,涌现了淘宝、美团、滴滴三大领域的大平台互联网企业,而在"住"领域,仍然缺少现象级的互联网大平台。因此对于南京来说,机遇难得、迫在眉睫。同时最为重要的是,南京已经具备打造中国大家居"阿里巴巴"的优势条件。

(一)南京已形成互联网大家居的新经济创新生态

南京在"创新名城"建设上真抓实干,创造了一流的营商环境,培育了优质的创新土壤,营造了良好的创新生态。筑得佳巢凤凰起。以南京"好享家"和"艾佳生活"为代表的互联网大家居独角兽企业已然崛起。好享家作为国内最大的舒适智能家居集成服务商,以中高端人群的消费升级需求为风口,以满足家庭的消费升级需求为宗旨,专注于家庭舒适智能系统的集成化解决方案。独角兽企业艾佳生活同时荣膺胡润大中华区独角兽、中国新消费产业独角兽,致力于打造互联网大家居生态圈,对地产、家装、家居、家电、设计、金融、物流进行价值链重构,并将好享家、尚品宅配等企业作为供应商纳入大家居系统,实现平台资源多方共赢格局。通过其自研的业务支撑BOSS系统、艾佳生活人工智能设计平台(Dramatic Reality)、人工智能布局、智能家居等已实现从装修设计到交付全流程系统,形成了良好的创新生态。

(二)南京已形成互联网大家居的新经济场景优势

南京要利用好新经济独角兽资源和在家居行业领域已经形成的新经济场景优势,乘势推动新应用场景加速发展,抢抓机遇打造中国互联网大家居"阿里巴巴"。艾佳生活正在全面整合"住"的产业链,利用平台运营及监管机制来解决用户"省心、审美、省钱"的问题,即通过APP实现操作流程简化、C2M定制实现成本节约、满意度付费实现用户评价、保障金实现用户信任度、设计+艺术生态链实现个性化审美需求。同时,通过"魔镜""智能床垫"等智能化产品,利用现代化科技和大数据力量,将文化娱乐、医疗美容、餐饮购物、教育培训、体育健身等行业导入"家"的场景,打造高品质的智慧居家生活。

(三)南京已形成互联网大家居的领头雁效应

目前,艾佳生活已与建业集团、当代置业、俊发地产、旭辉集团、蓝光集团、华远地产、泰达集团、宁夏中房集团等知名地产建立战略合作，业务覆盖全国24个省125个城市，涉及500个以上楼盘，已为逾20万用户提供全品家装解决方案。2018年，艾佳生活已与东易日盛、尚品宅配、爱空间等实力家装企业，联合成立"中国大家居新时代联盟"，形成较大影响力。2019年艾佳生活针对普通户型的识别准确度高达81%，超同行业水平50%；针对高级户型的识别准确度已达到62%，是同行业水平的近6倍。因此，南京打造中国互联网大家居"头部经济"优势明显，应加快以"南京样本"引领"中国大家居梦"，全面带动南京及中国其他地区在住宅领域的高质量发展。

三 南京打造中国互联网大家居"阿里巴巴"将带来什么

（一）互联网大家居"阿里巴巴"反哺"智慧城市"

互联网大家居"阿里巴巴"的打造，表面上看只是树立一个新的行业标杆，实质上旨在形成合力打造互联网大家居生态圈，培育一批创新型中小企业，以达到"筑高峰"带动"育森林"的效果。通过互联网大家居生态圈培育，确立新的规则，将各方资源在平台上高效整合，最大限度地提高资源配置效率。同时，以家为场景，打造智能化产品链接"衣食住行"各个领域，将原来行业存在的"低频装修"转为"高频消费"，全面带动并反哺南京数字经济和智慧经济发展、推进经济提质增效升级。

（二）互联网大家居"阿里巴巴"树立"行业标准"

近年来，南京积极探索成品房政策。艾佳生活已构建了高频业务平台、良性竞争机制、客户决策机制、监督审核机制和金融保障机制，为资源的有效整合和多边交易的顺利达成奠定了良好基础。互联网大家居"阿里巴巴"的打造，将进一步快速高效地为开发商量身定制成品房需求方案，实现规模个性化的成品房交付，助力政府推动成品房政策落地。同时，通过与合作伙伴共同重构大家居行业标准，建立良币驱逐劣币市场秩序，提供高品质的家装服务，形成高水准的成品工程。

（三）互联网大家居"阿里巴巴"集聚"创新资源"

南京将中国互联网大家居"阿里巴巴"作为"金名片"，在一定程度上将极大提高南京的知名度和美誉度，为广大创新人才和创新型企业做出成功示范，对进一步汇聚"创新资源"有着重要作用。未来，南京势必出现更多其他行业的"阿里巴巴"，将进一步强化对人才的磁场效应，吸引更多国际一流人才和创业型企业关注南京，使南京成为创新人才的汇聚地，成为充满激情和活力的创新创业热土。

（四）互联网大家居"阿里巴巴"孵化"空间产业"

中国互联网大家居"阿里巴巴"的打造将成为南京产业发展的重要引擎，将地产商、施工团队、家具商、设计师等融入"大家居生态圈"，创造"空间产业"价值，即打破空间限制，实现跨空间跨领域的产业创收。目前，艾佳生活围绕家装行业已经成功孵化了一批企业，如南京哎呦喂文化传播有限公司新星星（艺术品公司）、南京司公舍喜文化传媒有限公司喜舍创享（设计师版权公司），以及江苏艾佳汇文信息科技有限公司（物流安装）等。未来，以互联网大家居"阿里巴巴"为引领，将进一步带动设计师、产业工人、建材、施工、家居、物流、安装等行业的发展，围绕产业链细分市场培育孵化一批具有高成长的独角兽企业、培育独角兽企业和瞪羚企业。同时以"家"为场景，以智能家装为链接，通过"魔镜""智能马桶""智能床垫"等大数据集成效果，将撬动"居家+"产业的快速发展，带动大家居与文化娱乐、医疗美容、餐饮购物、教育培训、体育健身等行业的结合与颠覆性变革，对产业拉动效果十分显著，对经济社会发展作用不容小觑。

四　对策建议

（一）持续完善新经济发展的生态体系，为中国互联网大家居"阿里巴巴"培育"创新土壤"

中国互联网大家居"阿里巴巴"的打造并不会一蹴而就，而是需要持续不断地完善新经济发展的生态体系建设。加快以5G、人工智能为代表的新型基础设施布局，打造若干具备科技研发、产业孵化、生产制造、金融支撑的"大家居产业公地"，形成企业集聚、要素集约、产业集群、技术集成、服务集中的产业生态圈。探索"1+N"模式，"1"即以中国互联网大家居"阿里巴巴"为中心平台，"N"

即产业链上下游商家,发挥"产业公地"强溢出效应,推动中国互联网大家居"阿里巴巴"在全领域、全过程、全产业链的引领带动作用,形成互联网大家居平台生态互兴共荣、各环节共融共生、各企业合作共赢的大格局。

(二)以成品房政策推动为抓手,为中国互联网大家居"阿里巴巴"创造"创新空间"

支持出台"毛坯住宅+定制装修"成品房试点文件,以中国互联网大家居"阿里巴巴"为引领,加快试点项目推进,争取在全国形成标杆和示范效应。打破开发商主导的传统逻辑,探索以 B 端标准化、C 端个性化为基础的创新性发展逻辑,利用人工智能与大数据手段,推动南京全装修住宅模式制度创新、模式创新和技术创新,实现购房者、开发商、政府及平台全链条企业的共生共赢。

(三)打造多元资金扶持体系,为中国互联网大家居"阿里巴巴"赋予"创新速度"

打造多元化资金扶持体系,推动中国互联网大家居行业实现指数级增长。一是,设立产业专项基金。支持大家居公地建设,充分发挥政府专项资金的导向作用、杠杆作用和激励作用,为互联网大家居"阿里巴巴"的打造提供资金保障。二是,设立"孵化基金"。支持大型平台企业通过拆分业务等方式衍生孵化更多具有南京特色的新兴产业企业和集群,鼓励大平台企业围绕生态链培养一批独角兽、培育独角兽、瞪羚企业,为地标性平台企业进行子平台孵化提供资金保障。三是,引导产业投资基金参与投资。遴选一批具有强发展潜力的平台型企业,以政府股权投资入股方式,有效提升企业综合治理能力,为企业可持续发展提供资金支持。

(四)创新政策支持体系,为中国互联网大家居"阿里巴巴"赢得"创新未来"

一是,将"产业工人"培训纳入就业培训体系。通过"智慧人社—社会保险—技能提升补贴",对水电、木工等产业工人的专业化培训给予相应补贴,并以南京作为样板试点,向全国推广。二是,将"设计大师"版权支持纳入知识产权保护体系。整合全球设计师资源,集成中式、欧式、美式、现代化等不同装修设计风格,给予设计方案一定版权费用并进行知识产权保护,通过全网协同、数据共享为我国成品房建设提供个性化的方案设计。三是,将"品牌推介"作为南京推荐品牌。南京可以借鉴 CCTV-1、CCTV-6 的联合推荐品牌,打造南京"城市推荐品牌"和"社区推荐品牌",设立条件、动态管理,使"南京品牌"走向"中国视野",并以南京作为样板试点,向全国推广。

第二节 孩子王:中国母婴童数智零售综合服务平台[①]

近年来,随着传统电商到达用户及红利增长瓶颈及其本身缺乏可视性、可听性、可触性、可感性、可用性等特征的背景下,新零售正依托互联网平台,运用大数据、人工智能技术,重塑业态结构与生态圈,实现线上服务、线下体验及现代物流的深度融合。2016 年 11 月 11 日,国务院办公厅印发《关于推动实体零售创新转型的意见》(国办发〔2016〕78 号)(以下简称《意见》),明确了推动我国实体零售创新转型的指导思想和基本原则。《意见》在促进线上线下融合的问题上强调:"建立适应融合发展的标准规范、竞争规则,引导实体零售企业逐步提高信息化水平,将线下物流、服务、体验等优势与线上商流、资金流、信息流融合,拓展智能化、网络化的全渠道布局。"在此政策背景下,苏宁云商、盒马鲜生、Easy Go、孩子王等新零售企业在各个行业成绩斐然。孩子王作为南京典型的新零售独角兽企业,在 2019 年已突破 140 亿元的销售规模,快速发展成为母婴童行业的龙头企业。

一 打造全国智慧零售平台新生态的战略意义

(一)审视电商线上红利遭遇"天花板",模式变革势在必行

线上零售虽然一段时期以来替代了传统零售的功能,但从两大电

[①] 本案例由南京林业大学经济管理学院博士研究生吴慧娟、南京市社会科学院副研究员郑琼洁整理提供。

商平台，天猫和京东的获客成本可以看出，电商的线上流量红利见顶。与此同时线下边际获客成本几乎不变，且实体零售进入转型关键期，因此导致线下渠道价值面临重估。国家统计局的数据显示，全国网上零售额的增速已经连续三年下滑，2017年的全国网上零售额为71751亿元，同比增长达到39.2%；2018年全国网上零售额为90065亿元，同比增长降到25.5%，而在2019年，全国网上零售额是106324亿元，同比增速仅为18.1%。此外，从2019年天猫、淘宝的"双11"总成交额2684亿元来看，成交总额增速也从2013年超过60%下降到了2019年的34%。根据艾瑞咨询预测：国内网购增速的放缓仍将以每年下降8—10个百分点的趋势延续。传统电商发展的"天花板"已经依稀可见，对于电商企业而言，唯有变革才有出路。

（二）随着经济发展及技术进步，消费者中心化更显重要

新零售的发展使得消费者主导权不断提升，进而市场进入消费者时代。消费者关注的是便利化、节约化、创新化以及个性化。传统零售业的简单买卖模式已经实现了重大的转变。消费者需求将会成为零售业的最前端。新零售的出现让消费者重心意识得到强化。实践表明新零售使得消费者优势地位得以保障，进而让消费者能够主动选择商品、服务。同时，在互联网技术、大数据技术不断发展之下，销售领域中陆续应用了生物识别、VR/AR、智能机器人等，这些新技术的应用不仅使得消费购物体验大为提升，而且为企业的运营大幅降低成本。因此，随着技术优势的发挥和应用，零售业竞争力日益提升，通过抓住更多新零售的技术元素，以实现更多消费群体的扩大和企业规模的增长。

（三）面对新冠肺炎疫情突发事件，新零售发展的重要性越加提升

面对2020年新冠肺炎疫情的暴发，一夜间人们对线上购物及配送的需求暴增，新零售企业的业务量呈爆发式增长。外卖配送、社区团购等需求激增，无人超市、自动售货机等深受欢迎。以互联网为依托，运用大数据、云计算等技术手段，将线上线下以及物流打通的新零售将迎来新发展。疫情突发事件显示新零售企业存在的重要性及必要性，并且随着跨品类的横向渗透和跨客户群的纵向渗透，零售新企业的市场渗透率将进一步提升。

二 孩子王：互联智能新零售平台优势明显

与传统的线下及电商零售不同，新零售模式呈现"生态型、无界化、智慧型、体验式"的典型特征。使消费者对购物过程中便利性和舒适性的要求能够得到更好满足，并由此增强用户黏性。孩子王创立于2009年，是一家数据驱动、基于用户关系经营的创新型新家庭全渠道服务平台，在南京新零售企业排名中独占鳌头。孩子王以用户为中心，在行业内创新性采用线上+线下的全渠道运营策略、"商品+服务+社交"的运营模式、打造一站式购物的大店模式、开创"育儿顾问"管家式服务及重度会员下的单客经济模型。

历经十年发展，孩子王已发展成为母婴行业的龙头企业，在全国17个省、3个直辖市，累计近160个城市开设母婴童一站式全渠道数字化门店400余家（含筹建中），覆盖了全国70%的人口达到50万以上的城市，成为中国覆盖最广的母婴企业。同时线上业务发展迅猛，APP位列TrustData大数据移动互联网全行业排行榜母婴电商类第一名，小程序位列阿拉丁网络购物榜top10，全渠道累计服务3800万会员新家庭，荣获国家商务部认定的"首批线上线下融合发展数字商务示范企业""国家级电子商务示范企业"。

（一）用户体验为主：为中国母婴童提供全场景全渠道服务

用户时代特征趋于明显，孩子王始终坚持以用户为中心，实行重度会员制，定义员工为"用户的员工"，门店为"用户的门店"，将企业的价值等于用户情感的总和。截至目前，全渠道会员超过3800万人，并呈稳步快速发展态势，其中98%的营业额来自会员消费。为提供精细科学的服务，员工全员持证上岗，有近6000名育儿顾问，全部持有国家人力资源和社会保障部颁发的育婴员执照。面对新家庭消费、生活方式的需求升级，构建服务全场景覆盖，医院、用户家中、门店都可提供精心服务。门店都设在高人气的购物商场内，经营面积达100万平方米，店平均面积2700平方米，店最大面积达7000平方米。孩子王以情景解决方案为基础，打造以场景化、服务化、数字化为基础的大型数字化门店，除提供丰富的商品品类外，还提供儿童场及配套母婴服务。同时，围绕用户"玩、陪、学、晒"的需求，为顾客提供近千种解决方案，并且单店年均举办数百场互动活动，为消费者打造一站式购物场景，成为中国新家庭社交汇聚场所及品质生活场景的重要组成部分。

（二）智慧物流加持：推动产业升级，更快满足新家庭所需

目前，孩子王物流建设了国内首张"母婴物流全国地网"，包含1个全国总配送中心+4个全国核心配送中心+14座区域中心仓。覆盖华东、华中、西南、华南、华北区域，快速响应线上用户及线下400多家大型数字化门店的配送需求。孩子王占地150亩的智慧物流产业园于2018年底正式投产使用，其中采用了行业先进的全自动化物流设备。拥有"全息化数字作业系统全流程监控"，实现"自动分拣+机器人作业+人脸识别"作业，目前已经全面提供全渠道物流解决方案，满足线上线下业务发展需求。用户下单后，经过数字化物流系统的计算与合理分配，配合机器人工作，商品被立即发货，并实现全流程数字化配送与订单实时跟踪。同时，孩子王还对外开放仓储与物流体系，与品牌商一起携手共建，提高资源利用率，2020年，孩子王推出"孩子王到家"服务，线上下单门店配送，门店5千米范围内2小时速达。目前，孩子王的全国物流布局和数字化智能物流系统可保障3800万会员订单极速发货、及时到货，切实让会员家庭享受到"好货速达"的极致体验。

（三）数字智能驱动：不断促进商品升级、服务升级、数字化升级

孩子王通过升级数字化系统智能满足用户差别及个性化的需求，打造出用户自己的服务体验中心。围绕用户需求，创新打造儿童成长服务中心，并整合妈妈课堂、育儿服务、金融保险产品、成长+等孩子王生态中的所有服务，借助强大的数字资源和数据分析能力，调整客户所需商品及服务内容，切实以用户需求为导向来促进商品及服务体验的升级。以数字化工具赋能育儿顾问，用户可随时随地方便快捷地掌握各类育儿技能，一对一顾问线上提供疑难解答等服务。同时，以"科技力量和人性化服务"为双核驱动，"无界、精准、融合"地重构零售体验场景、服务内容及用户关系，打造真正围绕会员的全渠道全场景数字化新零售智慧门店，实现门店的数字化升级以及用户购

物体验的升级。并通过扫码签到、APP、微信小程序、触屏终端、"扫码购"自助下单、"店配速达"等数字化服务，为顾客从进店到离店提供更加流畅的消费体验，开启中国新家庭无界智慧购物时代。最新发布的 TrustData 大数据《2020 年上半年中国移动互联网行业发展分析报告》，也充分印证了孩子王强大的数字化能力。报告显示，受疫情影响，母婴电商遭遇重创的情况下，孩子王 APP 在月活和同比上却实现了逆势增长，龙头地位稳固。

此外，孩子王依托平台优势，打造了面向新家庭的大母婴产业生态，并结合自身的会员体系、门店布局和数字化技术优势，与产业链深度合作，除提供丰富的商品外，还构建了面向家长的育儿服务平台，提供月嫂、产康等孕产综合服务。以及面向儿童的早教、钢琴舞蹈、运动等才艺发展类的成长服务平台，打造了多产业融合发展的育儿和成长生态圈。未来，随着母婴行业进一步发展，孩子王有望借助现有优势，将"人、货、物"更好地进行匹配，从而进一步巩固公司在母婴零售行业的核心竞争力和市场领先地位。

（四）爱与责任渗透：践行孩有爱公益计划，传递品牌文化

孩子王一直践行各类公益活动，传递关爱与社会责任的同时，拓展社会影响力，并拉近与公众的距离，通过向社会传递品牌文化，服务老会员的同时吸纳更多新会员的加入，传递更多正能量。2019 年，孩子王在甘肃、湖南、湖北等 7 个省份建立 10 所希望小学"孩子王梦想图书室"，捐助超 2 万本图书，为 5000 名学生送去知识力量。过去 10 年，足迹遍布 17 个省 3 个直辖市，150 多座城市，累计开展上千场公益，活动资助上万名儿童。其中，植树造林、环保科普、绿植领养、环保竞技等植树节系列公益活动还通过将传统环保与时尚亲子生活相结合的方式，传递了环保新力量。

三 对策建议

（一）依托技术及管理创新，推动新零售向高端延伸

通过强有力的技术支撑与人才聚集优势，将南京打造成为一流的新零售产业供应链聚集地。第一，应充分利用新零售打通线上线下数据链的技术优势，加大数据产品的研究与开发力度，加大云计算、大

数据、物联网以及人工智能等新技术和新产品的开发,深度运用5G、生物识别、虚拟现实等技术拓展互动消费场景、实现成本压降。第二,充分利用南京高校、研究所云集的优势,与高校、科研院所共同建立人才培养计划,鼓励产学研用紧密协作,建立新零售产业联盟,推进科技成果转化商用。第三,运用创新科技打通全渠道信息流,对各个渠道进行整合,让各前台、后台的系统实现一体化,为客户提供无缝化的购物体验。并且通过整合各类可触达的消费者的渠道资源,可建立全链路、精准、高效、可衡量的跨屏渠道营销体系。

(二)推动企业数据资源共享及合作,形成产业供应链条

推动数据资源开放,鼓励企业强化合作,加强上下游企业间的紧密度,形成高效稳固的供应链条。第一,整合上下游资源和外部资源,同时,智能商业需要引入更多品牌、流量、商品资源等社会资源。第二,鼓励企业建立行业自律组织,加强数据合作,充分发挥大数据技术在提升新零售精准营销和服务能力中的作用。第三,建立智慧物流体系,将大数据、人工智能及云计算应用到仓储物流管理中,实现预测性调拨,使跨区域、跨品类、跨场景的综合性物流配送成为可能。同时,运用智能技术将不同渠道信息进行整合,将不同渠道的产品、价格、种类、数量等多个模块进行组合,将信息流与物流相结合,实现线上线下信息同步共享,创造产业协同效应,提高孩子王在母婴市场的品牌影响力。

(三)分区域推进新零售覆盖版图,扩大影响力及市场占有率

新零售平台不仅要在南京发展壮大,更要走向全国、面向世界。应分区域积极引导、推进新零售,使新零售在区域间平衡。第一,孩子王应深耕全国社区影响力,通过前置仓shopping mall独特的线下场景进一步提供城市网格化商品和服务。打造东部成面、中部连线、西部设点新零售网络布局。东部地区的新零售可形成点线面相结合的综合网络;中部地区的新零售以"大区"为单位,实现区和区之间的互联互通;西部地区根据城乡人口规模和生产生活需求,规划新零售的网点,菜鸟物流在珠峰扎西宗乡设立驿站就是很好的尝试。第二,搭乘"一带一路"建设的列车。新零售的范围不应局限于国内市场,也应立足国际。应以"一带一路"建设为契机,鼓励外向型企业依

靠技术、品牌、服务等优势组团建立国际营销网络。鼓励国内零售企业引进国际资本、技术与管理，提升新零售的质量与效益。第三，新零售平台要利用跨境数据能力，助力中国企业走出去。以天猫为代表的主要跨境电商企业，要加强国外消费信息的收集、清洗、整合，强化境外消费需求分析，开展实时动态监控，为行业管理部门宏观决策，帮助中国产品和流通企业走出去，提供多元化、个性化、可视化的大数据产品和服务。

第三节 蓝色天际：演艺高能级的城市名片[①]

演艺产业作为基础性文化产业，在文化市场当中占据着重要地位。近年来，伴随国家文化强国和文化"走出去"战略的不断深化，演艺产业作为我国重点发展的文化产业迎来最大发展机遇，不仅全面收获利好条件，而且人才培养、舞台表演、对外传播等都已提升到国家和社会发展的战略层面。南京蓝色天际文化传媒有限公司，是唯一一家以"戏剧"和"剧场演出"为核心业务的南京高成长企业，处于行业的头部位置，有较强的专业技术壁垒，专注度较高，竞争力较强，其经验探索能够为南京演艺产业的转型升级和文化高质量发展提供更多的思考。

一 演艺产业已成为文化高质量发展的新增长点

政策大力扶持，规模稳步扩张。演艺产业是以演艺作品的创作、策划、表演、营销及消费所构成的相互协作的产业体系。放眼世界，英国伦敦和美国纽约都已形成完整的创意产业链，成为现象级演艺产业的行标。中国有着悠久的演艺传统，文化产业兴起之后，演艺行业逐渐产业化并被作为重点发展的内容之一，国家更是直接出台了一系列产业政策、金融政策等以支持演艺产业的变革、创新与升级。在利好政策的大力支持之下，我国演艺产业的生态系统得以优化，近年来呈现"点状激增"的良好发展态势。据中国演出行业协会统计显示，

[①] 本案例由南京市委党校副教授胡晶晶整理提供。

2019年中国演出票房达200.41亿元,同比增长7.29%,其中专业剧场票房收入84.03亿元,同比上升5.55%。各个城市也都将演艺产业作为城市战略发展、满足市民日益增长的文化需求和促进旅游业发展的重要举措。先后已有北京、上海、杭州、西安等十余个城市发出了打造"演艺之都"的号令,以增强城市竞争力和文化软实力。

演艺全产业链布局,潜力不断释放。近年来,伴随资本的大量进入以及文化与科技融合的时代发展趋势,尤其是新媒体技术、数字虚拟技术、三维立体实境、人工智能等科技手段与舞台演出的融合,演艺产业的演艺形式早已打破音乐、歌舞、戏剧、戏曲等之间的传统界限,形式多元化、场景科技化、主题精准化、体验沉浸化、创作精品化、市场精细化等特征越发突出。而在新趋势的现实需求之下,各大票务平台、剧院剧场、演艺公司也都纷纷搭建上下游兼顾的演出行业生态闭环,以高度整合行业资源,跨界链接其他产业,演艺产业的潜力不断释放。据中国演出行业协会统计显示,2019年中国演出票房增速超电影市场,而观影人群大都集中在一二线城市,占了八成,下沉动力未来可期。

危中有机,演艺市场新局面开启。新冠肺炎疫情下,依托于线下场馆消费的演艺行业遭受了沉重打击,全产业链停摆,太阳马戏团面临破产、百老汇演出叫停。据国家统计局发布数据,2020年第一季度,文化娱乐休闲服务营业收入比上年同期下降59.1%,其中娱乐服务下降62.2%,艺术表演下降46.2%。1—3月,全国已取消或延期的演出近2万场,直接票房损失超过24亿元。演艺行业纷纷在线上寻求突破,大量优秀经典剧目实行网络展演。在疫情防控常态化背景之下,这种"演"与"观"环境、方式和习惯的改变将带来未来整个行业的深刻变化,市场更加细分、业态布局更加精细,方式更为多样,演艺市场的新时代正在开启。

二 蓝色天际成为高成长企业的独特优势

定位精准,深耕戏剧核心要素。演艺产业对一座城市的文化品位、经济发展、文化资源、产业基础、政策扶持力度、消费者习惯等都有着强烈的依赖。南京作为世界文学之都,有着深厚的历史文化资源，文化产业增长迅速，2016年以来政府补贴演出超过590场次，补贴金额超过4200万元，观演人次高达69.9万，这都为演出企业的高成长提供了滋养和土壤。蓝色天际依托南京文化、人口规模、经济基础等条件，深耕戏剧市场，现已与43个核心城市、超过50家剧院合作25个巡演项目，累计场次超过1500场。

为延续品牌特性和产品调性，蓝色天际通过自制、投资、买断等方式整合优质内容资源，并进行优化组合。先后启动了"原创剧本征集计划""青年剧团扶持计划"，以更好地鼓励原创性的青年戏剧人才，为南京戏剧领域带来更多优秀的原创戏剧。2019年启动全球化版权基地以及以"中国语言讲述世界故事"的世界合作导演计划，旨在与全球范围内的顶尖戏剧导演深度合作，获得更优秀的剧本版权。

链接精准，打造影响全国戏剧品牌。演艺新空间和品牌与核心剧场资源是互相补充的。蓝色天际按照商业规律打造戏剧生态，不断链接一切与戏剧有关的产业，以整体戏剧品牌提升演艺能级。如为盘活演艺空间和剧场周边资源，"剧盒梦想"戏剧空间正式将戏剧元素引入南京新百商场，也成为全南京市首个进入商场的剧场空间。近年来举办百场话剧、讲座、放映会等演出活动，彻底打破市民与剧场之间的最后"一堵墙"。南京蓝色天际携手南京保利大剧院打造、运营了"南京戏剧节"；与中共南京市委江北新区工作委员会宣传部共同打造了"南京青年戏剧节"；在新时代背景下，传承创新戏曲艺术，打造"人间有戏"戏曲演出品牌等，致力于形成更精彩的优秀剧目、更丰富的互动活动、更成熟的本地原创作品，现都已成为具有全国知名度和影响力的文化品牌，也大大提升了南京整体的戏剧文化氛围和创作力量。疫情期间，蓝色天际联合全国十家核心剧院一起打造了线上"狂想戏剧节"，多维度、多角度、全方位地进行戏剧渗透性联动。

布局精细，打通产业链的生态系统。长期以来，演艺产业都在积极寻求价值链的整合与延伸。新冠肺炎疫情更是凸显了构建全产业链生态系统的活力和价值。蓝色天际精细布局，现已形成了涵盖原创内容生产、演出项目全国主办、全国演出渠道宣发、垂直用户互动平台、大型戏剧节目品牌运营、版权交易、青年戏剧孵化、文创投资等的全产业链化的生态系统。例如在社群端打造了专业的话剧类垂直互动平台"爱话剧",并拥有爱话剧 FanClub、ilve 戏剧放映、戏精学院、幕后 Talk、剧说 repo 等多个独家规模化的互动品牌,目前位于江苏省话剧类垂直平台前列。立足于满足现代广大观剧粉丝的"打卡"需求,开发形成了剧目周边开发、戏剧节及文化节庆活动周边开发,并拥有自己的电商平台,业务覆盖票务销售、衍生品销售等。仅针对"南京戏剧节",此品牌 2019 年销售额同比增幅达 62%。而为集合行业内部各个优势,产生闭环经济生态圈,蓝色天际近期启动 X 计划,致力于为戏剧类项目衍生细分行业。

三 打造演艺高能级城市名片的对策建议

高站位规划,加快打造南京演艺高能级的城市名片。目前南京戏剧市场的整体规模、票房收入、单场上座率的指标均位居全国前列,但消费活跃度、品牌影响力、城市演艺能级等仍需大力提升。应充分借力"世界文学之都""创新名城"及地标剧院的影响力,围绕演艺产业上下游产业链衍生孵化更多具有南京特色的演艺集聚区,催生更多演艺高成长企业,发挥产业乘数效应,以为南京凝聚流量和旅游资源、培养市民文化素养、促进文化资源升级、优化空间布局、集聚产业项目等带来显著的溢出效应。积极适应疫情防控常态化下的新政策和新变化,上海、广州、青岛等已采取有针对性的措施,摸索出"演出+市集"的经验,南京也应积极探索"演艺+夜经济"的新模式、新业态、新路径,有效激活演艺市场,打造南京文化消费新地标。充分发挥南京戏剧品牌名片效益,集聚优质资源强磁场,加快吸引海内外知名的国际演艺组织、跨国演艺公司、演艺经纪机构、文化教育培训机构等以多元形式入驻南京,打造南京国际性的演艺新都市。

高质量融合,加快打造南京演艺高品质的生态圈典范。疫情防控对演艺产业的影响已由场地端逐渐向产业链上游扩展,整个行业将经历重新洗牌,也使我们重新认识优质内容、优质体验对于当前演艺产业的重要价值。应深耕演艺原创力,可借助蓝色天际已有的剧本计划渠道、人才培育网络和品牌运营能力,做好南京戏剧资源的经典挖掘,提升极具南京特色的戏剧资源品质,并作为南京世界文学之都落地、转化、推介的亮点,全方位联合打造以讲好南京故事,讲好中国故事。深入接轨

"R+"技术，重新认识演艺"现场性"的构成要素和构成方式，并将数字化覆盖演艺作品创制、传播、消费以及机构的管理运营思维全过程，以科技创新重构演艺产业的产业链。面对疫情过后行业集中"撞车"现象，应着重细分赛道，以 IP 运营的意识不断拓展演艺新边界，提高资源利用效率，丰富演艺项目的盈利模式。而在消费需求端，可借鉴百老汇"粉丝俱乐部"模式，建立专业化观众服务体系，进一步培育、提升观众的文化消费意愿，形成品牌用户。

高水平联动，加快打造南京演艺强链接的联盟高地。积极融入长三角区域一体化国家战略，发挥长三角演艺联盟"联"的优势，加快建立完善会商制度、信息和资源联享制度、重大舆情联合应对制度、联合培训等制度，以促进长三角区域内的演艺企业实现资源共享、风险共担、减少成本、效益共增，推进长三角演艺产业协同发展迈向更深层次、更高水平。积极助力"南京都市圈城市发展联盟"建设，加快形成以南京演艺为中心的核心功能示范区地位，加大辐射带动作用，不断彰显演艺产业推动地方经济转型发展的强大动力。积极借力大运河文化带，借助南京戏剧品牌之力激活大运河文化之源，融入南京元素，重塑大运河文化品牌形象。

第四节 亿猫：领先的线下零售数字营销平台[①]

零售行业是国家重要的行业之一，零售业的每一次变革和进步，都会大幅度提高居民生活质量，甚至引发一种新的生活方式。传统零售行业有着整体规模偏小、市场集中度较低、信息不对称等弊端。只有实现传统零售到新零售的转型，才能实现零售行业的高质量发展。新零售即新服务，是指依托互联网平台，运用大数据、人工智能等先进技术手段，对传统零售商品的生产、流通和销售过程进行升级改造，实现线上服务、线下销售以及物流配送深度融合的一种零售新模式。"新零售"这一概念最早是由马云于 2016 年 10 月在阿里云栖大

---

① 本案例由南京市社会科学院副研究员郑琼洁、河海大学理学院硕士研究生于晓整理提供。

会上提出，自此，新零售迅速在全国成燎原之势，各大电商巨头纷纷进军新零售市场，诞生了盒马生鲜、每日优鲜、苏宁小店、京东无界零售、天猫新零售、永辉超市等一批优秀的新零售企业。新零售通过线上线下结合获取全方位数据，基于消费者体验视角提升零售效率。目前南京已经出现多家行业内龙头新零售企业，初步形成了行业空间布局，应继续推进新物流行业高质量发展。

一　打造智慧零售的战略意义

（一）实现渠道一体化，降低信息不对称

对于消费者来讲，传统零售业最大的弊端就在于信息的不对称，传统制造业属于封闭式生产，由生产商决定商品品种、型号，生产者与消费者之间是割裂的，消费者不能及时获取价格信息、优惠信息，与商家无法及时沟通，制约了传统零售业的发展。而智慧零售具有渠道一体化的特征，实现了线上线下物流的结合，线上指云平台，线下指销售门店或生产商，依靠新物流消灭库存，减少囤货量，线下实体店可以同时对接线上网店、微店，打通各类零售渠道终端，消费者也可通过线上互联网及时获取商品零售信息，实现数据的深度融合。

（二）优化资源配置，增强供应链韧性

传统零售行业大多存在严重的库存积压现象，产品需要经历从工厂到仓储物流，再到消费者手中，在这一流通过程中如果没有强大的市场需求预测能力，产能过剩或者产能不足都不利于供应链的发展，而且在商品流通途中的损耗不利于信息的实施监控。智慧零售依靠收集和分析大数据，进行数据化管理，为运营决策提供可靠依据，优化资源配置，找到最优供应链，实现按需组合产品，追求"零"流通损耗。数据化的供应链可以快速将订单反馈到生产端，降低信息传递过程中的损耗，提升整个供应链效率，减少库存的同时减低成本，以数据指导生产、流通、销售，实现零售行业高效率发展。

（三）重塑消费场景，提升全新用户体验

传统零售门店中普遍缺乏人工智能、数字化等高新技术的支撑，无法及时获取用户需求信息，掌握顾客购物偏好，实现用户个性化定制,而且传统线下零售的订单都只是在门店层面,消费者走到门店才可以下单,费时费力,缺乏便捷度。智慧零售的一大优势就是卖场智能化,通过人工智能、云分析等技术,高效有序地管理库存、销售等问题,在零售门店中引入智能触屏、智能货架、电子价签、智能收银系统等物联设备,给顾客以科技智能感,提升购物便捷度。

二 亿猫:助力南京打造新零售科技之都的领军者

在北大光华管理学院 2018 年六月末发布的全国首份《新零售城市创新指数报告》中,南京排名第八位。如今,南京被业内称为"新一线新零售第一城"。在新零售发展中,南京的智慧物流基础设施、物流时效、电子政务、老字号品牌建设等方面均走在全国前列。成立于 2015 年的亿猫科技是南京领先的智慧新零售服务商,专注于研发基于全球领先的移动智能购物车系统,帮助超市大幅度降低人工成本、提升效率及解决消费者超市购物排队痛点,赋能超市智慧升级,为线下超市生态链提供商业智能服务和数据的精细化管理。目前已与华润万家、华润苏果、上海绿地、杭州联华、苏州常客隆签署合作协议,已部署 17 家大店,部署 1800 台,2020 年合同部署 1 万台,100 家门店,未来 5 年将在国内投入 100 万台。

(一)方便快捷:快速定位商品,告别排队

在传统零售店铺中,商品摆放常常令顾客眼花缭乱,难以精确找到目标商品位置,同时结账付款的排队时间长也成为困扰消费者的一大问题。

亿猫智能购物车软件采用亿猫智能购物车 SaaS 系统,与超市 ERP 系统连接,实时获取超市商品动态信息,在顾客购物过程中进行实时指导和推荐。此外,购物车装有产线级高速扫码模组,利用机器视觉等多传感器融合技术,可以进行商品识别,自助结算。消费者所处的线下场景与线上场景完全一样,在场景中的每一个人在线下逛超市的体验感相当于浏览网页,可以帮助超市节省营销人员以及商品宣传册。随着智能购物车覆盖率及用户使用率的扩大,营销 SaaS 平台可以使得供应商、超市、周边生态的营销自动化,节省人力物力。

（二）降本增效：提高服务效率，降低服务成本

当前的传统零售普遍存在着服务水平落后且成本高昂的问题，人工和房租费用占到了经营成本的65%，且这一比例还在不断攀升，收银员平均结算1单需要3分钟，效率低下，且客流峰谷时段收银员配备难以调节，这些问题可能导致顾客体验感差，从而造成客户流失。

亿猫智能购物车可以使用高精度摄像头，通过AI智能防损系统对商品进行高精度识别防损，借助多支付入口和会员营销功能为顾客提供线上线下一体化购物体验服务，同时还具有商品识别和自助结算功能，将扫码分散至购物过程中，全程无人工干预，简单易操作且结算效率高，节省顾客时间的同时节省服务人工费。将亿猫智能购物车部署100家门店，可以节省600个收银员，按年成本4万/人计算，每年可以节省2400万元；节省800台传统收银台采购，按每个收银台1.8万元计算，可以节省1440万元；节省营业空间：收银台占地3.6平方米/个，每个门店可节省8个收银台共28.8平方米，1个闸机1.5平方米，100家门店共可节省2730平方米。

消费者用车载扫码设备扫描商品条形码后，将商品放入车框内，消费者购物后提交订单，手机扫描车载终端二维码完成支付。结算完成后，将推车距离闸机0.5米，绿灯亮起，闸机自动打开，快速通过便可结束购物离开。

（三）精准营销：全程伴随顾客购物，实时影响购买决策

传统零售店铺中，顾客往往难以找到所需商品的精确位置，或者想了解商品信息时很难找到问询服务。品牌商也面临着难以与用户个性化交互、大面积投放商品却无法有效触达目标用户的问题，粗放投放无效用户从而导致成本浪费。

亿猫智能购物车可以伴随着用户从进场到离场的全部环节，前置人脸识别及情绪识别装置，可在购物过程中收集用户画像及行为偏好，为用户推荐商品信息，据此进行商品品类管理到促销效果分析，从而优化产品结构，提高超市利润，帮助超市科学决策。亿猫智能购物车还配有机器视觉+多传感器融合+深度学习的反欺诈及识别技术，全程同步防盗。通过系统搜集用户数据、商品数据、周边生态数据、品牌数据，对消费者购买行为进行大数据分析，对商品进行精准画像，帮助超市、供

应链科学决策，为超市提供精准的经营分析数据，据此进行个性化用户定制，使数据发挥出最大的价值，借助多支付入口和会员营销功能，为顾客提供线上线下一体化购物体验服务。零售企业可通过智能购物车屏幕及小程序、APP推送促销信息，每家门店每年至少可以节省DM手册等相关物料支出6万元，在此过程中可以优化购物体验，推荐促销活动，增加销售，同时广告分润可达10万元。

（四）开放互联：拓展服务渠道，持续赋能智慧城市

亿猫采取开放式态度，紧系银行、运营商、系统集成商等合作伙伴，从研发、运营、广告、数据等多维度展开合作，打造商超行业新型流量平台。深度运营门店、货品、用户，充分挖掘潜在价值。购物车和大型连锁超市合作的模式，通过租用和售卖的方式，目前部署在20多个超市，包括苏果、万家、常客隆、杭州世纪联华等。探索购物车广告和商家共同开发的盈利模式，目前已启动待机广告、视频广告、付款后广告等多种形式。同时，通过大数据管理平台帮助超市丰富用户画像，个性化精准自动化营销，增加销售，万人万店，千人千面。亿猫将于2020年部署1万台购物车，120家门店，营业额收入2200万元；2021年部署6万台购物车，700家门店，营业额收入1.6亿元；2022年部署30万台购物车，2000家门店，营业额收入8亿元，全面拓宽服务渠道。

三　南京打造新零售科技之都的对策建议

（一）企业层面：加强数字技术升级，满足新消费升级

新零售产生是"双升驱动"的结果，技术升级为新零售提供发动机，消费升级为新零售增强牵引力，高新技术的不断升级和应用是智慧零售发展的重要驱动力。一是推动传统零售进行技术改造。鼓励实体商贸零售企业加大云计算、大数据、物联网以及人工智能等新技术和新产品的开发，深度运用5G、生物识别、虚拟现实等技术拓展互动消费场景、实现成本压降。鼓励产学研用紧密协作，建立新零售产业联盟，推进科技成果转化商用，运用数字技术全面改造业务流程，将线上线下业务和物流结合起来，在线下门店应用场景中加入智能设备应用，令顾客获得更好的购物体验，协调供应链管理，提升服务质

量和效率，使零售主体从经销者转变为整条产业链的组织者和服务者。二是发挥龙头企业引领作用。大力推进本土优质企业如亿猫、YOHO!、有货等电商企业在南京开展线下新零售业务，并为传统零售企业转型提供技术支持，强化多场景购物体验，提供消费数据服务，构建零售商、供应商、消费者之间一体化的社群关系，让为消费者创造价值成为零售经营的出发点和落脚点。

（二）政府层面：优化新零售布局，优化政策监管

一是优先布局商业空间新零售。充分利用南京的现有商业空间资源和客流资源，在各大商圈，如新街口商圈、河西商圈、夫子庙商圈等优先布局新零售业态，同时鼓励各区积极对接各类新零售龙头企业发展计划。二是合理布局居民区新零售。对于主城区内的新零售门店做到合理布局，以3千米为配送半径做到全面覆盖各居民区，为线上订单提供30分钟送达服务，打造"城市3公里内的理想生活圈"。以300米为服务半径，实现新零售对社区居民日常消费的全覆盖。推动新零售业态向大型居住区、新建城区和乡镇村发展，在大型居住区布局社区小店新零售业态，在新建城区和乡镇村布局农村电商等，实现新零售在城乡全覆盖。三是优化政策监管体系，推动行业健康发展。政策方面鼓励新零售技术和应用创新，探索构建社会信用体系，完善相关标准体系，健全市场监测、用户权益保护、产品追溯等机制，着力降低监管、场地和网络成本，完善跨部门协同监管机制，加强联合监督执法，形成线上与线下互补、市场监管与行业监管互动的局面。

（三）市场层面：加快数字资源开放，不断拓宽新零售市场

一是推动数据资源开放，鼓励企业加强合作。推动政府各部门加快数据资源开放共享，完善数据共享、流通、保护相关标准。鼓励企业建立行业自律组织，加强数据合作，充分发挥大数据技术在提升新零售的精准营销和服务能力中的作用。二是拓宽海外市场。新零售平台要利用跨境数据能力，助力中国企业"走出去"。亿猫作为新零售行业中的新领军者，力争成为全球的智慧升级的标准化配套设施和领先的数字营销平台，加强国外消费信息的收集、清洗和整合，强化境外消费需求分析，开展实时动态监控，为行业管理部门宏观决策，帮助中国产品和流通企业"走出去"，提供多元化、个性化、可视化的大数据产品和服务。

第五节　猫玩互娱：中国互联网文娱品牌[①]

随着中国经济迈入新的发展阶段，文化娱乐越来越成为人们的重要选择。伴随着移动智能终端设备的普及，我国移动游戏行业搭上了移动终端设备快速增长的市场红利，历经近八年的发展，移动游戏年产值从2012年的不足50亿元，增长到2019年的1600亿元。移动游戏已然成为一个重要的经济增长点，猫玩互娱便是其中典型的案例。

一　中国移动游戏行业的整体形势

作为文化产业的重要板块，游戏行业在以推出高质量原创游戏产品为发展核心的同时，着重深化产品文化内涵、提升品牌价值。通过打造具有中国传统文化和正向价值观内涵的精品游戏，对玩家群体特别是未成年群体的知识汲取、文化领域和价值追求产生正向影响，承担起传播中国优秀文化和国家形象输出的作用，为建设文化强国贡献更多力量。据权威机构的测算，2017—2022年我国移动游戏行业的年均复合增长率高达15.9%，预计2022年我国移动游戏行业收入将有望达到2177亿元。

可以预见的是，在未来，游戏行业在带动地方经济及文化产业发展方面将会发挥更加重大的作用，而此过程离不开地方政府的大力扶持和指引。目前游戏产业发展领先国内其他城市的北上广等一线城市，当地政府相关部门已经加大对游戏产业的扶持力度，其中北京市委宣传部在2019年12月发布《关于推动北京游戏产业健康发展的若干意见》中提出，2025年北京市游戏产业年产值力争突破1500亿元；上海市则在2020年7月宣布了全国首项聚焦游戏企业"出海"（国内自主研发的游戏海外市场的开拓）的政府扶持计划项目——"千帆计划"，从政策支持、版权服务、出海保障、战略研究、贸易渠道五大服务目标出发，给出了逾40项具体服务措

[①] 本案例由南京市社会科学院副研究员郑琼洁，中国社会科学院财经战略研究院博士后、助理研究员王学凯整理提供。

▶ 案例篇

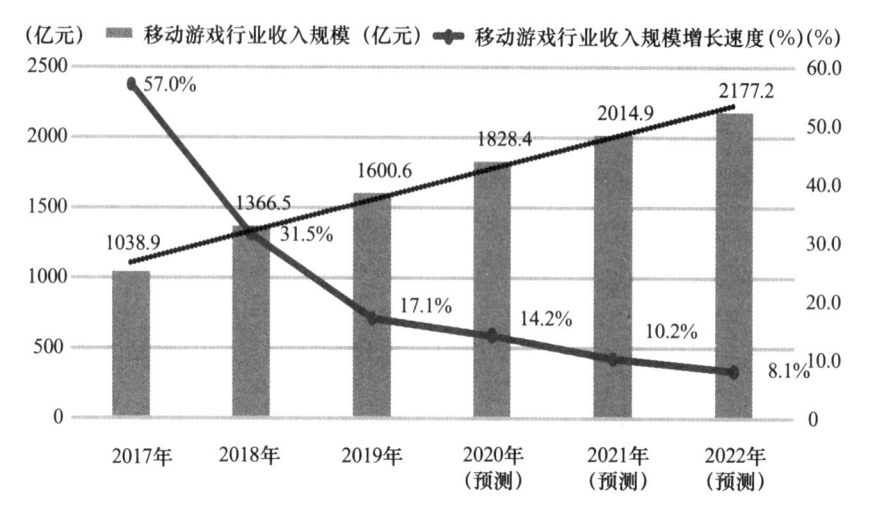

图 7-1 2017—2022 年移动游戏行业年度收入规模趋势

资料来源：中国游戏力量调查。

施，帮助中小游戏企业"出海"，优化升级文化贸易结构，触发贸易新增长点；广州市也在约一年前出台了《广州市促进电竞产业发展三年行动方案（2019—2021 年）》，明确力争到 2021 年基本建成"全国电竞产业中心"。

而成都市更是早在 2001 年中国网游发展的起步时期，就已经开始重视并且促进当地游戏产业的发展，持续为入驻当地的游戏企业提供资金、人才、税收政策等方面的扶持，到 2009 年，成都本土网游的产值已经达到了 25 亿元，占当年全国网游总产值的 1/10，仅次于北上广深。2012 年，基于成都高新区优惠政策带来的重大利好，成都手游迅速崛起，在 2013 年到 2014 年上半年，成都当地的手游公司多达 600 家，加上众多的小型创业团队，实际数量更是超过了 1000 家，这便催生了后来全球最赚钱游戏、国民现象级手游《王者荣耀》。2020 年 5 月，成都市人民政府办公厅正式印发《关于推进"电竞+"产业发展的实施意见》，将游戏产业提升到新的战略高度。作为当地政府大力扶持促进地方游戏产业高速发展的典型例子，"中国网游第四城"成都对于其他游戏产业发展起步晚的城市具有重要的借鉴意义。

二 猫玩互娱：互联网游戏行业的领军者

成立于2016年9月的猫玩互娱，在短短数年间，曾先后获得由全球移动游戏联盟GMGC颁发的"最佳移动游戏发行商"、新华网"2017年度最具成长性企业"、2019年中国游戏盛典"年度影响力游戏企业"等数十个业内含金量极高的奖项，获得行业以及用户的一致认可。

自2019年4月作为南京政府重点招商引进项目入驻当地后，南京猫玩在当地政府提供的福利政策、领导指导等利好的大力支持下迅速发展，截至2019年底已经实现9457.61万元的销售收入，企业现估值3亿元人民币，是南京当地目前规模最大的游戏企业。

发展至今，南京猫玩旗下业务横跨IP、研发、发行、平台、众创、直播、公会七大产业，成立至今已运营超百款精品游戏，拥有平台注册用户超千万。在移动游戏行业细分领域——整生态链产业企业中，南京猫玩以29%的市场份额高居该细分领域第二，低于竞争对手九游4%的市场份额，高出行业第三星辉游戏8%的市场份额。在完整移动游戏生态布局中，南京猫玩是当下我国移动游戏产业企业中，生态布局最完善，资源整合最彻底的游戏公司之一。

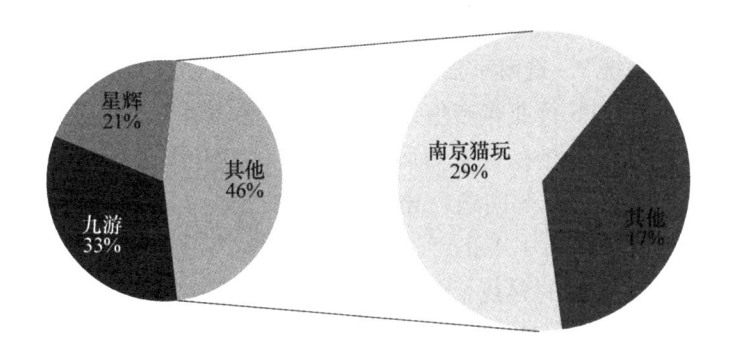

图7-2 主要游戏企业市场份额

资料来源：第三方观察。

（一）打造产业级线上推广体系，全面孵化文创企业集群

南京猫玩成功搭建的近百万规模的游戏产业线上推广体系，将传

统销售模式与互联网完美融合，开辟了线上销售2.0时代，从根本上解决了"用户获取难，精准用户获取更难"的行业难题。以国家级高新科技项目"Play+"众创为例，南京猫玩致力于打造产业级线上推广体系，孵化互联网+的游戏公会、直播团队，为其提供成长的空间和相关资源服务，让被孵化团队零负担创业，最终成为游戏产业链上的一环。通过此项目，可为南京市培养互联网文创企业，助推三产转型，为网络游戏这一新兴无烟绿色朝阳产业在南京的扎根和发展创造了一个良好的机会，提升城市活力。目前南京猫玩已经成功孵化出游戏团队50余家，如火猫网络、南京嗨猫、南京科奥、龙猫网络等游戏团队，并创造了数千个就业机会。

（二）坚持行业技术创新，挖掘百亿规模潜在行业产值

作为猫玩互娱目前颠覆行业的两大创新技术产品，BEE平台是一款集账户保值、游戏联运、内容社区于一体的多功能游戏平台，目前平台注册账户已过千万。而随着用户规模的增加，BEE平台也必将吸引更多的游戏企业入驻，最终形成"TOC-TOB-TOC"（用人性化的服务和优质内容来吸引积聚玩家用户，为游戏企业提供庞大的玩家群体作为获取用户流量的渠道途径，最终为平台的玩家用户带来更多的精品游戏）的良性互动。至于针对行业专门定制的一键式多功能平台SDK"哨兵系统"，是南京猫玩当前的另外一大创新技术产品。当前国内移动游戏CPS行业年产值约300亿元，然而由于传统的平台SDK在业务实践过程中存在玩家归属、烦琐的对账工作、数据统计缺失、用户流失、充值掉单等问题，导致该领域的龙头企业在历经八年的耕耘之后，月产值只有1.1亿元。而"哨兵系统"借助技术革新，成功为专注于CPS合作的游戏企业解决了前面提到的诸多难题，领先于国内众多传统的平台SDK。"哨兵系统"必将在未来可期的时间内，于移动游戏CPS产业"独占鳌头"，深挖约300亿元年产值的国内移动游戏CPS行业市场。

可以看到，无论是BEE平台还是哨兵系统，都拥有着十分巨大的商业潜力。此外，这些颠覆行业技术的创新产品的打造，都需要高新知识型人才的支撑。因而南京猫玩对颠覆行业技术创新的追求，以及目前已经形成的特色优势，既能够为当地创造极其可观的经济价

值，又可以为当地持续引进并且留住高新知识型人才。

（三）致力全产业链整合，强势布局产业生态

网络游戏作为一种"新文化"，不仅成为当前经济的最重要增长点之一，同时也成为文化产业输出的一个典范。带有历史、神话等传统文化元素的网络游戏，或是加深人们对这些传统文化的理解，或是引导人们从全新的角度来认识这些传统文化，都体现了网络游戏在文化输出方面所能够扮演的重要角色。

然而我国游戏产业发展至今，上游研发、中游发行、下游渠道及游戏行业相关的增值产业长期处于相互分割的局面，无论是开发商，还是发行商、渠道商，各家的发展始终停留在经济层面，无法实现文化输出这一更高层次的目标。

而南京猫玩早在2017年便已预测到行业的巨变，因此提前着手移动游戏全产业链的布局，形成了当前贯穿于产品研发—IP孵化—流量整合的综合业务结构。南京猫玩凭借强大的发行业务能力切入游戏市场，发行的首款手游产品第一季度流水即突破千万，并于次年（2017年）10月成立手游自研团队，涉足研发业务，近三年南京猫玩在研发业务板块的累计投入已逾千万。而作为目前颠覆行业技术的两大创新产品之一的"BEE"平台，则是南京猫玩布局游戏产业链下游渠道的关键性举措。

在初步实现移动游戏全产业链的布局后，南京猫玩能够有效规避传统专精于某一方面的企业所面临的问题，诸如研发商的产品难以销售出去，发行商深陷产品档期与用户喜好冲突的矛盾之中，各大渠道面临产品质量参差不齐、平台活跃持续下降的窘境等，从而保证公司的经济效益，向着更高层次的目标——也就是文化输出发展。在后手游时代，南京猫玩向行业提供的这种全新的游戏业务运作方式，将能够帮助当地拓展文化输出的途径，成为游戏产业文化输出的先驱典范。

南京猫玩始终贯彻以人为本的理念，未来将持续加强人才引进，增强核心团队建设，同时加大研发投入，努力进行科技创新，拥有更多的游戏技术、软件技术类发明专利。同时，南京猫玩还将以产品为基点，服务为脉络，为玩家提供"最生活"的互动娱乐体验，努力

实现用户与产品、行业与品牌的共生态。依托革新的产业运作理念，借助核心技术的突破，争取在未来五年内，将猫玩打造为移动游戏行业细分产业的龙头企业，使猫玩成为千亿市值的互联网企业。

三 以"特色小镇模式"开创游戏产业发展新局面

发展游戏产业要将资源集聚，参考浙江"e游小镇"模式，将游戏产业与特色小镇建设相结合，找准定位，实施人才与系统化的扶持政策，打造南京游戏产业特色小镇。

（一）制定游戏产业特色小镇规划

北京拟打造游戏精品研发基地、建立特色园区，可参考这一方式，选取合适地区，形成以游戏产业为核心的文化创意产业小镇。在产业小镇的布局方面，通过打造完善的产业功能区、商业配套区和生活配套区三大功能区，为入驻企业及其员工的发展、工作和生活提供优越的软硬件环境。在产业小镇的服务配套方面，从工商、税务、银行、法律等方面为入驻企业提供全方位的优质服务，为企业开通文网文、游戏版号等专业行政审批方面的绿色通道。在产业小镇的入驻企业选择方面，实现游戏产业链上游研发企业、中游发行企业以及下游渠道企业等各环节的全面覆盖，打造完整的产业生态，促进产业良性发展。

（二）游戏产业人才引进与培养"双管齐下"

伽马数据的报告显示，游戏产业有将近一半的人不具有本科及以上学历，与其他行业相比，游戏产业对学历包容度更强，应从引进与培养人才两方面着手。一方面，加大人才引进力度。引进游戏产业高层次、紧缺型人才，与高新技术人才享受同等待遇，按规定享受落户、安家补贴等人才政策；创新职称评定方式方法，将游戏作品作为职称评定的主要内容，建立优秀游戏人才库，纳入市级人才库选拔范围。另一方面，加大人才培养力度。鼓励有条件的高校、高职、中职设立相关专业，发展游戏产业职业教育；打通学校与游戏企业的人才交流渠道，加大人才输送力度。

（三）整合统一的游戏产业扶持政策

目前，几个大城市均已出台专门的游戏产业扶持政策，比如北京

《关于推动北京游戏产业健康发展的若干意见》《广州市促进电竞产业发展行动方案（2019—2021年）》以及成都《关于推进"电竞+"产业发展的实施意见》，可参考这些意见、方案，将分散的政策整合成为统一的《南京市关于游戏产业发展的实施意见》。在发展目标方面，结合南京优势，找准南京定位，可将发展目标定位成"全国游戏产业示范区"。在重点任务方面，建立和完善游戏产业生态系统，打造多层次游戏市场，优化全方位载体，推动"游戏+"融合发展。在办公场所方面，为新购或租赁自用办公用房的企业提供相应补助，或者为租赁政府指定办公用房的企业免除一定年限的租金。在基金扶持方面，优先扶持经评估认定的重点项目企业，为成功吸引社会创投资金的企业提供贴息补助，为领头企业颁发荣誉和适当的资金奖励。

第八章 能源环保与大健康类高成长企业

第一节 贝登医疗：重构全球医疗器械流通新生态[①]

在新冠肺炎疫情下，无论是互联网医疗还是医疗器械的互联网化，都在发生深刻的变化。医疗器械作为疫情下最热门板块，为各跨界巨头企业切换赛道提供了很好的机遇，百度、华为、盒马、腾讯、美团、格力电器等各大行业的龙头企业已正式宣布进入医疗器械这一赛道。南京医疗资源丰富、医疗研发实力雄厚、医疗器械制造业发达，在医疗器械发展的快车道上，应抢抓机遇，加快以医疗器械互联网平台优势，重构全球医疗器械流通新生态。[②]

一 南京打造全球医疗器械互联网平台的战略意义

（一）面对全球日益增长的大健康需求，流通效率提升至关重要

医疗器械行业作为大健康领域的重要组成部分，是关系到人类生命健康的战略新兴产业，是社会民生发展的重中之重。随着人口老龄化日趋严重以及人们的大健康意识不断增强，对医疗器械的需求将进入新的爆发阶段，尤其对于具有庞大人口基数的中国来说存在巨大的成长空间。根据 Wind 数据显示，2001—2018 年我国医疗器械市场规

[①] 部分成果刊发于郑琼洁、龚维进《放大互联网平台优势 重构医疗器械流通新生态》，《南京日报·思想周刊》2020 年 7 月 1 日。

[②] 本案例由南京市社会科学院副研究员郑琼洁整理提供。

模年均复合增速高达22%，截至2018年底，我国医疗器械行业市场规模达到了5300亿元。全球医疗器械市场规模已经与同期药品市场规模相当，而中国医疗器械市场仅为同期药品市场的14%。目前我国器械行业整体呈现小散乱竞争格局，行业集中度还有大幅度提升空间，传统的渠道模式步履维艰，医疗器械流通领域创新变革和流通效率提升已经迫在眉睫。在这种背景下，全球医疗器械互联网平台的建设，能够精准服务于医疗器械行业产业链上下游客户需求，实现医疗器械行业产业链资源的精准匹配和高效优化，势必给医疗器械行业带来颠覆性变革。

（二）随着分级诊疗和社会办医推进，供给侧结构性改革迫在眉睫

根据国家卫健委的数据显示，随着分级诊疗制度加快推进，中国县域内就诊率达85%左右，"基层首诊、双向转诊、急慢分治、上下联动"的分级诊疗模式正在形成，三级医院逐步回归疑难、危机重症救治等，县级医院龙头作用逐渐发挥，基层医疗机构、专科医院、私人诊所、高端医疗定制服务机构等不断兴起，对医疗器械的需求呈现爆发式增长，使医疗器械在空间更广阔的基层市场大放异彩。医疗器械属于典型的制造业高新技术产业，近年来国家密集出台了多项政策，为医疗器械发展营造了良好的市场环境，从多个侧面推动了医疗器械更加国产化、优质化和高端化。目前，除了对于高端医疗器械需求最旺盛的一二线城市医疗市场，基层医疗市场的器械普及也使得高端设备需求量迅猛增长。在《中国制造2050》中更是提出了到2020年，县级医院中高端医疗器械市占率超50%，到2025年要超70%的目标。因此，通过互联网技术和平台，能够快速便捷地将优质医疗器械服务到下沉市场，推动供给侧结构性改革。

（三）审视新冠肺炎疫情突发事件，医疗物资战略布局提上日程

在此次突发的新冠肺炎疫情影响下，医疗器械成了稀缺的优质投资标的，呼吸机、CT、口罩等医疗器械一度遭遇各国争抢。Wind数据显示，自2020年开年以来，医疗器械市场一路上扬，领跑各个医疗子行业，成为拉动医疗板块上涨的中流砥柱。但同时，在突发事件引发的短期需求急剧暴增的情况下，也暴露了各国在传染病等突发公共卫生事件

上物资储备不足的问题。经过此次疫情，大众对健康的追求和防护意识日渐提高，各国对医疗器械产业的重视程度也在不断提高。在未来很长一段时间内，医疗器械将逐渐成为刚需产品，全球各国将以更高的标准和要求持续加大对医疗器械战略物资的投资和布局，为医疗器械互联网平台发展提供强劲的增长空间。因此，南京应抢抓机遇，寻找新的增长点，发挥已有医疗器械互联网平台优势，通过提供沟通、支付、物流、安装、维护等全方位服务来重构全球医疗器械流通新生态。

二 南京已形成服务医疗器械产业链的"新链主"优势

以往的医疗器械行业按照传统的生产、销售、客户服务模式运作，产品更新换代慢，缺乏快速迭代的互联网思维和经验，随着行业内外部的竞争压力加剧以及内部转型发展战略的需求，医疗器械行业正在不断探索和创新，以互联网技术和思维进行行业赋能。成立于2012年的贝登医疗作为南京本土的培育独角兽企业，是目前国内规模最大的医疗器械互联网平台，以B2B自营电商模式为核心，整合了国内外知名医疗器械品牌500余家、超30000个SKU，拥有非常强大的产品供应能力。贝登医疗通过深度整合医疗器械上中下游资源，通过产品直采、年度签约、集中备货等方式为上游厂家提供一个覆盖全国的销售渠道，为下游的经销商提供一个完整的供应链赋能体系，通过构建医疗流通新生态，发挥医疗器械产业链的"新链主"优势。

（一）精确定位：为中国"基层医疗"提供强大的全产品供应

2014年以来，每年新增的医疗机构90%以上都集中在基层医疗和民营医疗市场。截至2020年2月底，我国三级医院2762个，二级医院及以下31342个，基层医疗卫生机构953896个。贝登医疗正是切入"二级医院及以下+基层医疗卫生机构"这一庞大下沉市场，以乡镇卫生院、社区卫生服务中心、民营医院和诊所等基础医疗机构带动需求为出发点，首创以"医疗产品解决方案"为主的销售模式，结合线上线下服务模式，为中小型医疗器械经销商和民营医疗机构提供专业、低成本的"一站式产品供应"服务。目前贝登医疗已与全国10万多家中小型医疗器械经销商建立合作关系，覆盖全国300多个地级市，服务超过20万家民营医疗机构，近三年销售额增长率超过100%，2020年营业销售额预计达15亿元。

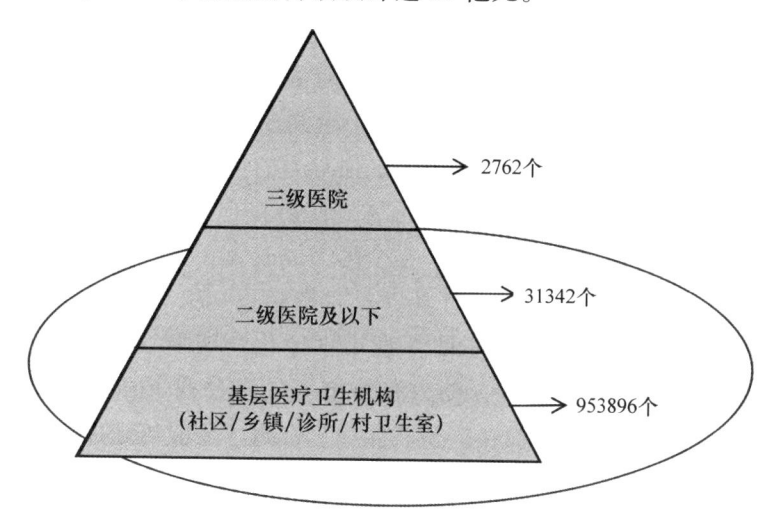

图8-1 基层医疗卫生机构层为贝登医疗切入的"下沉市场"

（三级医院 2762个；二级医院及以下 31342个；基层医疗卫生机构（社区/乡镇/诊所/村卫生室）953896个）

（二）精细布局：为海外"新兴市场"提供强大的全产业链服务

新冠肺炎疫情下，贝登发挥了在医疗器械流通领域的优势，不仅及时为国内提供了抗疫物资资源，而且积极响应商务部号召，为国际抗疫贡献力量。2020年3月以来，贝登向阿联酋、西班牙、墨西哥、英国等出口了防护服、呼吸机、病毒取样器、护目镜等抗疫必备物资，出口金额超1亿元。除了抗疫物资的出口，贝登正加紧发展跨境电商业务。早在2018年，贝登投资的专注非洲市场的医疗跨境电商平台Africamed牵头筹建的尼日利亚中国医药产业园在拉各斯加快建设，建成后贝登将首率国内10+优质品牌厂商产品入驻园区，未来将带领更多品牌商在产业园设厂以实现本地化生产。除了非洲，中欧、拉美亦在贝登全球化战略布局中。此外，贝登也正紧锣密鼓地将国外优质的医疗器械品牌厂家的产品、技术等引进国内，帮助品牌在中国市场快速发展，同时为国内医疗器械市场带来更多优质高性价比的产品。

（三）精准链接：为医疗"流通生态"提供强大的全流程保障

贝登医疗实现对医疗器械从营销推广、采购、安装、维修等方面进行全生命周期的精细化管理，并孵化了一系列在细分行业的新兴企业。专门成立子公司南京医路快建医疗科技有限公司负责新媒体引流业务并帮助经销商做好营销推广工作；成立类似于"滴滴打车"模式的互联网售后服务平台南京医修帮医疗科技有限公司，自主研发售后服务平台"医修帮 APP"，目前该平台注册工程师近两万人，服务范围覆盖全国，为各地经销商提供了强有力的售后服务支持；为了帮助经销商解决采购资金周转难的问题，成立了子公司医贝金融，审批快下款快。目前，贝登医疗已经在全国完成五大仓储筹建布局，常规商品 1 亿元以上备货，48 小时发货及时率超过 90%。为了向客户快速交付，2022 年将实现全国 31 个省市本地化仓储中心。此外，专注细分市场的子公司宠医购，助力海外市场的子公司 Africamed，还有其他为了业务发展需要而在广州、深圳、杭州、宁波等地成立的区域子公司构建成的贝登生态发展体系，是贝登能成为国内最大的医疗器械流通电商平台的核心竞争力之一。

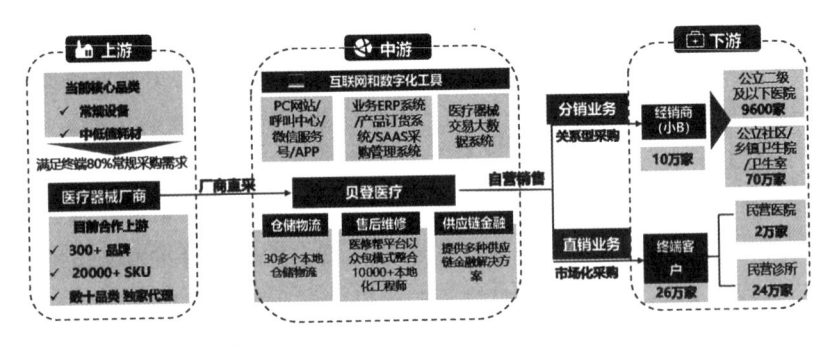

图 8-2 贝登医疗基于上下游整合建立垂直 B2B 电商平台

三 对策建议

（一）以南京地标产业建设为契机，打造"中国医疗器械智慧产业公地"

打造若干个"医疗器械产业公地"，将南京建设成为全国一流的医疗器械智慧产业示范区和全球领先的医疗器械产业核心聚集区。一是打造总部经济"强引擎"，建设项目研发、成果转化、平台支撑、生产制造、配套服务等为一体的"医疗器械产业公地"，为南京在税收贡献、人才集聚、科技创新，甚至提升城市的知名度和美誉度带来显著的溢出效应。二是孵化创新企业"强生态",围绕医疗器械上下游产业链衍生孵化更多具有南京特色的新兴产业企业和集群,集聚高素质的研发团队和技术人工,催生更多与业务紧密关联的独角兽、培育独角兽、瞪羚企业,发挥产业乘数效应。三是集聚优质资源"强磁场",打造专业化、精细化招商服务体系,依托南京完备的医疗器械产业集群优势,吸引国内外高精尖科技人才和项目资源,鼓励欧美等国际医疗器械品牌厂商在南京投资设厂,将南京打造为全球高端医疗器械研发中心、生产中心、物流中心和技术服务中心。

(二)以中国基层医疗市场为拓展,打造"中国医疗器械流通服务生态圈"

借助贝登医疗已有的医疗器械互联网平台的渠道能力、供应链能力和互联网能力,加强仓储中心服务、金融服务、售后服务、新媒体服务等全方位服务网络,为医疗器械厂家提供全方位的需求解决方案,打造千亿级的医疗器械互联网流通服务生态圈。一是加强"大仓储"服务。加快推进在全国各省市本地化仓储中心建设和服务网络布局,借助互联网平台建立行业内最全、最准确的客户数据库,为经销商提供精准、高效、低成本的产品推广和销售渠道,提供更专业、更优质的采购服务,满足未来较长一段时间海量的基层需求和民营采购需求。二是加强"大售后"服务。聚焦医疗设备流通后市场,打造医工生态圈,为医疗设备使用者提供快速响应、系统定位派工、及时上门维修、客户满意度调查的系统化服务保障。三是加强"新媒体"服务。搭建覆盖医疗器械经销商、体外诊断、检验科、超声科、康复科、影像科、民营医疗、基层医疗等领域的垂直新媒体矩阵,完善医疗行业新媒体传播生态,通过对医疗器械政策、市场、竞品、受众群体等多维度调研,确定品牌市场定位与差异化营销策略,为医疗器械厂家提供精准营销服务。四是加强"新金融"服务。为降低整个医疗器械供应链运作成本,通过融资租赁等服务,构筑银行或金融机构、企业以及商品供应链之间稳定、可持续性发展,形成互利共生、良性互动的产业生态。

(三)以海外五大新兴市场为链接,打造"全球医疗器械产业园"

新冠肺炎疫情后,各国产业链重构趋势明显,会带来更大规模的国际产业转移，南京应抢抓"一带一路"建设契机，以非洲、中东、东欧、南亚、拉美五大新兴市场为重要支点，在海外市场进行医疗器械产业链整体布局和设计，打造若干个"全球医疗器械产业园"。一是实施海外市场的高水平规划。根据海外各地实际情况，综合人口、GDP、生产制造能力、当地医疗水平等因素，制定特色化和品牌化的战略目标，增强全球医疗器械产业园的综合实力和核心竞争力。二是实现海外产业园的本地化运作。将国内医疗器械上下游相关产业的优质品牌厂商产品入驻海外产业园区，编制既具园区特色又与当地现行体制机制相衔接的规章制度和管理办法，努力打造集产业发展和生产生活服务功能于一体的复合式园区，同时严格按章纳税，大力解决所在国的就业问题，积极承担社会责任，实现本地化运作可持续化。三是实现国际标准化工作的新突破。加强国际交流与合作，牵头组建全球医疗器械电商网络，深度参与并推动医疗器械电商行业国际标准研究和制订工作，有效统一医疗器械电商行业的技术规范和要求，探索推动我国医疗器械优势领域抢占国际标准新高地。

第二节　万德斯：智慧型环境治理及资源化专家[①]

环保产业被列入国家战略新兴产业，"十二五"及"十三五"专项规划相继发布，环保产业发展被提升到前所未有的战略高度上。"十四五"将更加重视生态文明建设，这为环保企业提供了良好的发展机遇。南京万德斯环保科技股份有限公司（以下简称"万德斯"）迎头赶上，成为环境治理和资源化的专家。

一　环保产业将迎来重大发展前景

（一）顶层设计加速推动环保产业发展

2015年《生态文明体制改革总体方案》顶层政策设计完成，奠定环保新一轮高成长基石；2016年环保行业多方制度不断完善，中

[①] 本案例由河海大学商学院副教授李祎雯、南京市社会科学院副研究员郑琼洁整理提供。

央成立生态文明体制改革专项小组自上而下推动全面改革,要求发挥环保在供给侧改革中的红线作用。2016年中央环保督察组正式成立,对全国各地方展开了环境保护督察。同时,随着《水十条》《土十条》《长江保护修复攻坚战行动计划》《"无废城市"建设试点工作方案》等政策推出,环保产业被国家寄予厚望,尤其在水、固废、土壤修复等领域,正呈现加速发展态势,具有广阔的发展空间。

(二)产业转型升级倒逼环保产业发展

我国经过三十多年的快速工业化和城镇化发展,环保历史欠账多,经济面临着资源和环境的双重约束,传统增长方式已难以维持,产业结构亟待优化升级。因此,从产业发展大周期的角度看,我国已经进入了结构优化、环保需求释放时期,节能环保产业将迎来更大发展机遇。2020年是污染防治攻坚战的收官之年,环保产业任务依然艰巨,市场空间依然较大。碧水保卫战的重点是长江和黄河流域保护、加强水源保护区划定保护、城镇污水收集处理设施建设以及黑臭水体治理;净土保卫战的重点是推动农用地安全利用,加强建设用地环境风险管控,加快补齐医疗废物、危险废物收集处置设施短板,这都需要环保产业提供有力的技术和产业支撑。

(三)重大突发公共卫生事件对环保行业提出新要求

此次突发的新冠肺炎疫情暴露出环保产业领域的一些短板。如在重大突发公共卫生事件条件下环保产业的应急处置能力,包括医疗废物处置、医疗废水(应急)处置、恶臭治理、废水中余氯等指标的检测能力还有待进一步提升等,都对环保行业提出了新的更高要求。由于疫情给企业经营和各级财政带来前所未有的压力,社会各界能够用于污染防治的资金更趋紧张,环保项目将面临更大资金压力,企业盈利水平也可能下降,行业发展中的不确定性依然较大。

二 万德斯:环境治理的排头兵

万德斯主要提供先进环保技术装备、系统集成与环境问题解决方案,主营业务聚焦垃圾污染削减及修复业务、高难度废水处理业务等。万德斯长期持续专注环保,致力技术研发创新与科技成果转化,在技术创新的驱动下,是全国第一家生态保护和环境治理业科创板上市企业（股票简称：万德斯；股票代码：688178）。目前在环保细分行业具有市场、人才、技术、管理和品牌全方位竞争优势，具有较强的核心竞争力。

（一）以高质量发展领跑环保行业

万德斯连续多年实现营收、净利润快速增长，连续三年营收复合增长率达80%，获纳税大户、国家火炬特色产业基地优秀民营企业、苏南国家自主创新示范区瞪羚企业、江苏省百强创新型企业、南京市高新技术企业百强等称号。与江苏省产业技术研究院共同组建了"JITRI—万德斯环保联合创新中心"，进一步提升了企业自主创新与科技成果转化能力，业务范围覆盖全国，已延伸至海外，承接了非洲第一座垃圾焚烧发电厂渗滤液处理项目，将绿色发展经验、理念与技术传播到"一带一路"国家，已成为环保细分领域中重要服务商之一，技术水平和可持续发展能力已达到行业领先水平。

（二）以人才为先助力产业创新发展

创新离不开人才，万德斯对人才的爱惜，对研发的重视，为创新创业活动集聚了敢于拼搏的人才团队。积极支持高层次人才、青年人才队伍建设，打造人才磁场，建立了"德为基、才为本、学为阶、效为尺"的人才建设与评价机制，通过建立人才标准，形成国家万人计划领军人才组织设计、青年科技新星人才具体落实、工程技术人员转化落地的三级人才团队结构，实现环保领域人才、技术、产业集聚，保持企业持续、快速、高质量发展。

（三）以核心技术优势提升生态品质

万德斯在垃圾污染综合治理、工业废水治理及资源化、生态环境修复、智慧环保等领域一直走在全国前列。公司提供的高难度废水处理成套装备，可实现高浓度难降解废水的深度处理、近零排放及资源化，高难度废水处理成套装备由"生物强化废水处理技术同步短程硝化反硝化技术装备、多效电催化氧化技术装备、分盐资源化技术装备"等组成，实现废水的深度处理、近零排放及资源化利用。在全国垃圾分类的背景之下，作为智慧型环境治理及资源化专家，万德斯在湿垃圾资源利用（有机垃圾）、垃圾污染削减与修复技术领域优势十分明显，可提供城市有机垃圾全流程、全量化解决方案，能为南京市在垃圾分类、生态保护、长江生态修复等方面作出贡献。此外，针对污染土壤、污染地下水、地下水监测预警，万德斯形成了一系列的修复技术及组合工艺，提供一站式、定制化服务。

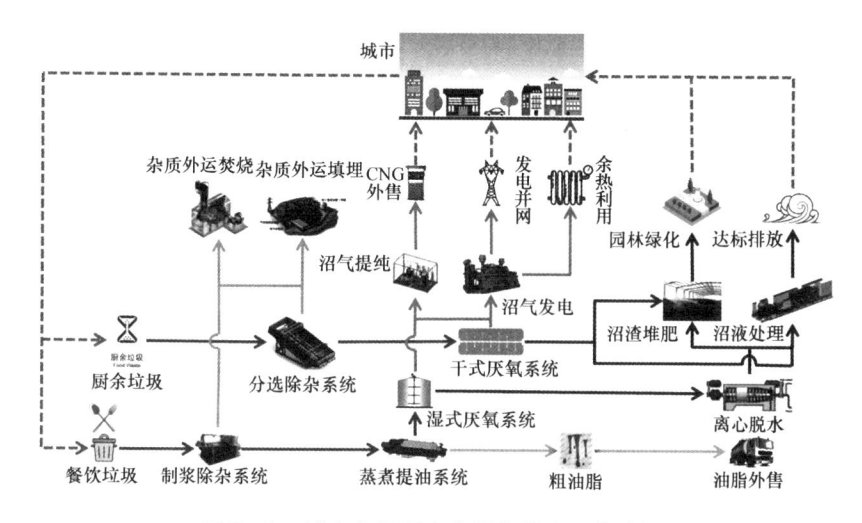

图 8-3 城市有机固废全量化处理工艺流程

近年来，万德斯在水污染治理、固废污染治理等方面，取得多项突破，拥有授权专利 70 余项，核心技术先后获国家科学技术进步奖二等奖、国家重点环境保护实用技术、中国环保科技创新实用成果、中国环卫行业争优创新银奖、中国战略性新兴环保产业先进工程技术、江苏省环境保护科学技术奖二等奖、江苏省高新技术产品、江苏省环保实用新技术等荣誉称号。填埋场污染防控与修复技术经中国环境科学学会组织鉴定，成果鉴定为国际领先，分散式污水处理设备通过省级新产品新技术鉴定。

（四）以强影响力参与行业标准制定

公司在行业内具有较大影响力，为中国战略性新兴产业环保联盟副理事长单位、地下水污染防控与修复产业联盟理事单位，先后获高新技术企业、中国渗滤液处理领域年度领跑企业、中国填埋场修复领域领先企业、中国渗滤液及地下水修复技术创新企业、工业废水近零排放及资源化技术创新企业、村镇污水处理领域领先企业、中国战略性新兴环保产业领军企业、国家火炬特色产业基地优秀民营企业、江苏省骨干环保企业、江苏省行业领军先进企业等称号，已成为细分行业的领导企业。目前，公司已牵头编制行业标准导则《老生活垃圾填埋场生态修复工程技术导则》、参与团体标准《漏斗门式可渗透反应格栅（PRB）地下水污染修复技术指南》《50 米以浅第四系孔隙地下水污染监测预警技术指南》、参与编制行业标准"生活垃圾渗滤液处理厂运行维护技术标准"。

（五）以智能化解决方案引领智慧城市建设

万德斯采用绿色智慧城市顶层设计方法论，将 5G、AI、云计算、大数据、物联网、区块链、工业互联网等 ICT 技术与工业生产、生态环保、水利水务相关产业的工艺控制和运营管理 OT 技术深度融合，以 DT 创新驱动构建"万德斯（Wondux）生态环境智慧大脑"，为全市新基建项目提供更多的固废和水务领域解决方案与技术，为政府和企业打造绿色新基建、赋能提质增效降本和实现数字化转型新格局提供坚实的科技支撑。同时，万德斯在科技进步、制度创新、产业升级、绿色发展等方面发挥着行业引领作用。通过政产学研合作，实现环保产业集聚、人才集聚，扩大区域辐射效应，对打造江苏省高科技环保领军企业，占领国内外市场具有重要的推动与引领作用，进一步促进环保产业发展。

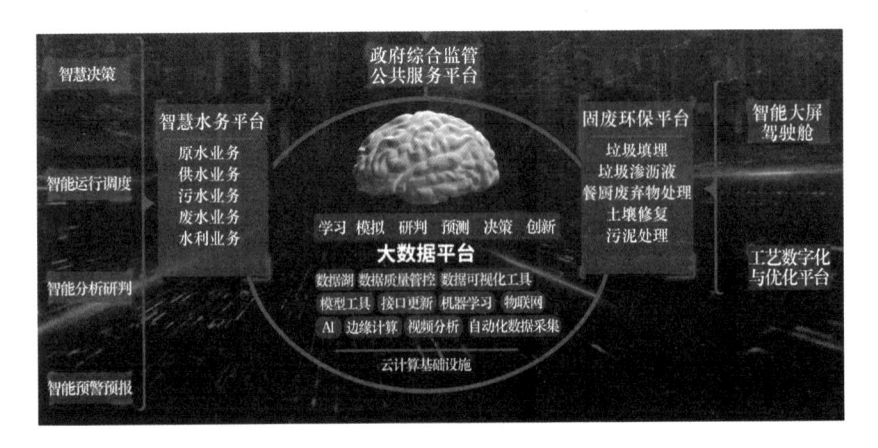

图 8-4 万德斯大数据平台

三 加快推动环保产业高质量发展的对策建议

（一）充分发挥企业价值，提升地区生态环境品质

目前，万德斯的业务范围已覆盖全国、拓展至海外，但相比之下，公司在当地的典型示范项目仍然较少，一定程度上影响了其业务的推广和应用。为充分发挥企业价值，地方可为其科技成果转化及新技术采用提供"孵化器"与"试验田"，支持企业新技术研发与产业化应用在当地建立应用示范项目，发挥平台支撑作用，协助企业新技术、新产品的推广，提高企业市场竞争力，进而提升地区生态环境品质，形成环保产业创新发展的新高地。未来，万德斯将借助已有的技术、品牌、市场等方面的优势，参与和引领南京环保产业做大做强，为经济发展注入"环保力量"。积极参与水环境保护与长江生态修复，为城乡环境品质提升提供智力支撑，配合打好"碧水""净土"保卫战，为"美丽中国"打好环保底色。

（二）引领行业加速变革，提高企业造血能力

一方面，处于高速成长期的企业出于市场开拓需要，会面临拓宽业务领域、占领新区域市场、进入行业知名企业供应链及客户关系维护等因素；另一方面，环保产业污染治理业务周期相对较长、内部审批流程较多。这些因素导致万德斯在快速增长的过程中，也面临应收账款较多、存货增速较快、毛利率下降、管理费用占比较高等问题。因此企业自身应基于长期战略布局及发展规划，不断调整优化发展模式，做好成本控制，从创新驱动、品质管理提升入手，提升企业管理水平和综合竞争力，在引领行业加速变革的同时，塑造环保品牌与文化，提高自身造血能力，从而实现在环保细分领域的全面发展。

（三）加快打造产业链，促进绿色产业发展

在产业转型升级和城市高质量发展的新形势下，污染防治攻坚战与生态环境建设持久战均带动了环保需求，环保产业面临重大发展机遇。从区域层面来看，江苏作为环保需求大省，目前尚无营收高于百亿的大型环保类企业；南京环保产业技术水平不断提升，基

本能够满足市场需求，但总体上还面临龙头企业偏少、同质化竞争等问题。未来企业应围绕产业智能化、高端化、服务化发展需要，继续加强技术研发和创新，通过整合产业链、延链和补链逐步发展为多元化的环保集团；环保产业可根据国家政策和战略发展需求，延伸产业链深度、拓宽应用领域和市场，促进科技成果产业化，进而推进环境污染治理由末端治理向全过程防控转变、由单环节服务向总集成模式转变、由以产品为主向以服务为主转变，全流程抓好生态文明建设。

（四）创新"互联网+"环保模式，推动产业服务化与信息化转型

通过互联网技术提升环保服务业的效率和层级，促进环保产业与"互联网+"深度融合，将5G和物联网技术纳入环保服务业务流程，推动设计数字化、产品智能化、生产自动化、管理网络化，进而实现全过程的信息化建设与转型，进一步提升各部门的业务协同、数据共享、信息交换和数据综合利用能力，形成环保合力。综上，基于南京省会城市优势，通过创新"互联网+"环保模式加快产业服务化与信息化转型升级步伐，为经济发展注入绿色科技力量，推动江苏从环保大省向环保强省转变。

第三节 南京天诗：蜡助剂精准应用的拓路者[①]

蜡助剂对于现代工业而言，是一种重要的助剂，广泛应用于涂料、油墨、皮革、化妆品、橡胶、复合材料、粉末冶金、精密陶瓷、电子和太阳能等十几个行业。它被称为"工业味精"，在改善表面性能，如抗损坏、抗压黏、耐刮伤以及耐水性方面都发挥着重要的作用。南京天诗新材料科技有限公司（以下简称"南京天诗"）作为南京市瞪羚企业，是国内第一家专注于蜡助剂的研发和生产的企业，成功开发

---

① 本案例由南京市社会科学院副研究员郑琼洁、首都经济贸易大学讲师龚维进整理提供。

了国内首套超临界 CO_2 熔融喷雾生产微粉蜡的技术，球形蜡微粉的投产开创了一个微粉蜡应用的新时代。

长期以来，国内的蜡微粉产品主要依赖进口，客户只能在购买现有产品基础上，根据蜡微粉产品特性开发相应的产品，因此整体的研发成本较高。针对这些问题，亟须开发以客户需求为主导的产品，客户可根据其产品要求进行定制作业的需求较高，从一定程度上节约开发成本、提高效率。因此，南京天诗正是在这样的背景下寻求发展路径，在国内实现蜡微粉的规模化制备与应用，在填补国内空白的同时，可打破德国巴斯夫、南非沙索、美国霍尼韦尔等国外化工企业对于高端蜡制品技术工艺的垄断，做到比国外蜡制品公司种类更加丰富、产品品质更加稳定、替代价格较高的进口蜡制品，促进行业的技术进步。通过产品国产化，将降低国内蜡微粉下游涂料、油墨企业的使用成本，可为公司争取更大份额的市场，提升南京企业的品牌形象。

一 打破国外垄断的"弄潮者"

微粉蜡——这个鲜有人知晓的行业，却是工业生产中不可或缺的添加剂。十年前，国内微粉蜡领域几乎还是一片空白，相关市场长期被进口品牌诸如巴斯夫、科莱恩这样的世界五百强化工企业占据，国内基本没有大规模、成体系的自主生产基地来提供可以和进口原材料相抗衡的产品。就是在这样一个饱受国外巨头垄断的环境下，天诗迎难而上，用实际行动诉说着：秉持工匠精神的企业拥有更顽强的生命力。

南京天诗的市场定位就是一个"专"字，在选用蜡助剂时，蜡的品种众多，并且所用领域以及需要的厚度等都是有一定的差异性要求的，蜡助剂的细分领域的开拓一直是公司的方向，其间所有的灵感都是来自客户的需求，公司与客户的紧密联系，目前已经开发出300多种蜡产品。公司的竞争者既有大的工业巨头如巴斯夫、沙索和科莱恩等，又有专业的蜡微粉提供者美国三叶公司、美国微粉公司、德国德乐士公司。巴斯夫等大公司生产的产品品种少，巴斯夫有4个，沙索有3个，科莱恩最多有20多个，这些产品大部分都是通用性很好的产品。专业蜡微粉公司都有非常多的品种，美国三叶和美国微粉公司都有100多种型号，德国德乐士公司也有60多种型号，专业公司每年都有新产品面世，大公司中除科莱恩外其他公司已经很多年没有新产品了。工业巨头依靠原材料优势，以较低的价格销售产品，但由于他们不再考虑继续投资蜡微粉项目，产品种类比较单一，所以供货情况都很差，最终客户拿货价格持续走高。专业蜡微粉公司提供非常多的产品品种以应对不同领域需求，他们价格都比较高，在国内没有生产，量较小的品种，客户基本不敢选择。天诗作为国内专业的蜡微粉公司，产品种类最丰富。正是坚持不懈的工匠精神，最终指引着天诗蜡微粉走向成功，如今，南京天诗新材料科技有限公司成功打造了蜡助剂产业链一体化开发基地，建立了蜡产品研发生产销售，蜡原料研发生产销售，蜡产品产业应用等基地，逐步挤压进口产品的市场份额，真正迈向国产蜡助剂领导者的行列。

二 坚持匠心制造的"践行者"

天诗蜡粉，让"工匠精神"成为一种态度，更是不断钻研与创新，对客户快速反应，提供质量稳定、价格更具优势的产品。"为了更好地服务于广大客户，天诗不仅仅严把质量关，更能根据客户需求进行'量身定制'。"

经过多年的精心雕琢，天诗蜡粉不仅获得了近7000家合作伙伴的一致认可，更向全世界展示了中国民族企业匠心智造的力量。如今，天诗团队研发出的国内首套超临界CO_2熔融喷雾生产微粉蜡的技术装备，实现了自主研发生产球形微粉蜡，开创了多项技术专利，填补了国内该领域的空白；公司推出的亲水性PTFE微粉蜡，解决了常规PTFE微粉蜡水中不容易分散的问题，可用于各种水性涂料，尤其是水性木器涂料，助推涂料行业环保革新；公司研发的聚乙烯蜡微粉在油漆和油墨中的应用具有良好的消光性和抗刮伤、抗磨损、抗抛光、抗刻印等作用；公司在研的低温自修复蜡微粉，是涂料行业向绿色环保方向转型升级的支撑材料。该产品已在立邦、佐敦等国际知名涂料企业试用，性能优异，已申请PCT国际专利。它的推出使智能材料成为可能，是涂料行业的革命性产品，也是公司未来几年保持持续增长的重磅产品。

三 永葆企业活力的"创新者"

自成立以来，天诗就将技术创新放在企业发展首位。经过多年的积累，目前已形成了完善的研发体系，建立了高素质的研发团队，构建了先进的生产管理体系，积累了丰硕的研发成果。

在软硬件研发条件建设上，建设有专业的实验室2000余平方米，配备有粒度仪、流变仪、安捷伦的液相色谱（HPLC）、气相色谱（GC）、红外光谱、紫外分光光度计等高端研发设备，共计100余台，仪器设备原值1094万元。公司有一支技术水平高、优质专业的研发队伍，内部全职研发人员45人，其中高级2人，中级10人。同时积极与高校共建研究基地，目前公司已与4家高校进行了合作，建立了南京大学功能蜡粉联合研发中心、辽宁石油化工大学产业技术研究院、南京理工大学改性蜡微粉联合研发中心、南京信息工程大学大学生就业创业中心。平均每年从高校引进的研发力量200余人次，其中教授级人才5人次，博士生8人次，硕士研究生50人次，本科生160余人次。通过与高校优质人才团队的合作，快速提升了公司科技研发人员的研发水平，打造了一支高水平的科技研发人才队伍，为公司发展提供了人才保障。

公司在平台共建上取得了显著效果，2013年，公司获得南京市科技局批准，建立了南京（天诗新材料）水性蜡浆工程技术研究中心，2015年升级为江苏省聚合物蜡超细粉工程技术研究中心；2016年获得南京市工信局批准，建立了南京市认定企业技术中心，2019年获批晋升为江苏省认定企业技术中心；2018年获得南京市发展改革委批准，建立了南京市聚合物蜡超细粉工程研究中心，计划于2022年申请国家级研究中心平台。

正是对研发的重视，公司保持了持续发展的动力与竞争力，自成立以来，公司年均销售增长率均在30%以上。并先后成为省市重点项目的承担单位，公司的创新成果已进行自主知识产权保护，目前申请专利34项，拥有21项授权专利；PCT专利2项。公司主导起草的行业标准《聚乙烯蜡微粉》获得工业和信息部2019年度标准立项，标准计划号（2019—0332T-HG）；公司参与起草的两项国家标准

（GB/T38153.1-2019、GB/T38153.2-2019）于 2020 年 5 月 1 日起实施。

四　发展规划

天诗 2019 年就制定发展规划，致力于成为亚洲主要的低分子聚合物蜡微粉及其他蜡添加剂的生产企业，产品各项指标将达到国内领先、国际先进，能够替代进口并占 20% 的国内市场和 5% 的国际市场，年销售收入 1.5 亿元。天诗是以技术服务见长的生产制造企业，未来，天诗将紧盯国家环保要求，开发新产品、开拓新市场，努力成为国内第一的专业纳米复合聚合物蜡微粉材料供应商，并成为全球主流供应商。

短期规划，丰富产品种类，延伸应用领域。目前，蜡微粉的应用虽然推广到了十几个行业，但真实销售占比较大的仍然只有 2—3 个行业。近年来，正在大力地拓展应用领域，跟每个领域的客户开展深度合作，为其提供定制化研发，争取早日打开其他领域的市场份额。此外，企业以南京传统蜡微粉研发、生产、销售为核心，已建立上游原料生产工厂，电商销售子公司，民用产品生产子公司，在产业链的上下游也有延伸。2020—2022 年考虑进入下游行业蜡乳液或者上游行业合成聚合物蜡，同时针对蜡和有机硅以及氟材料的协同应用进行项目研究或寻求合作机会，为长远持续发展打下了坚实基础。

中期规划，开拓国外市场。公司一直秉承"无限推进蜡助剂的精准应用"的使命，集全体员工的智慧，以满足客户需求为核心，打造持续增长的规模化产业基地，成长为蜡助剂领域的行业领跑者。目前在国内销售占比 90%，虽然产品已销往美国、日本、欧洲、东南亚等国家和地区，但海外销售仅占比 10% 左右。下一步，将进一步加大海外销售渠道的拓展，凭借产品优势，开拓国外市场，提高在全球的影响力。

长期规划，成为全球蜡助剂引领者。在研发上，继续引入新的技术能力，发展更加细分以及和公司业务具有高度协同性的产品。在销售上，在现有的市场继续保持较快增长速度，提高市场份额。打破国外公司的垄断，参与国际竞争。公司的长期规划目标是成为亚洲最大的聚合物蜡微粉专业供应商，销售额突破5亿元，利润达到6000万元左右，进入资本市场。公司坚持按照现代化企业标准组织生产经营，实现集团化、规范化发展，在时机成熟后考虑主板上市。随着企业在全球的影响力及市场占有率的提高，天诗这一民族品牌将逐渐走向世界，将有望成为全球蜡助剂引领者。

第四节 坤泽科技：淤泥固化土新材料行业引领者[①]

自然界中，淤泥在海洋、江河湖泊及低洼等各种地貌及周边地区沉积，形成大量软地基区域。伴随着沿海开发建设作为新一轮经济增长点的浪潮，软基建设已经发展成为基础建设中地基处理的一个重要而又庞大的分支行业。国内传统的软基建设行业，以开山采石抛填为几乎唯一的手段，不得不破坏了自然界的青山这种不可再生、不可持续发展的资源。江苏坤泽科技股份有限公司（以下简称"坤泽科技"）以科技赋能，将淤泥工业化制造为替代砂石料的新型地基材料——淤泥固化土，开拓了全新的淤泥固化应用领域，发起了软地基建设中颠覆性的材料革命，并逐步改变以往"完全"依砂石料的软基用材历史。

一 淤泥固化土：战略新兴新材料产业的市场需求

（一）环保生态政策下的软地基材料供应不足

据中国砂石协会数据，我国机制砂石年产量高达200亿吨，是全球最大的机制砂石生产国。"十三五"期间砂石矿产总消费量为31.53亿吨。中国砂石资源在矿产资源物流中约占2/3，是化石能源的3倍、生物质的5倍、金属矿物的6倍。全球综合信息网（GAIN）预测，2030年全球砂石资源总需求量将增至每年600亿吨。[②] 开山采

[①] 本案例由南京市社会科学院副研究员郑琼洁、南京市社会科学院副研究员张新生整理提供。

[②] http://www.jskx.org/lsks/2020/06/03090513828969.html.

石、海洋采砂等手段涉及的环境、资源问题，近年来政府陆续出台了一系列的环境保护和控制开山采石的政策，因此，面对经济发展与环境保护的双重要求，软基建设用材需求与砂石料紧缺的刚性矛盾日益突出，直接导致了部分区域的软基建设中砂石料的供应量急剧下降，价格逐年攀升、市场已出现地基材料的刚性缺口，并且缺口区域未来将逐年扩大。

（二）淤泥固化技术的应用价值日趋凸显

淤泥固化技术在国际上已存在近40年，发达国家尤其是日本、韩国、北欧、西欧、加拿大、美国等较发达国家因整体环境保护意识较强，对砂石料等自然资源的使用控制严格，故淤泥固化技术使用较普遍，但由于近年来各国建设任务较少，应用场景和应用领域受限，因此技术和产品也不够成熟，产业化规模不够，成本相对较高，无法产业化。自20世纪90年代我国开始研究土壤固化技术，并于1998年6月30日发布了土壤固化剂的行业标准（CJ/T 3073—1998），国内学者开始意识到淤泥固化技术的应用价值和意义，开始加大滩涂淤泥固化处理研究。2010年之前仅有三四家稍具规模的企业尝试研发使用淤泥固化土作地基材料应用，但2015年之前由于相关政策并未真正落地，砂石料资源丰富且价格非常低廉，固化土缺乏市场竞争力，客观上造成淤泥固化企业难以生存、研发动力不足。因此大多将该技术转为他用，一批早期尝试企业都直接或间接地转入水环境保护和环保清淤领域。

因此，在2016年之前，国内软基处理领域虽然市场庞大，近十年每年仅沿海地区市场至少达2000亿元，但基本都被其他材料和技术如砂石料、桩技术、淤泥物理排水等占领，而淤泥固化方式市场份额极小。这个阶段，淤泥固化一直更趋向于是一种单项技术或者某种工艺，固化应用缺乏创新、应用面狭窄、市场吻合度低、无规模化应用，仍未形成独立的市场行业。2015年随着"绿水青山就是金山银山"的环保国策出台，山石料开采受到巨大冲击，沿海地区供应短缺明显，特别是2018年以来，江苏连云港，盐城，天津，浙江宁波、台州，福建福州，厦门，澳门，海南等地已出现正式断供状态，且大有蔓延之势，各地政府开始紧急寻找替代品，大型设计院、建设单位都积极寻找解决材料缺口、降低成本、提高利润并安全可靠的新科技。放眼自然界，砂石的替代物本身需要拥有极其庞大的体量，从保护环境和保护自然资源的角度看，只有淤泥具备了这一条件。但是作为废弃物的淤泥由于其极差的工程性能以及一直以来国内传统处理技术的高昂代价，始终无法将淤泥直接变作高附加值标准化地基材料，这对淤泥固化技术的研发和商用思路提出了变革要求。

二 坤泽科技：淤泥固化土新材料产业的全新创造者

坤泽科技成立于2010年，深耕于沿海滩涂淤泥和疏浚淤泥治理与利用，采用专有固化技术，将各类淤泥废弃物变为替代砂石料及传统工艺的新型工程材料，用于围垦、堤坝、港口、机场、水下构筑物保护等建设项目。坤泽以十年的专注和创新，开创了淤泥固化土全新的应用领域和应用系统，推动固化土应用于更多工程领域，提高整个产业链的竞争水平和市场层次，促进了工程建筑行业（特别是土方材料行业）进行产业化结构调整。先后获得国家高新技术企业、南京市独角兽瞪羚优秀企业、江苏省知识产权贯标企业、江苏省住建厅科技新材料推荐企业、浙江省水利先进适用技术推广单位、福建省水利先进实用技术推广单位、广东省水利科技新技术入库单位等荣誉称号。

（一）独特的市场定位和研究理念

坤泽科技公司自成立以来一直致力于全系统地研发、制造革命性的淤泥固化土，率先将淤泥固化技术从单纯环保领域引入制造标准化材料行业，并使之标准化、工业化，使参与各方更加受益。同时，新材料、新工艺的更新替代要打破传统产业的传统产业链图谱，唯有更低的成本和更高的利润才有真正的驱动力，因此，又好又节约成为坤泽产品研发的主导思想。先后荣获2019年度中国电力科学技术进步奖一等奖、2019年度中国电力建设科学技术进步奖二等奖；拥有专利40余项，覆盖材料、工艺、设备全系统。

作为国内淤泥固化领域起步较早的企业，在过去的十年，坤泽科技广泛、深入地研究了国内沿海各地区的淤泥特性；积累国内最丰富实际应用数据，面对客户具备强烈的说服力；形成了一整套淤泥固化土的理论体系，并被各行业大型设计院竞相采用；形成丰富的产品系列，其中高含水率固化土打破了国内岩土界传统认知，行业标杆地位为行业主管部门及设计院所公认。产品应用已逐步突破基础建设项目获取往往需依托区域性资源关系网的常规手段，凭借技术、产品性价比等优势走到了全国乃至新加坡等海外市场。

同时，公司始终注重人才的引进和培养，立足自主研发。核心技术团队由淤泥环境治理攻关项目的资深专家和法日相关领域的多位海外留学的博士组成，形成了从产品研发到设计、服务完善的项目实施体系。国际化的研发团队也获得了"江苏省高层次创新创业人才引进计划"和南京市"高端人才引进计划"奖项，参与了多个省市科技攻关项目。同时依靠技术先进性和清晰而具诱惑力的市场方向吸引了越来越多有话语权、有市场背景的行业专家加入坤泽，拥有两个工程技术研究中心。

（二）致力开拓全新的创新应用领域

坤泽科技创新性解决了淤泥无害化、高含水率淤泥的直接利用、水下工艺等国际难题。相较于传统淤泥固化应用领域的认知，坤泽开拓了众多新应用领域，率先进入铁路、海堤坝、海上风电桩保护系统等地基处理高端领域，填补了固化土高性能地基应用市场的空白，规模化应用成熟，也是目前唯一规模化地进入高铁和海堤坝系统建设的固化企业；高含水率淤泥泥浆固化筑坝技术在全球处于领先，可确保未来三五年的竞争优势，具备较高的技术壁垒。

市场应用上，江苏坤泽科技已经在江苏、浙江、福建、山东等地区进行了较大规模和较长时间的应用，应用覆盖海上冲刷防护处理、场地路基处理、涉水工程处理、污泥处理等工程领域，已形成较为稳定的市场。包括以下场景应用类型：一是海上风电桩基础防冲刷保护（适用于海上构筑物防冲刷保护）。采用无机复合型固化材料，利用海洋淤泥资源、采用化学固化方式、便捷式管道泵送系统，将超高含水率淤泥固化土直接填至桩基周围海床面，依靠可控的浆液流动性，自主流至需防护范围，超高含水率淤泥固化土泥浆由液态逐步转变为抗冲刷的固态土体，其强度随着凝结过程的发展逐渐生长，最终在桩周形成整板状的淤泥固化土护底结构。这种固化材料防冲刷技术提供了一种新型的海上构筑物基础防护方式，具有抗冲刷能力强、与桩基贴合性好、结构整体性好、施工便捷高效、作业安全可靠、水稳定性及耐久性好、环保价值高等特点，可满足海流环境条件下水下灌注施工作业和桩基防护的要求。二是场地基础、道路路基基础。传统工程土和砂石料供应短缺，价格上涨。将淤泥固化土应用到高铁、高速公路、机场、石化罐区等高标准高要求的建设领域中，不仅替代了传统工程土和砂石料，而且其性能更高，适用性更好；创新性地对多类工业副产品（如尾矿砂等）资源化利用并进行了深入研究，成功激发和利用其活性，目前正在将其应用到机场等更高要求的地基处理中。三是涉水工程处理。传统技术多采用的冲砂管带的方法，淤泥固化土对砂的依赖性大。利用高含水率淤泥固化土的低渗透性和半刚半柔性等特性，将其应用在堤芯材料制备中，能很好地适应堤身变形、满足使用需求，替代砂料，减少对自然资源的消耗。采用泵送工艺，施工方便、快捷、高效。四是污泥处理。污泥含有大量有机质与金属污染物，工程中对污染土一般做弃置处理，导致资源的浪费，采用坤泽系固化土处理后，能够达到承载力需求，降低工程造价，做到资源的充分利用。

（三）探索建立行业规范和标准

成立以来，坤泽就注重技术规范和产品标准建设，为行业的发展奠定了基础。2014年在国内率先建立了淤泥固化土及固化剂产品企业标准：《坤泽系列淤泥固化土》（最新版 Q/320114 JSKZ 001 - 2018）、《坤泽系列固化剂》（最新版 Q/3201 JSKZ 001 - 2020），并参编《道路固化土应用技术规程》（T/CECS 737 - 2020）（中国工程建设标准化协会，China Association for Engineering Construction Standardization）标准，此外与中铁、中交和港航系统正在联合制定相关行业标准和技术规程。

三 坤泽科技未来的发展规划

按照迈克尔—波特的五力模型，产业形成必须具备以下要素：供方、买方、同行业竞争者、潜在进入者、替代者五个角色。伴随着市场的变化，淤泥固化这项技术经过以江苏坤泽科技为标杆带领的淤泥固化技术企业，已经从单纯的工程技术环节或者单一技术，进入了一个新材料领域的战略新兴产业。坤泽以十年的专注和创新，开创了淤泥固化土全新的应用领域和应用系统，推动固化土应用于更多工程领域，提高整个产业链的竞争水平和市场层次，促进了工程建筑行业（特别是土方材料行业）进行产业化结构调整。

近期规划，重视区域和项目领域的开拓与规模化。充分利用各地砂石料等传统材料越来越紧缺的有利契机，结合自身产品性价比突出，供应充足的优势，快速落地近年来运作的各区域、各行业大型项目。例如太湖隧道项目、温州高铁项目、海洋风电桩防护项目、沿海滩涂淤泥造地造路项目群、海洋疏浚淤泥固化项目、连云港机场软基处理项目、碱渣固化环保造地等。一方面，确保未来几年内公司业务的快速增长，满足公司上市所需的业绩要求，另一方面，在保持技术先进性的同时在工程实践中创造行业领先地位，为今后的可持续发展奠定良好基础。

远期规划，注重行业培育、品牌建设和商业模式的探索。不断加强自身的科技创新能力、持续地加大科研投入，尤其是专业的工程设备的研发投入，创造出更多新产品、新技术、新设备，保持公司在行业中的领先地位；不断加强自身品牌建设与推广，加大参与甚至主导行业新材料标准及建设规范制订的工作力度，扩大企业影响力和竞争力。充分研究各地区的市场需求，科学制定各地区、各行业中自身产品的应用规划与设计，使产品及商务工作更精准地贴合市场；针对各地区、各行业的长期建设需求，充分加强与各地政府、大型投资企业、大型建设企业（尤其是央企）的互动与合作，以期获取长周期的超大型建设项目，并借此机会努力获取部分地区建设所需的重要、重大资源的优先使用权甚至控制权，例如淤泥资源、固化剂重要原料（主要矿物废渣等），力求从源头上保障公司做大、做强、做久。

参考文献

白日:《2020中国准独角兽企业100强》,《互联网周刊》2020年第16期。

本报评论员:《让高成长企业茁壮成长》,《南京日报》2020年4月30日。

陈靖、徐建国、唐涯、陈戴希:《独角兽企业的兴起:典型事实和驱动因素》,《上海金融》2019年第2期。

陈立民:《对高成长企业"高看一眼"》,《新华日报》2020年4月12日第1版。

陈强、肖雨桐、刘笑:《京沪独角兽企业成长环境比较研究——城市创新创业生态体系的视角》,《同济大学学报》(社会科学版)2018年第5期。

陈晓红、李喜华、曹裕:《技术创新对中小企业成长的影响——基于我国中小企业板上市公司的实证分析》,《科学学与科学技术管理》2009年第4期。

陈晓阳:《高新技术企业营运资金管理研究》,硕士学位论文,首都经济贸易大学,2007年。

池仁勇、梅小苗、阮鸿鹏:《智能制造与中小企业组织变革如何匹配?》,《科学学研究》2020年第7期。

楚天骄、宋韬:《中国独角兽企业的空间分布及其影响因素研究》,《世界地理研究》2017年第6期。

杜晓君、刘赫:《跨国并购战略类型、组织因素与企业成长——基于中国海外上市公司的实证研究》,《国际贸易问题》2010年第6期。

高佳玲:《高新技术企业成长阶段员工关系管理研究》,硕士学位论文，东北财经大学，2007年。

顾建平、邓荣霖：《企业家灵性资本如何影响团队创新绩效？——基于独角兽公司创业导向的视角》，《南京社会科学》2020年第1期。

管宝云、赵全超：《高新技术企业知识型员工成长需求与激励机制设计研究》，《科学学与科学技术管理》2006年第4期。

郭朝晖、李永周、马金平：《高绩效工作系统、战略柔性与企业成长——基于恒大集团的案例研究》，《管理案例研究与评论》2019年第4期。

郭韬、王晨、井润田：《区域软环境因素对高新技术企业成长的影响》，《科学学研究》2017年第7期。

韩凤芹、赵伟：《中小企业融资困境：基于风险治理的解释与应对》，《宏观经济研究》2020年第8期。

洪为民：《要斑马还是要独角兽——谈青年创新创业生态》，《中国科技产业》2020年第2期。

金雪涛：《我国互联网"独角兽"企业发展解析》，《人民论坛·学术前沿》2020年第5期。

康苏媛、李竞强、闵珊、姚瑞娟：《天津市高新技术企业梯度培育体系研究》，《天津科技》2020年第2期。

李红松、熊莉：《高成长高科技企业资金运营特征——基于沪深股市上市公司样本数据》，《科技管理研究》2018年第6期。

李金华：《中国冠军企业、"独角兽"企业的发展现实与培育路径》，《深圳大学学报》（人文社会科学版）2019年第1期。

李兰冰、刘秉镰：《"十四五"时期中国区域经济发展的重大问题展望》，《管理世界》2020年第5期。

李新春、刘莉：《嵌入性—市场性关系网络与家族企业创业成长》，《中山大学学报》（社会科学版）2009年第3期。

刘刚、王宁：《创新区与新经济的起源关系和动力机制研究——基于北京海淀区独角兽企业的价值网络分析》，《南京社会科学》2018年第12期。

刘莎莎、宋立丰、宋远方：《数字化情境下互联网独角兽的公司创业路径研究》，《科学学研究》2020年第1期。

刘洋、董久钰、魏江：《数字创新管理：理论框架与未来研究》，《管理世界》2020年第7期。

刘益：《2019年我国社交电商交易规模增速下滑》，《计算机与网络》2020年第15期。

刘子譞、周江华、李纪珍：《过犹不及：财政补贴对企业创新的多重作用机制分析》，《科学学与科学技术管理》2019年第1期。

马文君、蔡跃洲：《新一代信息技术能否成为动力变革的重要支撑？——基于新兴产业分类与企业数据挖掘的实证分析》，《改革》2020年第2期。

马宇文、刘偲、吴炜：《创业—瞪羚—独角兽：企业"非线性成长"的跃迁之路》，《中国工业和信息化》2020年第6期。

马跃如、段斌：《董事会特征、高管激励方式与中小企业成长——基于国有样本与民营样本数据的对比研究》，《科学学与科学技术管理》2010年第10期。

孟韬、徐广林：《专利申请、创业融资与独角兽企业估值及成长性》，《科学学研究》2020年第8期。

庞艳桃：《高新技术企业可持续成长机理研究——基于企业生命周期理论的分析》，博士学位论文，武汉理工大学，2009年。

齐嘉：《促进我国民营企业高质量发展的政策思路——基于瞪羚企业扶持政策的效应分析》，《学习与实践》2019年第2期。

齐嘉：《我国高新区产业集聚对企业生产率影响研究——以高成长企业为例》，博士学位论文，北京交通大学，2019年。

齐嘉：《中国三大城市群产业集聚比较研究——基于高新区高成长企业的证据》，《海南大学学报》（人文社会科学版）2018年第2期。

任声策、胡迟：《独角兽企业培育绩效的创业生态系统建设路径——基于模糊集定性比较分析的观点》，《技术经济》2019年第7期。

施炳展、李建桐：《互联网是否促进了分工：来自中国制造业企业的证据》，《管理世界》2020年第4期。

史璇、江春霞：《互联网"独角兽"企业社会责任的履行及治理》，《理论探讨》2019年第4期。

宋立丰、祁大伟、宋远方：《中国新兴独角兽企业估值比较基础与分析框架》,《科技进步与对策》2019年第3期。

孙新波、钱雨、张明超、李金柱:《大数据驱动企业供应链敏捷性的实现机理研究》,《管理世界》2019年第9期。

唐松、伍旭川、祝佳:《数字金融与企业技术创新——结构特征、机制识别与金融监管下的效应差异》,《管理世界》2020年第5期。

陶厚永、李玲:《高管身份跨界的"双刃剑"与民营企业成长》,《管理评论》2016年第10期。

王爱群、王璐、郝毅:《高成长企业内部控制问题与对策》,《东北师大学报》(哲学社会科学版)2016年第2期。

王康、李逸飞、李静、赵彦云:《孵化器何以促进企业创新?——来自中关村海淀科技园的微观证据》,《管理世界》2019年第11期。

王敏:《创业投资机构行为、企业能力与高新技术企业成长研究》,博士学位论文,浙江大学,2009年。

肖惠:《中国高新技术上市企业研发(R&D)投入与企业成长相关性的实证研究》,硕士学位论文,西南财经大学,2009年。

肖林:《我国国有企业高管人员选拔与任用机制研究》,硕士学位论文,对外经济贸易大学,2006年。

谢菊云:《风险投资与中小企业可持续成长性的实证研究——基于沪深中小上市公司的数据分析》,硕士学位论文,西南财经大学,2013年。

邢小强、周平录、张竹、汤新慧:《数字技术、BOP商业模式创新与包容性市场构建》,《管理世界》2019年第12期。

徐示波、陈晴、谷潇磊:《我国创新创业发展态势及应对策略》,《中国科技产业》2020年第7期。

俞奕秋:《〈独角兽的梦〉书籍装帧设计》,《科技与出版》2019年第7期。

张慧毅、张夏彬、吴金佩:《基于DEA模型的中国"独角兽"企业运营效率研究》,《上海管理科学》2020年第4期。

张梅燕:《京沪"独角兽"企业培育的经验借鉴》,《中国市场》2019年第27期。

张倩、张玉喜:《区域金融发展、企业财务柔性与研发投入——以中小企业为例》,《科研管理》2020年第7期。

张维迎、周黎安、顾全林:《高新技术企业的成长及其影响因素:分位回归模型的一个应用》,《管理世界》2005年第10期。

张学艳、周小虎、王侨:《新经济独角兽企业的培育路径探析——以江苏省为例》,《科技管理研究》2020年第4期。

周国林、李耀尧、周建波:《中小企业、科技管理与创新经济发展——基于中国国家高新区科技型中小企业成长的经验分析》,《管理世界》2018年第11期。

朱武祥、张平、李鹏飞、王子阳:《疫情冲击下中小微企业困境与政策效率提升——基于两次全国问卷调查的分析》,《管理世界》2020年第4期。

祝继高、陆正飞:《货币政策、企业成长与现金持有水平变化》,《管理世界》2009年第3期。

Ai, M., "Research on theMethod of Predicting the Overvaluation of Unicorn Enterprises in China", *Academic Journal of Business & Management*, 2020, 2 (1).

Arti, G. G., Denis, M., & Ellen, O., "High-Growth Firms: Facts, Fiction, and Policy Options for Emerging Economies", *The World Bank*, 2019.

Blasco, A. S., Carrizosa, M. T., & Llopis, E. J., "High-growthFirms and Innovation in European Countries", *Ekonomiaz: Revista vasca de economía*, 2016 (90).

Brown, K. C., Wiles, K. W., "InSearch of Unicorns: Private IPOs and the Changing Markets for Private Equity Investments and corporate control". *Journal of applied corporate finance*, 2015, 27 (3).

Brown, K. C., Wiles, K. W., "The Growing Blessing of Unicorns: The Changing Nature of the Market for Privately Funded Companies", *Journal of Applied Corporate Finance*, 2020, 32 (3).

Bryan, K., Tilcsik, A., & Zhu, B., "Which Entrepreneurs are Coachable and Why?", *The American Economic Review*, 2017, 107 (5).

Bulanova, O., Isaksen, E. J., & Kolvereid, L., "Growth Aspirations among Women Entrepreneurs in High Growth Firms", *Baltic Journal of*

Management, 2016, 11 (2).

Castro, R. P., Mora, J. U. M., & Laverde, F. P., "High-Growth Aspirations of Entrepreneurs in Latin America: Do Alliances Matter?", *Sustainability*, 2020, 12 (7).

Czarnitzki, D. and Kraft, K., "InnovationIndicators and Corporate Credit Ratings: Evidence from German Firms", *Economics Letters*, 2004, 82 (3).

Danbolt, J., Hirst, I. R., & Jones, E., "TheGrowth Companies Puzzle: Can Growth Opportunities Measures Predict Firm Growth?", *The European Journal of Finance*, 2011, 17 (1).

Dunne, P., Hughes, A., "Age, Size, Growth and Survival: UK Companies in the 1980s", *The Journal of Industrial Economics*, 1994, 42 (2).

Evans, D. S., "Tests ofAlternative Theories of Firm Growth", *Journal of Political Economy*, 1987, 95 (4).

Freel, M., "DoSmall Innovating Firms Outperform Non-innovators?", *Small Business Economics*, 2000, 14.

Frijns, T., Keijsers, L., & Finkenauer, C., "KeepingSecrets from Parents: on Galloping Horses, Prancing Ponies and Pink Unicorns", *Current Opinion in Psychology*, 2020, 31.

Geroski, P., "The Growth of Firms in Theory and Practice, in N. Foss and V. Mahnke, eds, New Directions in Economic Strategy Research", *Oxford University Press*, 2000.

Giner, J. M., Santa-María, M. J., & Fuster, A., "High-growth Firms: Does Location Matter?", *International Entrepreneurship and Management Journal*, 2017, 13 (1).

Hatase, M., Matsubayashi, Y., "Does Government Promote or Hinder Capital Accumulation? Evidence from Japan's High-Growth Era", *Structural Change and Economic Dynamics*, 2019, 49.

Howell, S., "Financing Innovation: Evidence from R&D Grants", *The American Economic Review*, 2017, 107 (4).

Howell, S. T., "Reducing Information Frictions in Venture Capital: The

Role of New Venture Competitions", *Journal of Financial Economics*, 2020, 136 (3).

Jinzhi, Z., Carrick, J., "The Rise of the ChineseUnicorn: An Exploratory Study of Unicorn Companies in China", *Emerging Markets Finance and Trade*, 2019, 55 (15).

Licht, G., Nerlinger, E., "New Technology-Based Firms in Germany: A Survey of the Recent Evidence", *Research Policy*, 1998, 26.

Mansfield, E., "Entry, Gibrat's Law, Innovation and the Growth of Firms", *American Economic Review*, 1962, 52 (5).

Monteiro, G. F. A., "High-growth Firms and Scale-Ups: a Review and Research Agenda". *RAUSP Management Journal*, 2019, 54 (1).

Ng, P. Y., Hamilton, R. T., "Experiences of High-growth Technology Firms in Malaysia and New Zealand", *Technology Analysis & Strategic Management*, 2016, 28 (8).

Queirós, M., Braga, V., & Correia, A., "Cross-country Analysis to High-Growth Business: Unveiling its Determinants", *Journal of Innovation & Knowledge*, 2019, 4 (3).

Roper, S., "Product Innovation and Small Business Growth: a Comparison of the Strategies of German, UK and Irish Companies", *Small Business Economics*, 1997, 9.

Scherer, F., "Corporate Inventive Output, Profits, and Growth", *Journal of Political Economy*, 1965, 73 (3).

Se, L. K., Yeon, K. D., "A Study on the Management Efficiency Analysis of IT High-Growth Corporation: Using DEA", *Journal of Digital Convergence*, 2019, 17 (7).

Simon, J. P., "How to Catch a Unicorn? AnExploration of the Universe of Tech Companies with High Market Capitalization", *Communications & Strategies*, 2016 (104).

Srhoj, S., Zupic, I., & Jaklič, M., "Stylized Facts about Slovenian High-Growth Firms", *Economic Research-Ekonomska Istraživanja*, 2019, 31 (1).

Ugur, M. , Trushin, E. , & Solomon, E. , "Inverted-U Relationship between R&D Intensity and Survival: Evidence on Scale and Complementarity Effects in UK data", *Research Policy*, 2016, 45 (7).

Urbinati, A. , Chiaroni, D. , Chiesa, V. , & Frattini, F. , "The Role of Business Model Design in the Diffusion of Innovations: An Analysis of a Sample of Unicorn-tech Companies", *International journal of innovation and technology management*, 2019, 16 (01).

Yao, X. , Zhang, P. , Lu, X. , & Huang, L. , "Early or Late? Entry Timing in Online IT Service Markets and the Moderating Effects of Market Characteristics", *Journal of Business Research*, 2020, 114.

附 录

附表1　　全球独角兽俱乐部（估值大于10亿美元）
（更新于2020年7月17日）

公司	估值（十亿美元）（$B）	国家	行业
Toutiao（Bytedance）	$75.00	China	Artificial intelligence
Didi Chuxing	$56.00	China	Auto & transportation
Stripe	$36.00	United States	Fintech
SpaceX	$36.00	United States	Other
Palantir Technologies	$20.00	United States	Data management & analytics
Airbnb	$18.00	United States	Travel
Kuaishou	$18.00	China	Mobile & telecommunications
One97 Communications	$16.00	India	Fintech
DoorDash	$16.00	United States	Supply chain, logistics & delivery
Epic Games	$17.80	United States	Other
DJI Innovations	$15.00	China	Hardware
Grab	$14.30	Singapore	Auto & transportation
Beike Zhaofang	$14.00	China	Internet software & services
Instacart	$13.80	United States	Supply chain, logistics & delivery
Snowflake Computing	$12.40	United States	Data management & analytics
JUUL Labs	$12.00	United States	Consumer & retail
Bitmain Technologies	$12.00	China	Hardware
Samumed	$12.00	United States	Health
Wish	$11.20	United States	E-commerce & direct-to-consumer

续表

公司	估值（十亿美元）（$B）	国家	行业
Global Switch	$11.08	United Kingdom	Hardware
BYJU'S	$10.50	India	Edtech
UiPath	$10.20	United States	Artificial intelligence
Go-Jek	$10.00	Indonesia	Supply chain, logistics & delivery
Nubank	$10.00	Brazil	Fintech
Oyo Rooms	$10.00	India	Travel
Ripple	$10.00	United States	Fintech
Roivant Sciences	$9.09	United States	Health
Tanium	$9.00	United States	Cybersecurity
Coupang	$9.00	South Korea	E-commerce & direct-to-consumer
Guazi (Chehaoduo)	$9.00	China	E-commerce & direct-to-consumer
Coinbase	$8.00	United States	Fintech
Robinhood	$8.60	United States	Fintech
Yuanfudao	$7.80	China	Edtech
SenseTime	$7.50	China	Artificial intelligence
Snapdeal	$7.00	India	E-commerce & direct-to-consumer
Tokopedia	$7.00	Indonesia	E-commerce & direct-to-consumer
Argo AI	$7.25	United States	Artificial intelligence
Automation Anywhere	$6.80	United States	Artificial intelligence
Ziroom	$6.60	China	E-commerce & direct-to-consumer
Compass	$6.40	United States	E-commerce & direct-to-consumer
Magic Leap	$6.30	United States	Hardware
Ola Cabs	$6.32	India	Auto & transportation
Databricks	$6.20	United States	Data management & analytics
Manbang Group	$6.00	China	Supply chain, logistics &delivery
Unity Technologies	$6.00	United States	Other
Canva	$6.00	Australia	Internet software & services
Revolut	$5.50	United Kingdom	Fintech

续表

公司	估值（十亿美元）（$B）	国家	行业
Lianjia（Homelink）	$5.80	China	E-commerce & direct-to-consumer
Chime	$5.80	United States	Fintech
EasyHome	$5.70	China	Consumer & retail
Vice Media	$5.70	United States	Internet software & services
Klarna	$5.50	Sweden	Fintech
GuaHao（We Doctor）	$5.50	China	Health
Checkout.com	$5.50	United Kingdom	Fintech
Samsara Networks	$5.40	United States	Hardware
HashiCorp	$5.10	United States	Internet software & services
United Imaging Healthcare	$5.00	China	Health
UBTECH Robotics	$5.00	China	Hardware
Krafton Game Union	$5.00	South Korea	Other
W.M. Motor	$5.00	China	Auto & transportation
Royole Corporation	$6.00	China	Hardware
Hello TransTech	$5.00	China	Auto & transportation
Tempus	$5.00	United States	Health
Procore	$5.00	United States	Internet software & services
TransferWise	$5.00	United Kingdom	Fintech
Toast	$4.90	United States	Fintech
Meizu Technology	$4.58	China	Hardware
Fanatics	$4.50	United States	E-commerce & direct-to-consumer
SoFi	$4.80	United States	Fintech
Vipkid	$4.50	China	Edtech
Confluent	$4.50	United States	Data management & analytics
Marqeta	$4.30	United States	Fintech
Ginkgo BioWorks	$4.20	United States	Health
Lixiang Automotive	$4.05	China	Auto & transportation
Yello Mobile	$4.00	South Korea	Mobile & telecommunications
Houzz	$4.00	United States	E-commerce & direct-to-consumer

续表

公司	估值（十亿美元）（$B）	国家	行业
Face++（Megvii）	$4.00	China	Artificial intelligence
Roblox	$4.00	United States	Internet software & services
Impossible Foods	$4.00	United States	Consumer & retail
TripActions	$4.00	United States	Travel
XPeng Motors	$4.00	China	Auto & transportation
OpenDoor Labs	$3.80	United States	E-commerce & direct-to-consumer
Gusto	$3.80	United States	Fintech
Intarcia Therapeutics	$3.80	United States	Health
Auto1 Group	$3.54	Germany	E-commerce & direct-to-consumer
Otto Bock HealthCare	$3.50	Germany	Health
Arrival	$3.91	United Kingdom	Auto & transportation
Indigo Agriculture	$3.50	United States	Artificial intelligence
Greensill	$3.50	United Kingdom	Fintech
N26	$3.50	Germany	Fintech
Root Insurance	$3.65	United States	Fintech
Rivian	$3.50	United States	Auto & transportation
Freshworks	$3.50	United States	Internet software & services
HyalRoute	$3.50	Singapore	Mobile & telecommunications
Youxia Motors	$3.35	China	Auto & transportation
Discord	$3.50	United States	Internet software & services
Cloudwalk	$3.32	China	Artificial intelligence
Rubrik	$3.30	United States	Data management & analytics
Swiggy	$3.60	India	Supply chain, logistics & delivery
The Hut Group	$3.25	United Kingdom	E-commerce & direct-to-consumer
GRAIL	$3.20	United States	Health
Oscar Health	$3.20	United States	Health
Flexport	$3.20	United States	Supply chain, logistics & delivery
Automattic	$3.00	United States	Internet software & services
VANCL	$3.00	China	E-commerce & direct-to-consumer

续表

公司	估值（十亿美元）（$B）	国家	行业
BGL Group	$3.00	United Kingdom	Fintech
Circle Internet Financial	$3.00	United States	Fintech
Zuoyebang	$3.00	China	Edtech
Xiaohongshu	$3.00	China	E-commerce & direct-to-consumer
SouChe Holdings	$3.00	China	E-commerce & direct-to-consumer
Niantic	$4.00	United States	Mobile & telecommunications
Horizon Robotics	$3.00	China	Artificial intelligence
Netskope	$3.00	United States	Cybersecurity
Pony.ai	$3.00	United States	Artificial intelligence
Affirm	$2.90	United States	Fintech
OVO	$2.90	Indonesia	Fintech
Yixia	$2.90	China	Mobile & telecommunications
Kuayue Express	$2.88	China	Supply chain, logistics & delivery
Meicai	$2.80	China	Mobile & telecommunications
GoodRx	$2.80	United States	Health
OakNorth	$2.80	United Kingdom	Fintech
GitLab	$2.77	United States	Internet software & services
Convoy	$2.75	United States	Supply chain, logistics & delivery
Nuro	$2.70	United States	Auto & transportation
OneTrust	$2.70	United States	Internet software & services
Wemakeprice	$2.33	South Korea	E-commerce & direct-to-consumer
Brex	$3.00	United States	Fintech
23andMe	$2.50	United States	Health
Vista Global	$2.50	Malta	Other
Zhihu	$2.50	China	Internet software & services
Aihuishou	$2.50	China	E-commerce & direct-to-consumer
Aurora	$2.50	United States	Auto & transportation
Bird Rides	$2.78	United States	Auto & transportation
BYTON	$2.50	China	Auto & transportation

续表

公司	估值（十亿美元）（$B）	国家	行业
Bukalapak	$2.50	Indonesia	E-commerce & direct-to-consumer
Celonis	$2.50	Germany	Data management & analytics
Cambricon	$2.50	China	Artificial intelligence
Cohesity	$2.50	United States	Data management & analytics
Carbon	$2.40	United States	Hardware
YITU Technology	$2.37	China	Artificial intelligence
Collibra	$2.36	United States	Data management & analytics
Dadi Cinema	$3.20	China	Other
Uptake	$2.30	United States	Artificial intelligence
Udaan	$2.30	India	Supply chain, logistics & delivery
Skydance Media	$2.30	United States	Other
Zume Pizza	$2.25	United States	Consumer & retail
FlixBus	$2.25	Germany	Auto & transportation
Via Transportation	$2.25	United States	Auto & transportation
NuCom Group	$2.20	Germany	Other
MINISO Life	$2.20	China	Consumer & retail
Viva Republica (Toss)	$2.20	South Korea	Fintech
Checkr	$2.20	United States	Internet software & services
Huaqin Telecom Technology	$2.19	China	Mobile & telecommunications
Zomato	$3.25	India	Internet software & services
BenevolentAI	$2.10	United Kingdom	Artificial intelligence
Nextdoor	$2.10	United States	Internet software & services
Perfect Diary	$2.00	China	Other
ReNew Power	$2.00	India	Other
Traveloka	$2.00	Indonesia	Travel
Huimin	$2.00	China	E-commerce & direct-to-consumer
Zenefits	$2.00	United States	Fintech
Avant	$2.00	United States	Artificial intelligence

续表

公司	估值（十亿美元）（$B）	国家	行业
Trendy Group International	$2.00	China	Consumer & retail
Deliveroo	$2.00	United Kingdom	Supply chain, logistics & delivery
Preferred Networks	$2.00	Japan	Artificial intelligence
Improbable	$2.00	United Kingdom	Other
LegalZoom	$2.00	United States	Internet software & services
Mafengwo	$2.00	China	Travel
Babylon Health	$2.00	United Kingdom	Artificial intelligence
Tongdun Technology	$2.00	China	Cybersecurity
Nuvei	$2.00	Canada	Other
Udemy	$2.00	United States	Edtech
4Paradigm	$2.00	China	Artificial intelligence
Tubatu.com	$2.00	China	E-commerce & direct-to-consumer
Dingdong Maicai	$2.00	China	E-commerce & direct-to-consumer
Postman	$2.00	United States	Internet software & services
Oatly	$2.00	Sweden	Consumer & retail
Oxford Nanopore Technologies	$1.96	United Kingdom	Health
Auth0	$1.92	United States	Cybersecurity
eDaili	$1.90	China	E-commerce & direct-to-consumer
monday.com	$1.90	United States	Internet software & services
RigUp	$1.90	United States	Internet software & services
Bolt	$1.90	Estonia	Auto & transportation
Anduril	$1.90	United States	Artificial intelligence
MUSINSA	$1.89	South Korea	E-commerce & direct-to-consumer
Quora	$2.00	United States	Internet software & services
Figma	$2.00	United States	Internet software & services
ENOVATE	$1.85	China	Auto & transportation
Airwallex	$1.80	Australia	Fintech

续表

公司	估值（十亿美元）（$B）	国家	行业
Zocdoc	$1.80	United States	Health
Sprinklr	$1.80	United States	Internet software & services
reddit	$1.80	United States	Internet software & services
Devoted Health	$1.80	United States	Health
Afiniti	$1.80	United States	Artificial intelligence
BillDesk	$1.90	India	Fintech
Verkada	$1.80	United States	Cybersecurity
L&P Cosmetic	$1.19	South Korea	Consumer & retail
wefox Group	$1.65	Germany	Fintech
Kaseya	$2.00	United States	Cybersecurity
Apus Group	$1.73	China	Mobile & telecommunications
Xinchao Media	$1.72	China	Internet software & services
Squarespace	$1.70	United States	Internet software & services
Buzzfeed	$1.70	United States	Internet software & services
XANT	$1.70	United States	Artificial intelligence
Graphcore	$1.95	United Kingdom	Artificial intelligence
Pax Labs	$1.70	United States	Consumer & retail
Carta	$1.70	United States	Fintech
Thumbtack	$1.70	United States	E-commerce & direct-to-consumer
Scopely	$1.70	United States	Mobile & telecommunications
Darktrace	$1.65	United Kingdom	Artificial intelligence
Jusfoun Big Data	$1.65	China	Data management & analytics
ServiceTitan	$1.65	United States	Internet software & services
Zhubajie	$1.61	China	Internet software & services
Infinidat	$1.60	Israel	Hardware
BlaBlaCar	$1.60	France	Auto & transportation
CAOCAO	$1.60	China	Auto & transportation
Dataminr	$1.60	United States	Artificial intelligence
Sweetgreen	$1.60	United States	Consumer & retail

续表

公司	估值（十亿美元）（$B）	国家	行业
Pine Labs	$1.60	India	Fintech
ASR Microelectronics	$1.60	China	Hardware
Podium	$1.50	United States	Internet software & services
Delhivery	$1.50	India	Supply chain, logistics & delivery
Quanergy Systems	$2.00	United States	Auto & transportation
AIWAYS	$1.59	China	Auto & transportation
Promasidor Holdings	$1.58	South Africa	Consumer & retail
Monzo	$1.57	United Kingdom	Fintech
Northvolt	$1.57	Sweden	Other
Ximalaya FM	$1.52	China	Mobile & telecommunications
Mu Sigma	$1.50	United States	Data management & analytics
Tujia	$1.50	China	Travel
ironSource	$1.50	Israel	Mobile & telecommunications
Asana	$1.50	United States	Internet software & services
Segment	$1.50	United States	Data management & analytics
Cybereason	$1.50	United States	Cybersecurity
PolicyBazaar	$1.50	India	Fintech
DT Dream	$1.50	China	Data management & analytics
JFrog	$1.50	United States	Internet software & services
ACV Auctions	$1.50	United States	E-commerce & direct-to-consumer
ApplyBoard	$1.50	Canada	Edtech
Gett	$1.40	Israel	Auto & transportation
Duolingo	$1.50	United States	Education
CGTZ	$1.40	China	Fintech
Coocaa	$1.45	China	Hardware
Tuya Smart	$1.44	China	Internet software & services
Koudai	$1.40	China	E-commerce & direct-to-consumer
AvidXchange	$1.40	United States	Fintech
Hike	$1.40	India	Mobile & telecommunications

续表

公司	估值（十亿美元）（$B）	国家	行业
C3	$1.40	United States	Artificial intelligence
AppLovin	$1.40	United States	Mobile & telecommunications
Allbirds	$1.40	United States	E-commerce & direct-to-consumer
Cabify	$1.40	Spain	Auto & transportation
Away	$1.40	United States	E-commerce & direct-to-consumer
Symphony Communication Services	$1.40	United States	Internet software & services
Dataiku	$1.40	United States	Internet software & services
Yidian Zixun	$1.40	China	Mobile & telecommunications
Hive Box	$1.40	China	Supply chain, logistics & delivery
GPClub	$1.32	South Korea	Other
CureVac	$1.30	Germany	Health
Zeta Global	$1.30	United States	Internet software & services
Docker	$1.30	United States	Internet software & services
Trax	$1.30	Singapore	Artificial intelligence
Wildlife Studios	$1.30	Brazil	Other
You & Mr Jones	$1.30	United States	Other
InSightec	$1.30	Israel	Health
Ovo Energy	$1.28	United Kingdom	Other
Starry	$1.27	United States	Mobile & telecommunications
WTOIP	$1.27	China	Internet software & services
Intercom	$1.29	United States	Internet software & services
Atom Bank	$1.25	United Kingdom	Fintech
Butterfly Network	$1.25	United States	Artificial intelligence
ezCater	$1.25	United States	Supply chain, logistics & delivery
Infi	$1.25	Israel	Artificial intelligence
KeepTruckin	$1.20	United States	Supply chain, logistics & delivery
Clover Health	$1.20	United States	Health
Warby Parker	$1.20	United States	E-commerce & direct-to-consumer

续表

公司	估值（十亿美元）（$B）	国家	行业
OfferUp	$1.20	United States	Mobile & telecommunications
Yiguo（易果生鲜）	$1.20	China	Supply chain, logistics & delivery
Glossier	$1.20	United States	Consumer & retail
Zipline International	$1.20	United States	Supply chain, logistics & delivery
SmartNews	$1.20	Japan	Mobile & telecommunications
Fair	$1.20	United States	Auto & transportation
Rapyd	$1.20	United Kingdom	Fintech
Figure Technologies	$1.20	United States	Fintech
FirstCry	$1.20	India	E-commerce & direct-to-consumer
VAST Data	$1.20	United States	Data management & analytics
Workhuman	$1.20	Ireland	Internet software & services
FiveTran	$1.20	United States	Data management & analytics
Qumulo	$1.20	United States	Data management & analytics
HeartFlow	$1.50	United States	Health
Luoji Siwei	$1.17	China	Edtech
Yimidida	$1.17	China	Supply chain, logistics & delivery
Lyell Immunopharma	$1.16	United States	Health
Deezer	$1.40	France	Internet software & services
LIfeMiles	$1.15	Colombia	Other
BrewDog	$1.15	United Kingdom	Consumer & retail
DigitalOcean	$1.15	United States	Internet software & services
Doctolib	$1.14	France	Health
Deposit Solutions	$1.12	Germany	Fintech
TELD	$1.12	China	Fintech
Actifio	$1.10	United States	Data management & analytics
TangoMe	$1.10	United States	Mobile & telecommunications
Just	$1.10	United States	Consumer & retail
Tuhu	$1.16	China	Auto & transportation
OVH	$1.10	France	Other

续表

公司	估值（十亿美元）（$B）	国家	行业
Tradeshift	$1.10	United States	Fintech
Yijiupi（易久批）	$1.10	China	Consumer & retail
Outreach	$1.33	United States	Artificial intelligence
Ivalua	$1.10	United States	Fintech
Sonder	$1.30	United States	Travel
Vinted	$1.10	Lithuania	E-commerce & direct-to-consumer
Coveo	$1.10	Canada	Artificial intelligence
Course Hero	$1.10	United States	Edtech
SentinelOne	$1.10	United States	Cybersecurity
Linklogis	$1.05	China	Fintech
Instabase	$1.05	United States	Data management & analytics
Aprogen	$1.04	South Korea	Health
Miaoshou Doctor	$1.02	China	E-commerce & direct-to-consumer
TuSimple	$1.00	United States	Artificial intelligence
Radius Payment Solutions	$1.07	United Kingdom	Fintech
Formlabs	$1.06	United States	Hardware
Jiuxian	$1.05	China	E-commerce & direct-to-consumer
AppDirect	$1.04	United States	E-commerce & direct-to-consumer
Kendra Scott	$1.00	United States	Consumer & retail
Avaloq Group	$1.01	Switzerland	Fintech
Leap Motor	$1.01	China	Auto & transportation
Dianrong	$1.00	China	E-commerce & direct-to-consumer
DotC United Group	$1.00	China	Mobile & telecommunications
Katerra	$1.00	United States	Supply chain, logistics & delivery
Womai	$1.00	China	E-commerce & direct-to-consumer
Lookout	$1.00	United States	Cybersecurity
TechStyle Fashion Group	$1.00	United States	E-commerce & direct-to-consumer
Proteus Digital Health	$1.50	United States	Health
Desktop Metal	$1.50	United States	Hardware

续表

公司	估值（十亿美元）（$B）	国家	行业
Lenskart	$1.50	India	E-commerce & direct-to-consumer
Illumio	$1.00	United States	Cybersecurity
BeiBei	$1.00	China	E-commerce & direct-to-consumer
InMobi	$1.00	India	Mobile & telecommunications
MarkLogic	$1.00	United States	Data management & analytics
Zhaogang	$1.00	China	E-commerce & direct-to-consumer
Vox Media	$1.00	United States	Internet software & services
Kabbage	$1.00	United States	Fintech
FXiaoKe	$1.00	China	Mobile & telecommunications
iTutorGroup	$1.00	China	Edtech
Cell C	$1.00	South Africa	Mobile & telecommunications
MindMaze	$1.00	Switzerland	Health
Mia.com	$1.00	China	E-commerce & direct-to-consumer
iCarbonX	$1.00	China	Artificial intelligence
Age of Learning	$1.00	United States	Edtech
SMS Assist	$1.00	United States	Internet software & services
Mofang Living	$1.00	China	E-commerce & direct-to-consumer
HuJiang	$1.00	China	Edtech
Rubicon Global	$1.00	United States	Other
YH Global	$1.00	China	Supply chain, logistics & delivery
Rocket Lab	$1.00	United States	Other
Zhuan Zhuan	$1.00	China	E-commerce & direct-to-consumer
Supreme	$1.00	United States	Consumer & retail
XiaoZhu	$1.00	China	Travel
WeLab	$1.00	Hong Kong	Fintech
Payoneer	$1.00	United States	Fintech
100credit	$1.00	China	Fintech
Rani Therapeutics	$1.00	United States	Health
OrCam Technologies	$1.00	Israel	Artificial intelligence

续表

公司	估值（十亿美元）（$B）	国家	行业
Lalamove	$1.00	Hong Kong	Supply chain, logistics & delivery
17zuoye	$1.00	China	Edtech
Dxy.cn	$1.00	China	Health
Soundhound	$1.00	United States	Artificial intelligence
Huike Group	$1.00	China	Edtech
JOLLY Information Technology	$1.00	China	E-commerce & direct-to-consumer
OutSystems	$1.00	Portugal	Internet software & services
MediaMath	$1.00	United States	Internet software & services
About You	$1.00	Germany	E-commerce & direct-to-consumer
Revolution Precrafted	$1.00	Philippines	Other
Klook	$1.00	Hong Kong	Travel
Shansong Express (FlashEx)	$1.00	China	Supply chain, logistics & delivery
Rappi	$1.00	Colombia	Supply chain, logistics & delivery
Aijia Life	$1.00	China	Other
Nxin（农信互联）	$1.00	China	Internet software & services
WalkMe	$1.00	United States	Internet software & services
ZipRecruiter	$1.00	United States	Artificial intelligence
Medlinker	$1.00	China	Health
Momenta	$1.00	China	Artificial intelligence
Bitfury	$1.00	Netherlands	Hardware
Airtable	$1.10	United States	Internet software & services
LinkDoc Technology	$1.00	China	Health
Banma Network Technologies	$1.00	China	Auto & transportation
TalkDesk	$1.00	United States	Internet software & services
Geek+	$1.00	China	Hardware
Pat McGrath Labs	$1.00	United States	Consumer & retail

续表

公司	估值（十亿美元）（$B）	国家	行业
Seismic	$1.00	United States	Internet software & services
iFood	$1.00	Brazil	Supply chain, logistics & delivery
Omio	$1.00	Germany	Travel
Zhangmen	$1.00	China	Edtech
Calm	$1.00	United States	Consumer & retail
58 Daojia	$1.00	China	Internet software & services
LinkSure Network	$1.00	China	Mobile & telecommunications
China Cloud	$1.00	China	Hardware
Hosjoy	$1.00	China	E-commerce & direct-to-consumer
Unisound	$1.19	China	Artificial intelligence
Tresata	$1.00	United States	Fintech
Globality	$1.00	United States	Artificial intelligence
Rent the Runway	$1.00	United States	E-commerce & direct-to-consumer
Intellifusion	$1.00	China	Artificial intelligence
Hims	$1.10	United States	Health
Liquid	$1.00	Japan	Fintech
Red Ventures	$1.00	United States	Other
Terminus Technologies	$1.00	China	Hardware
Sila Nanotechnologies	$1.00	United States	Other
Dream11	$1.00	India	Internet software & services
Coursera	$1.00	United States	Edtech
Poizon	$1.00	China	Mobile & telecommunications
BigBasket	$1.00	India	Supply chain, logistics & delivery
VTS	$1.00	United States	Internet software & services
Sumo Logic	$1.00	United States	Data management & analytics
GetYourGuide	$1.00	Germany	Travel
OCSiAl	$1.00	Luxembourg	Other
KnowBox	$1.00	China	Edtech
Loggi	$1.00	Brazil	Supply chain, logistics & delivery

续表

公司	估值（十亿美元）（$B）	国家	行业
Yanolja	$1.00	South Korea	Travel
KnowBe4	$1.00	United States	Cybersecurity
Meero	$1.00	France	Artificial intelligence
Druva	$1.00	United States	Data management & analytics
StockX	$1.00	United States	E-commerce & direct-to-consumer
Branch	$1.00	United States	Mobile & telecommunications
Ola Electric Mobility	$1.00	India	Auto & transportation
Rivigo	$1.07	India	Supply chain, logistics & delivery
Icertis	$1.00	United States	Artificial intelligence
Turo	$1.00	United States	E-commerce & direct-to-consumer
Hippo	$1.00	United States	Fintech
Gympass	$1.00	United States	Internet software & services
DataRobot	$1.00	United States	Artificial intelligence
Lightricks	$1.00	Israel	Artificial intelligence
Scale AI	$1.00	United States	Artificial intelligence
Ibotta	$1.00	United States	Fintech
C2FO	$1.00	United States	Fintech
Numbrs	$1.00	Switzerland	Fintech
InVision	$1.00	United States	Internet software & services
ThoughtSpot	$1.00	United States	Internet software & services
Knotel	$1.00	United States	Other
Grove Collaborative	$1.00	United States	E-commerce & direct-to-consumer
QuintoAndar	$1.00	Brazil	E-commerce & direct-to-consumer
CMR Surgical	$1.00	United Kingdom	Health
Acronis	$1.00	Switzerland	Cybersecurity
Dave	$1.00	United States	Fintech
Next Insurance	$1.00	United States	Fintech
Grammarly	$1.00	United States	Internet software & services
EBANX	$1.00	Brazil	Fintech

续表

公司	估值（十亿美元）（$B）	国家	行业
Pendo	$1.00	United States	Internet software & services
KK Group	$1.00	China	E-commerce & direct-to-consumer
Kujiale	$1.00	China	Internet software & services
Vacasa	$1.00	United States	Travel
Faire	$1.00	United States	Artificial intelligence
Riskified	$1.00	United States	Cybersecurity
Guild Education	$1.00	United States	Internet software & services
Wacai	$1.00	China	Mobile & telecommunications
Bright Health	$1.00	United States	Health
Glovo	$1.00	Spain	Supply chain, logistics & delivery
Loft	$1.00	Brazil	E-commerce & direct-to-consumer
HighRadius	$1.00	United States	Fintech
ClassPass	$1.00	United States	Internet software & services
Sisense	$1.00	United States	Data management & analytics
Snyk	$1.00	United Kingdom	Cybersecurity
AppsFlyer	$1.60	United States	Mobile & telecommunications
Maimai	$1.00	China	Mobile & telecommunications
Orbbec Technology	$1.00	China	Hardware
Alto Pharmacy	$1.00	United States	Health
Flywire	$1.00	United States	Fintech
Headspin	$1.16	United States	Mobile & telecommunications
o9 Solutions	$1.00	United States	Artificial intelligence
Emerging Markets Property Group	$1.00	United Arab Emirates	Other
Quizlet	$1.00	United States	Edtech
Keep	$1.00	China	Mobile & telecommunications
Amplitude	$1.00	United States	Data management & analytics
Apeel Sciences	$1.00	United States	Other
Lilium Aviation	$1.00	Germany	Other

续表

公司	估值（十亿美元）（$B）	国家	行业
Orca Bio	$1.00	United States	Health
Upgrade	$1.00	United States	Fintech
Cazoo	$1.00	United Kingdom	E-commerce & direct-to-consumer
KKW Beauty	$1.00	United States	E-commerce & direct-to-consumer
Thrasio	$1.00	United States	Other

资料来源：CB Inghts。

附表2　胡润研究院发布《苏州高新区·2020胡润全球独角兽榜》

（单位：亿人民币）

企业名称	价值	价值变化	国家	城市	行业	成立时间
蚂蚁集团	10000	0	中国	杭州	金融科技	2014
字节跳动	5600	600	中国	北京	社交媒体	2012
滴滴出行	3700	0	中国	北京	共享经济	2012
陆金所	2700	0	中国	上海	金融科技	2011
SpaceX	2500	0	美国	洛杉矶	航天	2002
Stripe	2500	900	美国	旧金山	金融科技	2010
爱彼迎	2450	-250	美国	旧金山	共享经济	2008
快手	1950	750	中国	北京	社交媒体	2011
菜鸟网络	1900	600	中国	杭州	物流	2013
帕兰提尔科技	1800	800	美国	帕洛阿尔托	大数据	2004
微众银行	1500	0	中国	深圳	金融科技	2014
京东数科	1300	0	中国	北京	数字科技	2013
Paytm	1100	400	印度	诺伊达	金融科技	2010
贝壳	1000	400	中国	北京	软件服务	2018
大疆	1000	0	中国	深圳	机器人	2006
Grab	950	-50	马来西亚	Midview City	共享经济	2012
DoorDash	900	0	美国	旧金山	快递	2013
京东物流	900	0	中国	北京	物流	2007
雪花算法	900	600	美国	圣马特奥	大数据	2012

续表

企业名称	价值	价值变化	国家	城市	行业	成立时间
JUUL Labs	800	-2600	美国	旧金山	消费品	2015
萨姆塞尔	800	0	美国	圣地亚哥	生物科技	2008
Wish	750	150	美国	旧金山	电子商务	2010
Magic Leap	700	300	美国	普拉塔寻	虚拟与增强现实	2011
Nubank	700	400	巴西	圣保罗	金融科技	2013
Ripple	700	350	美国	旧金山	区块链	2012
车好多	600	0	中国	北京	电子商务	2011
Coupang	600	0	韩国	首尔	电子商务	2010
GO-JEK	600	-100	印度尼西亚	雅加达	共享经济	2010
平安医保科技	600	0	中国	上海	健康科技	2016
Robinhood	550	0	美国	门洛帕克	金融科技	2013
BYJU's	550	150	印度	班加罗尔	教育科技	2008
Coinbase	550	0	美国	旧金山	区块链	2012
Instacart	550	0	美国	旧金山	快递	2012
OYO 酒店	550	200	印度	古尔冈	电子商务	2013
Argo AI	500	0	美国	哈里斯堡	人工智能	2016
Automation Anywhere	500	300	美国	圣何塞	人工智能	2003
京东健康	500	400	中国	北京	健康科技	2019
美菜网	500	0	中国	北京	电子商务	2014
Roivant 生物科学	500	0	瑞士	巴塞尔	生物科技	2014
商汤科技	500	0	中国	北京	人工智能	2014
苏宁金服	500	0	中国	南京	金融科技	2006
Tokopedia	550	50	印度尼西亚	雅加达	电子商务	2009
Uber ATG	500	0	美国	匹兹堡	人工智能	2015
UiPath	500	0	美国	纽约	人工智能	2005
猿辅导	500	300	中国	北京	教育科技	2012
Compass	450	150	美国	纽约	电子商务	2012
Samsara 网络	450	150	美国	旧金山	物联网	2015
Tanium	450	-50	美国	埃默里维尔	网络安全	2007

续表

企业名称	价值	价值变化	国家	城市	行业	成立时间
Chime	400	250	美国	旧金山	金融科技	2013
Databricks	400	200	美国	旧金山	大数据	2013
满帮	400	0	中国	贵阳	物流	2014
Ola Cabs	400	0	印度	班加罗尔	共享经济	2010
Revolut	400	250	英国	伦敦	金融科技	2015
Unity Technologies	400	200	美国	旧金山	游戏	2004
微医	400	0	中国	杭州	健康科技	2010
自如	400	100	中国	北京	共享经济	2011
Klarna	380	80	瑞典	斯德哥尔摩	金融科技	2005
Bluehole	350	0	韩国	城南市	游戏	2007
CloudKitchens	350	New	美国	洛杉矶	共享经济	2016
HashiCorp	350	200	美国	旧金山	软件服务	2012
来赞达	350	0	新加坡	新加坡	电子商务	2012
Machine Zone	350	0	美国	帕洛阿尔托	游戏	2008
Rivian	350	0	美国	普利茅斯	新能源汽车	2009
Tempus	350	150	美国	芝加哥	生物科技	2015
小屋集团	350	0	英国	曼彻斯特	电子商务	2004
Toast	350	150	美国	波士顿	企业服务	2011
小红书	350	100	中国	上海	软件服务	2013
Confluent	320	120	美国	帕洛阿尔托	软件服务	2014
Traveloka	320	20	印度尼西亚	雅加达	电子商务	2012
比特大陆	300	-500	中国	北京	区块链	2013
达达集团	300	0	中国	上海	物流	2014
Deliveroo	300	150	英国	伦敦	快递	2012
Ginkgo BioWorks	300	230	美国	波士顿	生物科技	2009
Gusto	300	150	美国	旧金山	金融科技	2011
哈啰出行	300	100	中国	上海	共享经济	2016
Houzz	300	0	美国	帕洛阿尔托	电子商务	2009
Impossible 食品	300	150	美国	雷德伍德城	食品科技	2011
卡特拉	300	100	美国	门洛帕克	建筑	2015

续表

企业名称	价值	价值变化	国家	城市	行业	成立时间
Kraken	300	New	美国	旧金山	区块链	2011
旷视科技	300	0	中国	北京	人工智能	2011
Niantic	300	0	美国	旧金山	虚拟与增强现实	2010
OpenDoor Labs	300	0	美国	旧金山	电子商务	2014
Procore Technologies	300	100	美国	卡平特里亚	企业服务	2003
Roblox	300	100	美国	圣马特奥	游戏	2004
柔宇科技	300	0	中国	深圳	消费品	2012
SoFi	300	0	美国	旧金山	金融科技	2011
TripActions	300	0	美国	帕洛阿尔托	电子商务	2015
优必选	300	0	中国	深圳	机器人	2012
联影医疗	300	0	中国	上海	健康科技	2010
VIPKID	300	100	中国	北京	教育科技	2013
万得	300	New	中国	上海	金融科技	2005
威马汽车	300	0	中国	上海	新能源汽车	2015
Woowa Brothers	300	New	韩国	首尔	快递	2010
小鹏汽车	300	0	中国	广州	新能源汽车	2014
Zume	300	150	美国	山景城	大数据	2015
Arrival	250	New	英国	伦敦	新能源汽车	2015
Auto1 Group	250	-50	德国	柏林	电子商务	2012
Freshworks	250	100	美国	圣布鲁诺	企业服务	2010
GRAIL	250	0	美国	门洛帕克	生物科技	2016
Greensill	250	0	英国	伦敦	金融科技	2011
Indigo AG	250	-30	美国	坎布里奇	生物科技	2014
N26	250	50	德国	柏林	金融科技	2013
Rappi	250	180	哥伦比亚	波哥大	快递	2016
Root Insurance	250	180	美国	哥伦布	人工智能	2015
Swiggy	250	50	印度	班加罗尔	快递	2014
TransferWise	250	-50	英国	伦敦	金融科技	2011
Zomato	250	-50	印度	古尔冈	快递	2008

续表

企业名称	价值	价值变化	国家	城市	行业	成立时间
Affirm	200	0	美国	旧金山	金融科技	2012
Automattic	200	130	美国	旧金山	软件服务	2005
币安	200	50	马耳他	马耳他	区块链	2017
博纳影业	200	0	中国	北京	传媒和娱乐	2003
Brex	200	0	美国	旧金山	金融科技	2017
Canva	200	0	澳大利亚	悉尼	云计算	2012
车和家	200	50	中国	北京	新能源汽车	2015
银联商务	200	0	中国	上海	金融科技	2002
Circle Internet Financial	200	0	美国	波士顿	区块链	2013
云从科技	200	0	中国	广州	人工智能	2015
Convoy	200	130	美国	西雅图	电子商务	2015
大地影院	200	0	中国	深圳	传媒和娱乐	2006
度小满金融	200	0	中国	北京	金融科技	2018
飞协博	200	0	美国	旧金山	物流	2013
GitLab	200	130	美国	旧金山	软件服务	2014
GoodRx	200	0	美国	圣塔莫尼卡	健康科技	2011
喜马拉雅	200	0	中国	上海	传媒和娱乐	2012
地平线机器人	200	0	中国	北京	人工智能	2015
汇通达	200	0	中国	南京	电子商务	2008
跨越速运	200	0	中国	深圳	物流	2007
明略科技	200	130	中国	北京	人工智能	2014
每日优鲜	200	0	中国	北京	电子商务	2014
网易云音乐	200	100	中国	杭州	传媒和娱乐	2013
Netskope	200	130	美国	圣克拉拉	软件服务	2012
Nuro	200	0	美国	旧金山	人工智能	2016
OakNorth	200	0	英国	伦敦	金融科技	2013
奥斯卡健康	200	0	美国	纽约	健康科技	2012
Ovo	200	New	印度尼西亚	雅加达	金融科技	2017
Paytm Mall	200	0	印度	诺伊达	电子商务	2010

续表

企业名称	价值	价值变化	国家	城市	行业	成立时间
小马智行	200	50	美国	菲蒙市	人工智能	2016
奇安信	200	0	中国	北京	网络安全	2015
Reddit	200	0	美国	旧金山	社交媒体	2005
ReNew Power	200	50	印度	古尔冈	新能源	2011
Rubrik	200	0	美国	旧金山	软件服务	2014
奇点汽车	200	0	中国	北京	新能源汽车	2014
大搜车	200	0	中国	北京	电子商务	2012
神州优车	200	−200	中国	北京	共享经济	2015
优客工场	200	0	中国	北京	共享经济	2015
WeWork	200	−1900	美国	纽约	共享经济	2010
易果生鲜	200	0	中国	上海	电子商务	2005
一下科技	200	0	中国	北京	传媒和娱乐	2013
游侠汽车	200	0	中国	上海	新能源汽车	2014
Zerodha	200	New	印度	班加罗尔	金融科技	2010
知乎	200	50	中国	北京	社交媒体	2011
Zoox	200	0	美国	福斯特城	人工智能	2014
作业帮	200	0	中国	北京	教育科技	2014
维思达公务机	180	New	马耳他	马耳他	航天	2004
23andMe	175	25	美国	山景城	生物科技	2006
Aurora	175	25	美国	帕洛阿尔托	人工智能	2016
BigBasket	175	105	印度	班加罗尔	电子商务	2011
Bird Rides	175	25	美国	圣塔莫尼卡	共享经济	2017
Bukalapak	175	105	印度尼西亚	雅加达	电子商务	2011
Celonis	175	105	德国	罗利	大数据	2011
Cohesity	175	105	美国	圣何塞	软件服务	2013
OneTrust	175	105	美国	亚特兰大	人工智能	2016
SambaNova Systems	175	New	美国	帕洛阿尔托	人工智能	2017
Skydance Media	175	New	美国	圣塔莫尼卡	传媒和娱乐	2010
Sportradar	175	New	瑞士	圣赫勒拿	传媒和娱乐	2000

续表

企业名称	价值	价值变化	国家	城市	行业	成立时间
Udaan	175	105	印度	班加罗尔	电子商务	2016
Checkr	150	New	美国	旧金山	人工智能	2014
薇美铺	150	New	韩国	首尔	电子商务	2010
Afiniti	140	-10	美国	华盛顿	人工智能	2006
爱回收	140	-10	中国	上海	电子商务	2010
安能物流	140	70	中国	上海	物流	2010
AppLovin	140	-10	美国	帕洛阿尔托	游戏	2012
APUS	140	-10	中国	北京	软件服务	2014
Avant	140	-10	美国	芝加哥	金融科技	2012
AvidXchange	140	70	美国	夏洛特市	金融科技	2000
Babylon Health	140	New	英国	伦敦	人工智能	2013
BillDesk	140	-10	印度	艾哈迈达巴德	金融科技	2000
BlaBlaCar	140	-10	法国	巴黎	共享经济	2006
Block.One	140	-10	中国	香港	区块链	2017
拜腾汽车	140	-10	中国	南京	新能源汽车	2017
C3	140	70	美国	雷德伍德城	人工智能	2009
寒武纪科技	140	-10	中国	北京	人工智能	2016
灿星	140	-10	中国	上海	传媒和娱乐	2006
Carbon	140	-10	美国	雷德伍德城	3D 印刷	2013
Carta	140	-10	美国	帕洛阿尔托	金融科技	2012
Checkout.com	140	-10	英国	伦敦	金融科技	2012
高济医疗	140	New	中国	北京	健康科技	2017
Darktrace	140	-10	英国	剑桥	人工智能	2013
Dataminr	140	-10	美国	纽约	人工智能	2009
Delhivery	140	-10	印度	古尔冈	物流	2011
Devoted Health	140	-10	美国	沃尔瑟姆	健康科技	2017
Dfinity	140	-10	瑞士	楚格	区块链	2015
Discord	140	-10	美国	旧金山	即时通信	2012
Figma	140	New	美国	旧金山	软件服务	2012
FlixBus	140	-10	德国	慕尼黑	电子商务	2011

续表

企业名称	价值	价值变化	国家	城市	行业	成立时间
FNZ	140	New	英国	伦敦	金融科技	2003
Graphcore	140	-10	英国	布里斯托尔	人工智能	2016
喜茶	140	New	中国	深圳	新零售	2016
华勤通讯	140	New	中国	上海	消费品	2005
Improbable	140	-10	英国	伦敦	游戏	2012
Infinidat	140	-10	以色列	特拉维夫	云计算	2011
InVision	140	-10	美国	纽约	软件服务	2011
准时达	140	-10	中国	成都	物流	2010
Kaseya	140	-10	爱尔兰	都柏林	云计算	2000
金山云	140	-10	中国	北京	云计算	2011
Landa Digital Printing	140	-10	以色列	雷霍沃特	数码打印	2002
Lemonade	140	-10	美国	纽约	金融科技	2015
连连数字	140	70	中国	杭州	金融科技	2009
Lime	140	-10	美国	圣马特奥	共享经济	2017
马蜂窝	140	-10	中国	北京	电子商务	2006
Marqeta	140	-10	美国	奥克兰	金融科技	2010
名创优品	140	-10	中国	广州	新零售	2013
Monday.com	140	-10	以色列	特拉维夫	云计算	2012
Mozido	140	-10	美国	奥斯汀	金融科技	2008
Mu Sigma	140	-10	印度	班加罗尔	大数据	2004
Nextdoor	140	-10	美国	旧金山	社交媒体	2010
Njoy	140	-10	美国	斯科茨代尔	消费品	2006
Northvolt	140	-10	瑞典	斯德哥尔摩	新能源	2016
Notion	140	New	美国	旧金山	软件服务	2016
Nuvei	140	New	加拿大	蒙特利尔	金融科技	2003
Oxford Nanopore Technologies	140	-10	英国	牛津	生物科技	2005
PAX Labs	140	0	美国	旧金山	消费品	2017
PingPong	140	-10	中国	杭州	金融科技	2015
Postman	140	New	美国	旧金山	软件服务	2014

续表

企业名称	价值	价值变化	国家	城市	行业	成立时间
Postmates	140	-10	美国	旧金山	快递	2011
Preferred Networks	140	-10	日本	东京	人工智能	2014
Quanergy 系统	140	-10	美国	森尼维耳市	人工智能	2012
Quora	140	-10	美国	山景城	社交媒体	2009
雾芯科技	140	-10	中国	深圳	消费品	2018
ServiceTitan	140	-10	美国	格兰岱尔市	软件服务	2013
Sharecare	140	-10	美国	亚特兰大	健康科技	2010
Sprinklr	140	-10	美国	纽约	软件服务	2009
Squarespace	140	-10	美国	纽约	软件服务	2003
STX 娱乐	140	-10	美国	伯班克	传媒和娱乐	2014
苏宁体育	140	-10	中国	南京	传媒和娱乐	2015
淘票票	140	-10	中国	杭州	电子商务	2014
Udemy	140	New	美国	旧金山	教育科技	2010
Uptake Technologies	140	0	美国	芝加哥	人工智能	2014
Via Transportation	140	New	美国	纽约	共享经济	2012
Viva Republica	140	70	韩国	首尔	金融科技	2011
WalkMe	140	70	美国	旧金山	软件服务	2011
Warby Parker	140	-10	美国	纽约	服装及配件	2010
新潮传媒	140	40	中国	成都	传媒和娱乐	2013
依图科技	140	-10	中国	上海	人工智能	2012
Zenefits	140	-10	美国	旧金山	软件服务	2013
ZocDoc	140	-10	美国	纽约	健康科技	2007
ThoughtSpot	140	70	美国	森尼维耳市	人工智能	2012
MUSINSA	130	New	韩国	首尔	电子商务	2001
RigUp	130	New	美国	奥斯丁	电子商务	2014
Scopely	130	New	美国	卡尔弗城	游戏	2011
L&P Cosmetic	120	New	韩国	首尔	消费品	2009
QuantumScape	120	New	美国	圣何塞	新能源	2010
wefox Group	120	New	德国	柏林	人工智能	2015

续表

企业名称	价值	价值变化	国家	城市	行业	成立时间
AppsFlyer	110	New	美国	旧金山	软件服务	2011
Verkada	110	New	美国	圣马特奥	物联网	2016
ACV Auctions	100	New	美国	纽约	电子商务	2014
爱驰汽车	100	0	中国	上海	新能源汽车	2017
爱学习	100	New	中国	北京	教育科技	2009
ApplyBoard	100	New	加拿大	安大略	教育科技	2015
Asana	100	−50	美国	旧金山	软件服务	2008
翱捷科技	100	New	中国	上海	消费品	2015
百布	100	New	中国	广州	电子商务	2013
便利蜂	100	New	中国	北京	新零售	2017
Brewdog	100	New	英国	埃隆	啤酒	2007
曹操出行	100	0	中国	杭州	共享经济	2015
秦淮数据	100	0	中国	张家口	大数据	2015
CureVac	100	−50	德国	巴登符腾堡州	生物科技	2000
Cybereason	100	New	美国	波士顿	网络安全	2012
Dataiku	100	New	美国	纽约	大数据	2013
Desktop Metal	100	−50	美国	伯灵顿	3D印刷	2015
数梦工场	100	30	中国	杭州	云计算	2015
Duolingo	100	New	美国	匹兹堡	教育科技	2011
天际汽车	100	0	中国	绍兴	新能源汽车	2017
悦畅科技	100	0	中国	北京	软件服务	2012
Gett	100	−50	美国	纽约	共享经济	2010
高顿教育	100	0	中国	上海	教育科技	2006
HeartFlow	100	−50	美国	雷德伍德城	健康科技	2009
英雄互娱	100	0	中国	北京	游戏	2015
华兰生物疫苗	100	New	中国	新乡	生物科技	2005
中商惠民	100	0	中国	北京	电子商务	2013
爱康	100	New	中国	北京	健康科技	2004
InsideSales.com	100	−50	美国	普若佛市	人工智能	2004
软通动力	100	0	中国	北京	企业服务	2001

续表

企业名称	价值	价值变化	国家	城市	行业	成立时间
麦奇教育科技	100	30	中国	上海	教育科技	2008
杰蛙科技	100	30	美国	森尼维耳市	软件服务	2008
界面	100	0	中国	上海	传媒和娱乐	2014
Judo Bank	100	New	澳大利亚	墨尔本	金融科技	2017
孩子王	100	0	中国	南京	电子商务	2009
客路旅行	100	0	中国	香港	电子商务	2014
Lenskart	100	New	印度	法里达巴德	电子商务	2010
Letgo	100	30	美国	纽约	电子商务	2015
驴妈妈	100	0	中国	上海	电子商务	2008
蜜芽	100	0	中国	北京	电子商务	2011
魔方公寓	100	0	中国	上海	共享经济	2010
影谱科技	100	0	中国	北京	人工智能	2009
纳恩博	100	0	中国	北京	机器人	2013
百果园	100	New	中国	深圳	新零售	2001
盘石股份	100	0	中国	杭州	大数据	2004
Podium	100	New	美国	犹他	软件服务	2014
PolicyBazaar	100	30	印度	古尔冈	电子商务	2008
泡泡玛特	100	New	中国	北京	新零售	2010
Proteus Digital Health	100	30	美国	雷德伍德城	健康科技	2001
全棉时代	100	0	中国	深圳	健康科技	2009
千寻位置	100	New	中国	上海	企业服务	2015
日日顺	100	0	中国	青岛	物流	2000
Segment	100	−50	美国	旧金山	大数据	2011
SheIn	100	0	中国	深圳	电子商务	2008
蜀海	100	0	中国	北京	物流	2011
开沃汽车	100	0	中国	南京	新能源汽车	2017
Sweetgreen	100	30	美国	卡尔弗城	电子商务	2007
特斯联科技	100	New	中国	重庆	人工智能	2015
图钉	100	30	美国	旧金山	电子商务	2008

续表

企业名称	价值	价值变化	国家	城市	行业	成立时间
同盾科技	100	0	中国	杭州	云计算	2012
土巴兔	100	0	中国	深圳	软件服务	2008
途虎养车	100	0	中国	上海	电子商务	2014
途家网	100	0	中国	北京	共享经济	2011
涂鸦智能	100	0	中国	杭州	人工智能	2014
先导稀材	100	New	中国	清远	新材料	2003
微店	100	0	中国	北京	电子商务	2011
WeLab	100	30	中国	香港	金融科技	2013
微鲸	100	0	中国	上海	消费品	2015
药明明码	100	0	中国	上海	生物科技	2015
小猪短租	100	0	中国	北京	共享经济	2012
一点资讯	100	30	中国	北京	传媒和娱乐	2012
壹米滴答	100	30	中国	上海	物流	2015
猪八戒网	100	0	中国	重庆	共享经济	2005
掌门1对1	100	30	中国	上海	教育科技	2014
找钢网	100	0	中国	上海	电子商务	2012
转转	100	30	中国	北京	电子商务	2015
ZipRecruiter	100	30	美国	洛杉矶	电子商务	2010
法拉第未来	90	-210	美国	加迪纳	新能源汽车	2014
GP Club	90	New	韩国	首尔	消费品	2003
Moon Active	90	New	以色列	特拉维夫	游戏	2012
Poshmark	90	New	美国	雷德伍德城	电子商务	2011
Trax	90	New	新加坡	新加坡	人工智能	2010
Wildlife Studios	90	New	巴西	圣保罗	游戏	2011
You & Mr Jones	90	New	美国	纽约	品牌营销	2015
CMR Surgical	80	New	英国	剑桥	健康科技	2014
Figure Technologies	80	New	美国	旧金山	区块链	2018
FirstCry	80	New	印度	浦那	电子商务	2010
Headspin	80	New	美国	帕洛阿尔托	软件服务	2015

续表

企业名称	价值	价值变化	国家	城市	行业	成立时间
Monzo	80	-120	英国	伦敦	金融科技	2015
Rapyd	80	New	英国	伦敦	金融科技	2016
SmartNews	80	New	日本	东京	传媒和娱乐	2012
Course Hero	75	New	美国	雷德伍德城	教育科技	2006
Coveo	75	New	加拿大	魁北克	人工智能	2005
Deposit Solutions	75	New	德国	汉堡	金融科技	2011
SentinelOne	75	New	美国	山景城	人工智能	2013
Vinted	75	New	立陶宛	维尔纽斯	电子商务	2008
Wheels Up	75	New	美国	纽约	航天	2013
1919	70	0	中国	成都	新零售	2006
一起作业	70	0	中国	上海	教育科技	2007
第四范式	70	0	中国	北京	人工智能	2015
About You	70	0	德国	汉堡	电子商务	2014
安克诺斯	70	New	瑞士	沙夫豪森	云计算	2003
Actifio	70	0	美国	沃尔瑟姆	软件服务	2009
Age of Learning	70	0	美国	格兰岱尔市	教育科技	2007
Airtable	70	0	美国	旧金山	软件服务	2012
空中云汇	70	0	中国	香港	金融科技	2016
岩心科技	70	0	中国	深圳	金融科技	2015
阿里体育	70	0	中国	上海	传媒和娱乐	2015
Allbirds	70	0	美国	旧金山	服装及配件	2015
Alto Pharmacy	70	New	美国	旧金山	健康科技	2015
Amplitude Analytics	70	New	美国	旧金山	软件服务	2012
Anduril	70	New	美国	橙县	人工智能	2017
安翰医疗	70	0	中国	上海	健康科技	2008
Apeel Sciences	70	New	美国	圣塔芭芭拉	新材料	2012
AppDirect	70	0	美国	旧金山	电子商务	2009
Aprogen	70	New	韩国	城南市	生物科技	2000
Atom Bank	70	0	英国	杜伦	金融科技	2014

续表

企业名称	价值	价值变化	国家	城市	行业	成立时间
Auth0	70	0	阿根廷	布宜诺斯艾利斯	云计算	2013
Away	70	0	美国	纽约	服装及配件	2015
斑马网络	70	0	中国	上海	人工智能	2015
贝贝网	70	0	中国	杭州	电子商务	2014
本来集团	70	New	中国	北京	电子商务	2012
BenevolentAI	70	-80	英国	伦敦	人工智能	2013
BitFury	70	0	美国	旧金山	区块链	2011
Bolt	70	0	爱沙尼亚	塔林	共享经济	2013
波奇网	70	0	中国	上海	电子商务	2012
博郡汽车	70	0	中国	南京	新能源汽车	2017
Boss 直聘	70	New	中国	北京	软件服务	2013
Branch	70	0	美国	雷德伍德城	软件服务	2014
Bright Health	70	New	美国	明尼阿波利斯	保险	2015
蝴蝶网络	70	0	美国	吉尔福德	健康科技	2011
C2FO	70	New	美国	利伍德	金融科技	2008
Cabify	70	0	西班牙	马德里	共享经济	2011
Calm.com	70	0	美国	旧金山	健康科技	2012
康众汽配	70	0	中国	南京	电子商务	2018
ChargePoint	70	0	美国	坎贝尔	新能源	2007
车猫二手车	70	0	中国	杭州	电子商务	2012
春雨医生	70	0	中国	北京	健康科技	2011
城家公寓	70	New	中国	上海	共享经济	2014
ClassPass	70	New	美国	纽约	健康科技	2013
达闼科技	70	New	中国	北京	人工智能	2015
Clover 健康	70	0	美国	旧金山	人工智能	2013
Collibra	70	0	美国	纽约	大数据	2008
Contentsquare	70	New	法国	巴黎	软件服务	2012
卡奥斯	70	New	中国	青岛	人工智能	2017
Coursera	70	0	美国	山景城	教育科技	2012
D2iQ	70	0	美国	旧金山	软件服务	2013

续表

企业名称	价值	价值变化	国家	城市	行业	成立时间
58到家	70	0	中国	北京	软件服务	2014
数据机器人	70	0	美国	波士顿	人工智能	2012
Dave	70	New	美国	洛杉矶	金融科技	2016
Deezer	70	0	法国	巴黎	云计算	2006
DigitalOcean	70	New	美国	纽约	软件服务	2011
多点	70	New	中国	北京	电子商务	2015
Docker	70	0	美国	旧金山	软件服务	2010
Doctolib	70	0	法国	巴黎	健康科技	2013
DotC United	70	0	中国	上海	大数据	2015
Dream11	70	0	印度	孟买	游戏	2012
Druva	70	0	美国	森尼维耳市	软件服务	2008
丁香园	70	0	中国	杭州	健康科技	2000
易生金服	70	0	中国	北京	金融科技	2011
EBANX	70	New	巴西	库里提巴	金融科技	2012
远景能源	70	0	中国	上海	新能源	2008
e签宝	70	New	中国	杭州	企业服务	2002
印象笔记	70	0	美国	雷德伍德城	软件服务	2000
ezCater	70	0	美国	波士顿	电子商务	2007
Faire	70	New	美国	旧金山	电子商务	2017
返利网	70	0	中国	上海	电子商务	2007
Farmers Business Network	70	New	美国	圣卡洛斯	电子商务	2014
丰巢科技	70	0	中国	深圳	物流	2015
锋尚传媒	70	New	中国	北京	传媒和娱乐	2002
闪送	70	New	中国	北京	共享经济	2013
飞汇	70	New	美国	波士顿	金融科技	2011
Formlabs	70	0	美国	萨默维尔市	3D印刷	2011
纷享销客	70	0	中国	北京	企业服务	2011
G7	70	0	中国	北京	人工智能	2011
格科微	70	New	中国	上海	消费品	2003

续表

企业名称	价值	价值变化	国家	城市	行业	成立时间
世和基因	70	New	中国	南京	生物科技	2013
集奥聚合	70	0	中国	北京	人工智能	2012
GetYourGuide	70	0	德国	柏林	电子商务	2009
Glossier	70	0	美国	纽约	消费品	2014
Glovo	70	New	西班牙	巴塞罗	快递	2015
Grammarly	70	New	美国	旧金山	人工智能	2009
Grove Collaborative	70	New	美国	旧金山	电子商务	2012
Guild Education	70	New	美国	丹佛	教育科技	2015
Gympass	70	0	巴西	圣保罗	健康科技	2012
好大夫在线	70	0	中国	北京	健康科技	2006
HighRadius	70	New	美国	休斯顿	人工智能	2006
Hike	70	0	印度	新德里	即时通信	2012
Hims	70	0	美国	旧金山	消费品	2017
Hippo	70	New	美国	旧金山	金融科技	2015
HMD	70	0	芬兰	赫尔辛基	消费品	2016
好享家	70	0	中国	南京	软件服务	2009
合众汽车	70	0	中国	桐乡	新能源汽车	2014
花生好车	70	New	中国	北京	电子商务	2015
华云数据	70	0	中国	无锡	大数据	2010
慧科教育	70	0	中国	北京	教育科技	2010
Ibotta	70	New	美国	丹佛	金融科技	2011
碳云智能	70	0	中国	深圳	生物科技	2015
Icertis	70	0	美国	贝尔维尤	软件服务	2009
iFood	70	0	巴西	圣保罗	快递	2011
艾佳生活	70	0	中国	南京	软件服务	2014
Illumio	70	0	美国	森尼维耳市	网络安全	2013
Instabase	70	New	美国	旧金山	软件服务	2015
Intercom	70	0	美国	旧金山	即时通信	2011
Interswitch	70	New	尼日利亚	拉各斯	金融科技	2002

续表

企业名称	价值	价值变化	国家	城市	行业	成立时间
谊品生鲜	70	0	中国	重庆	电子商务	2013
IronSource	70	0	以色列	特拉维夫	广告科技	2010
Ivalua	70	0	法国	巴黎	软件服务	2000
酒仙网	70	0	中国	北京	电子商务	2010
执御信息	70	0	中国	杭州	电子商务	2012
卷皮	70	0	中国	武汉	电子商务	2012
驹马物流	70	0	中国	成都	物流	2011
九次方大数据	70	0	中国	北京	大数据	2010
Kabbage	70	0	美国	亚特兰大	人工智能	2009
KeepTruckin	70	0	美国	旧金山	物流	2013
Kendra Scott	70	0	美国	奥斯汀	服装及配件	2002
KK集团	70	New	中国	深圳	新零售	2014
Knotel	70	New	美国	纽约	共享经济	2016
KnowBe4	70	0	美国	克利尔沃特	网络安全	2010
作业盒子	70	0	中国	北京	教育科技	2014
氪空间	70	0	中国	北京	共享经济	2016
酷家乐	70	New	中国	杭州	软件服务	2011
货拉拉	70	0	中国	香港	物流	2013
辣妈帮	70	0	中国	深圳	健康科技	2011
零跑汽车	70	0	中国	金华	新能源汽车	2017
Lightricks	70	0	以色列	耶路撒冷	云计算	2013
零氪科技	70	0	中国	北京	大数据	2014
联易融	70	0	中国	深圳	金融科技	2016
柠萌影业	70	0	中国	上海	传媒和娱乐	2014
Liquid Global	70	0	日本	东京	区块链	2014
Loft	70	New	巴西	圣保罗	电子商务	2018
Loggi	70	0	巴西	圣保罗	物流	2013
罗计物流	70	0	中国	北京	物流	2014
Lookout	70	0	美国	旧金山	网络安全	2007
罗辑思维	70	0	中国	北京	传媒和娱乐	2012

续表

企业名称	价值	价值变化	国家	城市	行业	成立时间
Lyell Immunopharma	70	New	美国	旧金山	生物科技	2018
脉脉	70	0	中国	北京	社交媒体	2012
MarkLogic	70	New	美国	圣卡洛斯	大数据	2001
思派网络	70	New	中国	北京	健康科技	2014
MediaMath	70	0	美国	纽约	广告科技	2007
Meero	70	0	法国	巴黎	电子商务	2016
妙手医生	70	0	中国	北京	健康科技	2015
MindMaze	70	0	瑞士	洛桑市	虚拟与增强现实	2012
出门问问	70	0	中国	上海	人工智能	2012
Momenta	70	0	中国	北京	人工智能	2016
MoneyLion	70	0	美国	纽约	金融科技	2013
能链集团	70	New	中国	青岛	软件服务	2016
Next Insurance	70	New	美国	帕洛阿尔托	金融科技	2016
诺米	70	0	中国	广州	新零售	2017
诺禾致源	70	0	中国	北京	生物科技	2011
o9 Solutions	70	New	美国	德克萨斯	人工智能	2009
OCSiAl	70	New	卢森堡	卢森堡	纳米技术	2009
OfferUp	70	0	美国	贝尔维尤	电子商务	2011
Ola Electric	70	0	印度	班加罗尔	共享经济	2017
Omio	70	0	德国	柏林	电子商务	2012
奥比中光	70	0	中国	深圳	人工智能	2013
OrCam Technologies	70	0	以色列	耶路撒冷	人工智能	2010
Outreach	70	0	美国	西雅图	软件服务	2013
OutSystems	70	0	美国	波士顿	软件服务	2001
Ovo 能源	70	0	英国	布里斯托尔	新能源	2009
ParkJockey	70	0	美国	迈阿密	房地产科技	2013
Pat McGrath Labs	70	0	美国	纽约	消费品	2015
Pendo	70	New	美国	罗利	软件服务	2013

续表

企业名称	价值	价值变化	国家	城市	行业	成立时间
完美日记	70	New	中国	广州	电子商务	2015
智加科技	70	New	美国	库比蒂诺	人工智能	2016
辉能科技	70	0	中国	台北	新能源	2006
QuintoAndar	70	New	巴西	圣保罗	电子商务	2014
Quizlet	70	New	美国	旧金山	教育科技	2005
Red Ventures	70	New	美国	米尔堡	投资	2000
人人车	70	0	中国	北京	电子商务	2014
Rent the Runway	70	0	美国	纽约	共享经济	2009
Revolution Precrafted	70	0	菲律宾	马卡迪	房地产科技	2015
瑞派宠物	70	New	中国	天津	企业服务	2012
Riskified	70	New	以色列	特拉维夫	网络安全	2012
Rivigo	70	0	印度	古尔冈	物流	2014
火箭实验室	70	0	美国	杭廷顿海滩	航天	2006
Rubicon Global	70	0	美国	亚特兰大	电子商务	2008
Scale AI	70	New	美国	旧金山	人工智能	2016
Seismic	70	0	美国	圣地亚哥	软件服务	2016
得物	70	0	中国	上海	电子商务	2015
首汽约车	70	0	中国	北京	共享经济	2015
水滴	70	0	中国	北京	金融科技	2016
Sila Nanotechnologies	70	0	美国	阿拉米达	新能源	2011
神州细胞	70	0	中国	北京	生物科技	2007
Sisense	70	New	美国	纽约	人工智能	2004
时空电动	70	New	中国	杭州	新能源	2013
智米科技	70	0	中国	北京	消费品	2014
Snyk	70	New	英国	伦敦	软件服务	2015
森德	70	0	美国	旧金山	共享经济	2012
SoundHound	70	0	美国	圣克拉拉	人工智能	2005
StockX	70	0	美国	底特律	电子商务	2015

续表

企业名称	价值	价值变化	国家	城市	行业	成立时间
Sumo Logic	70	0	美国	雷德伍德城	大数据	2010
SumUp	70	New	英国	伦敦	金融科技	2011
Symphony Communication Services	70	0	美国	帕洛阿尔托	即时通信	2014
太美医疗	70	New	中国	嘉兴	健康科技	2013
Talkdesk	70	0	美国	旧金山	人工智能	2011
腾云天下	70	0	中国	北京	大数据	2011
TechStyle Fashion Group	70	0	美国	埃尔塞贡多	电子商务	2010
企鹅杏仁	70	0	中国	北京	健康科技	2018
The Honest Company	70	0	美国	圣塔莫尼卡	消费品	2012
TMON	70	0	韩国	首尔	电子商务	2010
Tradeshift	70	0	美国	旧金山	金融科技	2009
Tresata	70	0	美国	夏洛特市	大数据	2011
Tricentis	70	New	奥地利	维也纳	软件服务	2007
Turo 租车	70	0	美国	旧金山	共享经济	2009
图森未来	70	0	美国	圣地亚哥	人工智能	2015
Udacity	70	0	美国	山景城	教育科技	2011
云知声	70	0	中国	北京	人工智能	2012
V 领地	70	0	中国	上海	软件服务	2011
Vacasa	70	New	美国	波特兰	共享经济	2009
VAST Data	70	New	美国	纽约	大数据	2016
Veepee	70	New	法国	La Plaine Saint-Denis	电商	2001
View	70	0	美国	苗必达	新能源	2007
Vox 媒体	70	0	美国	华盛顿	媒体和娱乐	2003
Vroom	70	New	美国	纽约	电子商务	2013
VTS	70	0	美国	纽约	房地产科技	2012

续表

企业名称	价值	价值变化	国家	城市	行业	成立时间
挖财	70	0	中国	杭州	金融科技	2009
闪银奇异	70	New	中国	北京	人工智能	2014
万能钥匙	70	0	中国	上海	软件服务	2013
我买网	70	0	中国	北京	电子商务	2009
汇桔网	70	0	中国	广州	企业服务	2013
兴盛优选	70	New	中国	长沙	新零售	2018
XTX Markets	70	New	英国	伦敦	金融科技	2015
Yanolja	70	0	韩国	首尔	电子商务	2005
要出发	70	0	中国	广州	电子商务	2011
越海全球	70	0	中国	深圳	物流	2012
易久批	70	0	中国	北京	电子商务	2014
洋码头	70	0	中国	上海	电子商务	2009
有利网	70	0	中国	北京	金融科技	2012
云鸟科技	70	0	中国	北京	物流	2014
Zeta Global	70	0	美国	纽约	人工智能	2007
Zipline 国际	70	0	美国	半月湾	快递	2014
中关村科金	70	New	中国	北京	金融科技	2007

发布时间：2020 年 8 月 4 日。

后　　记

庚子年伊始，突如其来的新冠肺炎疫情以迅雷之势席卷而来，全球经历了一场疫情"大考"。以习近平同志为核心的党中央运筹帷幄，团结带领全党全国各族人民取得疫情防控总体战、阻击战的重大胜利，统筹推进疫情防控和经济社会发展工作取得显著成效。早在新冠肺炎疫情暴发之前，课题组就开始关注"高成长企业"发展之路。历经战疫的考验，高成长企业是否依然活跃？受到哪些影响？需要哪些支持？在南京市独角兽企业俱乐部潘定国秘书长的帮助下，课题组成员深入南京市高成长企业开展调研。课题组撰写多篇决策咨询报告，引起省、市领导的高度重视。中共南京市委宣传部多次了解课题进展，倾力支持，资助设立"高成长企业研究博士工作站"并列入"南京市青年文化英才培养项目"，为后续研究提供有力保障。

党的十九届五中全会提出"坚持创新在我国现代化建设全局中的核心地位，把科技自立自强作为国家发展的战略支撑"，科技创新为现代化建设提供强劲的动能。随着研究的深入，课题组更加深刻地意识到高成长企业对于南京市加快推动具有全球影响力的"创新名城"建设的重要意义。以独角兽、培育独角兽、瞪羚企业为代表的高成长企业是创新浪潮中的耀眼"明星"，是衡量地区创新发展水平的重要风向标。2020年南京市有独角兽企业15家、培育独角兽企业95家、瞪羚企业312家，数量远超同类城市，独角兽企业总量在全国居于第5位，在全球居于第7位，充分彰显了这座省会城市、中心城市、特大城市的强劲韧性和发展活力。

加快培育高成长企业，是实现高质量发展的重要举措。课题组通过对高成长企业进行长期跟踪与研究，关注发展动态、总结创新模式、剖析发展路径、预判发展趋势，同时帮助解决和服务高成长企业发展中的需求和困难，宣传推广引领行业的标杆企业和典型案例，为培养更多高成长企业提供样本示范。当然，高成长企业面临着自身经营风险、行业风险和外部风险，如何制定有效的风险规避措施，推动高成长企业长久发展，也应成为重点研究方向。为此，课题组深入南京市发展改革委员会、科学技术委员会等部门了解政策，走访南京市创新投资集团、华泰证券、毅达资本、南京证券等，为高成长企业解答股权激励、上市辅导等问题。

自工作站设立以来，课题组加快开展"一企一研"、行业发展研判与风险评估、政策制定等工作，取得丰硕成果。课题组陆续完成了《推动江苏省独角兽企业创新发展的政策建议》《后疫情时期加快推动江苏省新经济发展的对策建议》《推动南京市独角兽企业生态系统建设研究》《关于高成长性企业高风险管控的对策建议》等资政文章30余篇，获得江苏省、南京市主要领导肯定性批示5项。在《新华日报》《南京日报》等报刊发表文章十余篇，相关文章在"新华日报理论之光""创新型城市研究院""紫金山"等微信公众号发布，部分成果在"学习强国""国研智库"上转发，为服务企业创新发展提出了有针对性的对策建议。在取得初步研究成果基础上，工作站将搭建高成长企业研究的综合性服务平台，努力提升高成长企业对高质量发展的助力作用，并逐步将高成长企业的研究扩展至江苏省、长三角地区，乃至全国。

回首一年多的笔耕之路，从起初三两人的杯盏清茗、闲余论道，到亲力亲为实地调研，再到通力合作撰写报告，以及最终形成书稿，课题组成员颇有感慨。感谢中共南京市委宣传部的鼎力支持，感谢南京市独角兽企业俱乐部潘定国秘书长的大力引荐，感谢南京市社会科学界联合会、南京市社会科学院、江苏省扬子江创新型城市研究院的领导对工作站一直以来的关心和支持。曹劲松研究员、张鸿雁教授、叶南客研究员、季文研究员、黄南研究员、丰志勇研究员等多次对工作站和课题组给予了系统化的指导，提出诸多建设性的意见。同时，中国社会科学院城市竞争力中心主任倪鹏飞教授，《群众》杂志副主编李程骅教授，南京大学商学院范从来教授、张二震教授等，为工作站的建设和发展提出了很多建议，课题组表示衷心感谢。感谢各位企业家的支持，不仅提供详实的材料和数据，而且对课题思路、方法等诸多细节提出有价值的意见和建议。

得益于各方面的支持与帮助，工作站建设进展较快，目前已经吸纳20位高校和科研院所英才以不同形式参与工作站的工作。参与本书撰写工作的成员包括：郑琼洁（南京大学经济学院博士后、南京市社会科学院副研究员）、姜卫民（南京林业大学经济管理学院博士后）、魏尉（南京林业大学经济管理学院博士后）、李祎雯（河海大学商学院副教授、南京农业大学博士后）、王学凯（中国社会科学院财经战略研究院博士后）、吴慧娟（南京林业大学经济管理学院博士研究生）、胡晶晶（中共南京市委党校副教授）、余杨（宁波大学副教授）、张新生（南京市社会科学院副研究员）、龚维进（首都经济贸易大学讲师、中国社会科学院院财经战略研究院博士后）、宋胜帮（九江学院江西长江带经济研究院博士）、戴靓（南京财经大学副教授）、王高凤（南京大学博士生）、刘晓曦（金陵科技学院讲师、南京大学理论经济学博士）、成凯（西安建筑科技大学硕士研究生）、于晓（河海大学硕士研究生）、苏健（河海大学硕士研究生）、黄贤达（美国范德堡大学本科生）等。其中，王学凯、郑琼洁、姜卫民、魏尉、李祎雯对本书的研究框架、全书结构提出了主导性意见，郑琼洁、姜卫民、成凯主要负责综合篇的撰写，郑琼洁、姜卫民、魏尉、李祎雯、王学凯、吴慧娟、胡晶晶、龚维进、余杨、黄贤达、于晓、苏健等参与了企业案例的撰写，成凯在本书数据的处理和计算投入了大量精力，作出了重要贡献。

毋庸讳言，本书存在诸多不足，恭请读者批评指正。与其说完成了一本书稿，不如说对高成长企业的研究才刚刚迈出第一步。课题组会继续关注高成长企业，并在高成长企业成长指数、案例剖析、创新发展研究等方面有所突破。祈望以本书出版为新起点，在学术研究上，与"高成长企业研究博士工作站"共同成长。

高成长企业研究博士工作站课题组
2020 年 10 月 10 日